Matthias Dahms, Christoph Dahms

Schlagfertig sein in Rede und Verhandlung

Matthias Dahms, Christoph Dahms

Schlagfertig sein in Rede und Verhandlung

Dahms Privatinstitut für Rhetorik und
Managementtraining GmbH
Wermelskirchen

Die Deutsche Bibliothek - CIP-Einheitsaufnahme

Dahms Matthias:
Schlagfertig sein in Rede und Verhandlung : sicher und
selbstbewußt mit Sprache umgehen ; Blackout, Lampenfieber,
Störer und mehr / Matthias Dahms ; Christoph Dahms. Dahms
Privatinstitut für Rhetorik und Managementtraining GmbH. -
Wermelskirchen : Dahms Privatinst. für Rhetorik und
Managementtraining, 1996
    ISBN 3-9804548-1-9
NE: Dahms, Christoph:

Lektorat: Jörg Reichwald, Köln

Printed in Germany

ISBN 3-9804548-1-9

Inhaltsverzeichnis

11

Vorwort

Viele Menschen wollen schlagfertiger werden. Sie wollen Reden sicher halten und sich in Gesprächen besser beteiligen und durchsetzen. Blackout, Lampenfieber, der Umgang mit Störern und Einwandbehandlungen bilden die Dreh- und Angelpunkte in Reden und Verhandlungen. Wenn Ihnen die entscheidenden Worte fehlen, entgehen Ihnen die Früchte Ihrer Arbeit.

Das kommunikative Spiel bestimmt heute unser Leben. Sprachliche Chancen und Risiken liegen eng beieinander. Wir leben dabei nach Regeln, die wir teilweise akzeptieren müssen, teilweise mitgestalten können. Unser sprachlicher Spielraum ist dabei viel größer als wir glauben. Wir haben mehr Freiheit, als wir in Anspruch nehmen. Das richtige Wort zum richtigen Zeitpunkt versetzt manchmal Berge. Dieses Buch zeigt praktische Möglichkeiten, kommunikativen Spielraum zu nutzen, zu vergrößern und somit Berge zu versetzen.

Kommunikation entscheidet über beruflichen und privaten Erfolg. Gleichzeitig erleben wir eine fortschreitende Verarmung der Kommunikation. Deshalb sollte die Entwicklung der eigenen Kommunikationsfähigkeit ein wesentlicher Baustein des persönlichen Fortkommens sein.

Dieses Buch enthält ein Gedankengerüst, um ein wohnliches Gebäude entstehen zu lassen. Wir zeigen Ihnen die Werkzeuge und Baupläne, die Ihnen helfen, nach eigenen Wünschen zu bauen. Alle Instrumente sind aus der Praxis gewonnen und vielfach erprobt. Die Erfahrungen aus vielen hundert Seminaren mit den Themenschwerpunkten Rhetorik, Schlagfertigkeit, Verhandlungsführung, Verkauf und Moderation bilden das Fundament, auf dem dauerhaft aufgebaut werden kann.

Die richtigen Worte zu finden, ist ein Ziel derer, die sich mit Schlagfertigkeit auseinandersetzen. Dieses Buch weist den

Weg zu diesem Ziel. Sie werden auf dem Weg zu erfolgreichen Reden, Vorträgen und Gesprächen begleitet. Sie erhalten Techniken, Verhaltensweisen und Verfahren. Es stellt Ihnen auf einfache Art und Weise Ressourcen zur Verfügung, deren Nutzung Sie manchem Profi in Politik und Wirtschaft voraus haben werden. Dieses Sachbuch ist als praktischer Ratgeber für schwierige Probleme in Rede und Verhandlung konzipiert.

Im ersten Teil des Buches geht es um Schlagfertigkeit in der Rede. Es werden Hinweise gegeben, um richtig vorbereitet das Wort zu ergreifen. Wer erfolgreich den Blackout in die Knie zwingen will, bekommt Tips zur Vermeidung und Bewältigung von Blackout-Situationen in leicht umsetzbarer Form. Ein weiterer Schwerpunkt ist der richtige Umgang mit Störern. Wollen Sie wissen, wie sich Störer in andächtige Zuhörer wandeln lassen? Dann lesen Sie das Kapitel zum Umgang mit Störern. Sie lernen Wege kennen, Ihre Redeangst abzubauen, und können sicherer mit Streß und Lampenfieber umgehen.

Im zweiten Teil des Buches wird die Dialogsituation behandelt. Sie erhalten, neben Hinweisen zur Struktur verschiedener Dialogsituationen, Techniken an die Hand, die Sie schlagfertig machen. In die Argumentations-, Abschluß- und Fragetechniken wird eingeführt. Wer schlüssig argumentieren kann, überzeugt. Wer die richtigen Fragen stellt, bekommt die Informationen, die er braucht. Wer ein Gespräch erfolgreich abschließen kann, erntet die wohlverdienten Früchte seiner Arbeit. Einen großen Raum nehmen in unserem Zusammenhang die Einwandtechniken ein. Wer einen Einwand entkräften kann, für den ist der Überzeugungserfolg greifbar. Zur schlagfertigen Einwandbehandlung bietet Ihnen dieses Buch viele nützliche Strategien.

Dieser Ratgeber ist eine Fortführung unseres Buches „Die Magie der Schlagfertigkeit". Dort wurde Schlagfertigkeit ausschließlich im Rahmen von Angriffs- und Einwandbehandlung dargestellt. Hier wird das Thema Schlagfertigkeit aus dem Blickwinkel der Anwendung in Rede und Verhandlung betrachtet.

Auch in dieses Buch sind wieder viele Tips, Tricks und Techniken aus unserem Leser- und Teilnehmerkreis eingegangen. Für die Anregungen möchten wir uns herzlich bedanken. Ohne die enge Zusammenarbeit mit den Lesern unseres ersten Buches und den Teilnehmern unserer Seminare wäre ein solches praxisorientiertes Sachbuch kaum zu schreiben. Hier zeigt sich, wie nützlich die intensive Nachbereitung unserer Seminare mit unseren Teilnehmern, auch über die einzelnen Veranstaltungen hinaus, ist.

Die Auseinandersetzung mit Kommunikation sichert beruflichen und privaten Erfolg. Dieses Buch leistet einen Beitrag, Ziele zu verwirklichen. Wir wünschen Ihnen dabei viel Glück, Spaß und Erfolg!

Wermelskirchen, Mai 1996

Matthias Dahms   Christoph Dahms

Warum sollten Menschen schlagfertig sein?

Viele Menschen wünschen sich, mit dem gesprochenen Wort besser umgehen zu können. Viele Menschen stehen gegen ihren Willen häufig nur in der zweiten Reihe. Mehr im Rampenlicht stehen, mehr Beachtung und Anerkennung finden sind weit verbreitete Bedürfnisse. Ursache für eine Nebenrolle wider Willen ist oft unvorteilhaftes sprachliches und nichtsprachliches Verhalten. Sprechen Sie, ohne daß sich Ihr Gesprächspartner beteiligen kann, oder macht die Unterhaltung mit Ihnen einfach keinen Spaß, wird man sich interessanteren Alternativen widmen.

Wir arbeiten in unseren Seminaren häufig mit Menschen, die ihr kommunikatives Verhalten ändern wollen. Kommunikative Defizite werden auf verschiedene Ursachen zurückgeführt. Die Kommunikation in Familien, im Freundes- und Bekanntenkreis ist ärmer geworden. Sie wird immer stärker durch die Medien beeinflußt. Der aktive Wortschatz ist verhältnismäßig klein. Der geschmeidige Umgang mit der Sprache wird nicht mehr in ausreichendem Maße trainiert. Das Erzählen von Geschichten wird beispielsweise nicht mehr von den Großeltern übernommen, sondern vom Fernseher. Auch in Schule, Beruf und Studium hat die Beherrschung der deutschen Sprache vielfach an Bedeutung verloren. Durch den sachlichen Austausch von Botschaften resultiert eine Verarmung der Sprache.

Das führt zu Defiziten, die viele Menschen deutlich spüren. Kritikgespräche, Gehaltsverhandlungen oder die Auseinandersetzung in der Partnerschaft führen häufig nicht zu den gewünschten Ergebnissen. Nichtigkeiten führen zu Streitigkeiten von krisenhaften Ausmaßen. Die Unterhaltung mit der aufregenden Tischnachbarin oder die wenigen gewechselten Sätze mit dem beeindruckenden jungen Mann aus dem Erdgeschoß schleppen sich so dahin, obwohl beide sich gerne anders unterhalten möchten. Kontakt- und Beziehungspflege ist gewünscht, und gleichzeitig erscheint sie unerreichbar. Und das nicht nur in privaten Lebensbereichen, sondern auch im beruflichen Alltag.

Das Bewußtsein dieses Defizites bei immer mehr Menschen hat zu einem großen Aufschwung bei den Anbietern von entsprechenden Weiterbildungen geführt. Menschen lassen sich das Reden beibringen, besuchen Flirtkurse, nehmen an kommunikativ ausgerichteten Managementschulungen teil. Menschen lassen sich im geschickten Verkaufen und Telefonieren schulen. Viele glauben, so ihre kommunikativen Fähigkeiten zu verbessern. Was erreicht wird, ist oft nur ein starres Kochbuch. Vorgefertigte Rezepte sollen den Geschmack des Zuhörers treffen.

Partnerorientierte Anwendung kommunikativer Mittel setzt neben dem „Handwerkzeug" jedoch noch mehr voraus. Es geht um umfangreiches Fach- und Allgemeinwissen, Interesse am Wohlergehen des Partners und um die Bereitschaft, Verantwortung zu übernehmen für die Anwendung des „Handwerkzeugs".

In diesem Horizont hat das Trainieren eigener sprachlicher Fähigkeiten lange Tradition. Die Geschichte der Rhetorik reicht bis in die Antike zurück. Zu allen Zeiten wurden Menschen in der Kunst des Redens unterwiesen. Und gerade in den letzten Jahren sind die Vorteile immer deutlicher geworden.

Schlagfertigkeit ist die Kunst, jederzeit die richtigen Worte zu finden. Damit ist sie eine Schlüsselfähigkeit zu erfolgreichen Reden und Gesprächen. Schlagfertige Menschen sind in der Lage, gerade in schwierigen Situationen ihre Sprache so einzusetzen, daß sie ihre Ziele erreichen können.

Zielorientierter Umgang mit Sprache birgt auch Gefahren. Dieses Wissen kann auch mißbraucht werden, um Menschen zu übervorteilen. So können Menschen von schädlichen oder verwerflichen Dingen überzeugt werden. Im Verkauf kann Menschen nutzloses Zeug aufgeschwatzt werden. Das Bild vom „über den Tisch gezogen werden" drängt sich auf. Wer unter Schlagfertigkeit die Kunst versteht, andere Menschen klein zu machen, zu manipulieren oder zu beherrschen, ist einem konfliktträchtigen Fehlverständnis verfallen. So eingesetzte Schlagfertigkeit in Rede und Verhandlung erzeugt Ablehnung gegenüber der anwendenden Person.

Wir möchten uns von dieser Art des Einsatzes auch in Ihrem Interesse distanzieren. Mit übervorteilten Partnern können höchstens kurzfristige Scheinerfolge erzielt werden. Langfristig zahlt sich ein solches Vorgehen nicht aus. Wer sich auch für den Vorteil seines Gesprächspartners einsetzt, wird auf Dauer deutlich mehr erreichen als diejenigen, die nur zum eigenen Wohle und Nutzen handeln.

Der Einsatz der in diesem Buch beschriebenen Techniken und die Einhaltung der Regeln macht Sie stärker und erhöht Ihre Chancen, in dem Spiel der Kommunikation zu gewinnen. Das kann Ihnen in vielen Situationen sehr nützlich sein. Sie erreichen öfter Ihre Ziele, wenn Sie schlagfertig sind. So können Sie manches Fettnäpfchen elegant überspringen, in das weniger schlagfertige Zeitgenossen hineingepatscht wären.

Es liegt in Ihrer Verantwortung, wie Sie die kommunikativen Strategien einsetzen. Wollen Sie weiterkommen, denken Sie langfristig, ohne den Augenblick ungenossen an sich vorüberziehen zu lassen. Setzen Sie die Inhalte dieses Buches ein, um partnerorientiert und situationsadäquat zu reagieren. So tragen sie dazu bei, daß sich der Nutzen für alle Beteiligten erhöht.

Erster Teil

Der Monolog

Einleitung

In unseren Seminaren machen wir häufig die Erfahrung, daß Menschen die Monologsituation als besonders belastend empfinden. Diese Gefühle liegen nicht daran, daß das Sprechen vor Gruppen wegen der eingesetzten Redetechniken und Wirkungsmittel objektiv schwerer wäre. Der Grund liegt für die meisten Menschen darin, daß das Halten von Reden, Ansprachen und Vorträgen ungewohnt ist. Viele Menschen haben in diesem Bereich Erfahrungsdefizite. Und je mehr sie sich vor entsprechenden Auftritten und Anlässen drücken, um so drückender werden die wachsenden Defizite. Deshalb können sich gerade Menschen, die diese Situationen beherrschen, in den Augen ihrer Zuhörer als besonders wortgewandt und selbstsicher darstellen. Schon kleine Erfolge vor Publikum lösen Bewunderung von seiten der Unerfahrenen aus. Häufig treten dann zwei Geistesblitze kurz hintereinander auf, die für das menschliche Denken sehr typisch sind. „Das möchte ich auch können" zuckt es durch das Gehirn, zumindest solange, bis die ernsthafte Auseinandersetzung mit dem Thema Arbeit und Zeitaufwand bedeutet. Dann sorgt der Gedanke „ist eben doch eine Begabung, die man eben hat oder nicht" sehr schnell für emotionale Erleichterung.

Die Kunst, jederzeit die richtigen Worte zu finden, gilt es gerade im Monolog zu beherrschen. Die Monologsituation hat in bezug auf schlagfertiges Handeln einige Vorteile gegenüber dem Dialog. So besitzt der Redner häufig mehr Autorität, weil er vor den Menschen steht und nicht in die Gruppe integriert ist. Er kann dadurch Techniken einsetzen, die im Gespräch auf Ablehnung stoßen würden. Beispielsweise kann der Vortragende Einwände und Fragen aus dem Publikum leichter übergehen oder verschieben, als es einem Gesprächspartner möglich ist. Ein weiterer Vorteil des Monologs liegt in der Chance der besseren und zielgerichteteren Vorbereitung. (Häufig wird diese Chance jedoch unterschätzt und durch oberflächliche Vorbereitung vertan.) In der Redesituation ist der Vortragende durch seine qualifizierte Vorbereitung auf schwierige Situationen eingestellt und kann ihnen dann leichter schlagfertig begegnen. In unseren Seminaren sind die Teilnehmerinnen und Teilnehmer schon nach wenigen Tagen in der Lage, mit unfairen Angriffen und häufigen Störungen während ihres Vortrages sicher umzugehen.

Im folgenden Teil des Buches werden Sie mit den wichtigsten Regeln, Fähigkeiten und Techniken für den Monolog vertraut werden. Es wird auch auf die speziellen Erfordernisse in schwierigen Redesituationen eingegangen. Gerade in solchen Augenblicken zeigt sich, wie schlagfertig Sie sind. Sie haben die Wahl zwischen Souveränität und Schweißperlen. Beachten Sie dazu die Trainingshinweise. Auch beim Erlernen dieser Kunst macht die Übung den Meister.

Kapitel I: Umgang mit Blackout

Dieses Kapitel stellt Ihnen neun Blackout-Techniken vor. Außerdem geht es um den Einsatz der rhetorischen Wirkungsmittel in der Blackout-Situation. Es werden Anregungen zum Training gegeben.

Wenn wir in unseren Seminaren oder während unserer Vorträge die Menschen mit der Frage nach der für sie schlimmsten Situation innerhalb einer Rede konfrontieren, wird häufig nicht geantwortet: „Wenn ich mein Vortragskonzept vergessen habe", „Wenn ich schlecht vorbereitet bin", oder „Wenn unfaire Einwände formuliert werden." Die wirklichen Schwierigkeiten entstehen, wenn der Faden reißt und wenn nichts mehr einfällt.

Diese plötzliche Gedankenleere im Kopf bereitet manchen Menschen große Furcht. Die Menschen stellen sich vor, wie schrecklich es ist, den nächsten Satz nicht mehr zu wissen. Für sie ist es eine unverzeihliche Peinlichkeit, so rot anzulaufen wie der Feuerlöscher des Hausmeisters. Vor ihrem geistigen Auge ziehen die schrecklichsten Konsequenzen vorbei. Von A wie „Abmahnung durch den Veranstalter," über S wie „schauerliches Schauspiel," bis Z wie „Zuhörerinnen und Zuhörer verlassen fluchtartig den Saal." Die ganze Energie und Kreativität des Menschen, alle Ressourcen, die der Mensch zur Verfügung hat, richten sich auf die negativen Auswirkungen der plötzlichen Gedankenleere im Kopf. Die Phantasie des Redners macht den wohlwollenden Veranstalter zu einem auf Fehler wartenden sadistischen Henker, der im Falle des Blackouts mit Wonne drohend das Beil schwingt. Das lammfromme Publikum entwickelt sich in der gedanklichen Welt des Geängstigten zu einer blutrünstig geifernden Wolfsmeute, jederzeit bereit, den Redner in Stücke zu reißen, wenn dieser sich auch nur einen kleinen Fehler erlaubt. Als Folge dieser fatalen Selbstsuggestion tritt die vorgestellte Situation mit unbarmherziger Präzision ein. Ihr Todfeind namens Blackout steht plötzlich siegessicher und unangemeldet neben Ihnen auf dem Podium und pocht mit unbarmherziger Gewalt an Ihre Schädeldecke. Sie vergessen den nächsten Satz und wissen nicht mehr weiter. Das sorgsam dargestellte Gedankengebäude fällt in sich zusammen wie ein Kartenhaus bei der leisesten Erschütterung. Ihre Ähnlichkeit mit des Hausmeisters Feuerlöscher nimmt sichtbar zu, und die negativen Konsequenzen sind nur eine Frage von Sekunden. So stehen Sie da wie ein begossener Pudel, unfähig „wau" zu sagen. Die Unfähigkeit, dem Blackout die Zähne zu zeigen, wird Ihnen am eigenen Leib praktisch vor Augen geführt.

Mr. Blackout ist jedoch ein sehr zuverlässiger Zeitgenosse. Er kommt nur auf Bestellung. Und den einzigen Bestellschein, den der im Grunde freundliche Mr. B. akzeptiert, ist Furcht vor dem Blackout. Menschen, denen bereits der Gedanke an den plötzlichen Abbruch des Vortrags die Schweißperlen auf die Stirn treten läßt, sind potentielle Blackout-Opfer. Wer sich mit negativen Programmierungen das Hirn martert, sendet Einladungen in alle Himmelsrichtungen, und Mr. Blackout liebt die Rolle des Überraschungsgastes.

Schlagfertigkeit ist die Kunst, in jeder Situation die richtigen Worte zu finden. Wer auch in Blackout-Situationen schlagfertig sein will, muß das Problem an der Wurzel anpacken. Der Blackout schöpft seine Kraft aus der Angst vor der Gedankenleere.

Viele Menschen haben in Situationen Angst, die unbeherrschbar scheinen, die Unterlegenheitsgefühle vermitteln, für die vergleichbare Erfahrungen fehlen oder in denen schon einmal Mißerfolgserfahrungen gemacht wurden. Überall dort, wo unsere Fähigkeiten nicht ausreichen, um die ungewisse Situation zu meistern, sind wir ängstlich.

Gelassen und mit viel Vertrauen in die eigenen Fähigkeiten agieren wir hingegen, wenn wir in der Lage sind, die Situation einzuschätzen, wenn wir uns in der Vergangenheit unser Können bewiesen haben, wenn wir das erforderliche Werkzeug spielerisch handhaben.

Also gilt es jetzt für uns, mit Freund Blackout Erfahrungen zu machen, um uns selbst zu beweisen, daß wir entsprechende Situationen handhaben können. Dazu wollen wir das Vorgehen strukturieren. Zuerst werden wir Ihnen neun Blackout-Techniken zum Verknoten des roten Fadens an die Hand geben. Dann setzen wir uns mit dem Einsatz der rhetorischen Wirkungsmittel in der Blackout-Situation auseinander. Als dritten Bereich werden wir Trainingsmöglichkeiten ansprechen.

1) Neun Blackout-Techniken

Als nächstes wollen wir Ihnen neun Blackout-Techniken vorstellen. Diese Techniken sind in der Theorie recht einfach. Während der Belastung durch den Blackout jedoch wird ihre Anwendung zu einer Herausforderung, selbst für erfahrene Magier des gesprochenen Wortes. Diese Techniken bauen auf ein gewisses Maß an Kaltschnäuzigkeit und Dreistigkeit im Umgang mit dem Publikum und den eigenen Ressourcen. Und wir bieten Ihnen die Möglichkeiten, diese Fähigkeiten durch unsere Blackout-Techniken zu erlernen. Bedenken Sie bitte dabei, daß Sie in der Regel die einzige Person im Saal sind, die konkret weiß, wie der nächste Programmpunkt und wie der nächste Satz aussehen wird. Werfen Sie in der Blackout-Situation die gesamte Autorität, die Sie sich als Rednerin oder als Redner erworben haben, in die Waagschale, und setzen Sie alles auf Sicherheit. Spätestens in der Blackout-Situation wird es sich auszahlen, wenn Sie gelernt haben, mit einem Stichwortkonzept umzugehen. Wer mit Stichwörtern arbeitet, kann sehr viel flexibler in unerwarteten Situationen reagieren als jemand, der sich an komplett vorformulierte Sätze kettet. Blackout-Techniken leben von der Variabilität des Verhaltens. Wer frei vorträgt, ist deutlich flexibler, wenn es um die Bewältigung plötzlich auftretender Probleme geht. Deshalb lautet eine Grundregel: Arbeite gelassen mit Stichwörtern, und Deine Wörter lassen Dich nicht im Stich.

Gelungene Blackout-Techniken setzen voraus, daß Sie über Ihre Körpersprache dem Publikum bewußtes Handeln vermitteln. So räumen Sie einem gelungenen Umgang mit dem Blackout alle Hindernisse aus dem Weg.

a) Täuschen Sie eine bewußte Sprechpause vor.

Nutzen Sie den Blackout, um eine kleine Sprechpause zu machen.

Sie senden die Zeichen, mit denen das Publikum umgehen muß. Nehmen Sie sich das Recht, dann Pause zu machen, wann Sie wollen. Nutzen Sie Ihre Autorität. Viele Rednerinnen und Redner unterschätzen ihre Autorität, die sie schon dadurch haben, daß sie vor den Menschen stehen. Wer Blickkontakt hält, ein Lächeln auf den Lippen hat und damit die Menschen gewinnt, dem glaubt man, daß er weiß, wann es aus didaktischen Gründen sinnvoll ist, eine Pause zu machen. Erzeugen Sie den Eindruck, daß jede Pause, die eigentlich dazu dient, einen Blackout zu überbrücken und den roten Faden wieder aufzurollen, ihren pädagogischen oder rhetorischen Sinn hat.

So können Sie für sich viele Vorteile in Anspruch nehmen. Eine Pause erleichtert Ihren Zuhörerinnen und Zuhörern das Verständnis, sie verleiht Ihrem Vortrag deutlich mehr Struktur, und Sie betonen durch Pausen das unmittelbar vorher Gesagte und das Kommende. Ihr Publikum profitiert von

einer sinnvoll eingesetzten Pausentechnik.
Nutzen Sie diesen Spielraum in der Blackout-Situation. Als Redner oder Rednerin haben Sie die Autorität, die Zeit zum Nutzen der Zuhörerschaft einzuteilen.

b) Atmen Sie ruhig und selbstbewußt durch.

Viele Menschen atmen falsch und verursachen sich so dauerhaften Druck. Dadurch wird Streß ausgelöst, der den Blackout fördert. Das beste Mittel, um Streß zu begegnen und vorzubeugen, um gelassen und ruhig agieren zu können, ist eine tiefe Bauchatmung.

Die Bauchatmung ist ein Sicherheitsschalter für Ruhe, Besonnenheit, Distanz und überlegtes (vielleicht sogar überlegenes) Handeln. Einen erheblichen Teil des gesamten Sauerstoffbedarfs des Menschen beansprucht das Gehirn, um seine Denkfunktionen aufrecht zu erhalten. Wenn Sie sich durch falsche Atmung permanent selber Sauerstoff vorenthalten, können Mangelerscheinungen auftreten. Das Denken fällt schwerer, die Denkprozesse brauchen mehr Zeit. Die richtigen Wörter fallen Ihnen nicht mehr so schnell und so sicher ein. Ein Verunsicherungsprozeß setzt ein. Der Sauerstoffbedarf nimmt jedoch in der beginnenden Streß- oder Belastungssituation deutlich zu. Die Folge dieses Verhaltens ist der Blackout.

Nehmen Sie sich soviel Sauerstoff, wie Sie benötigen. Nehmen Sie sich die Zeit zum Ein- und Ausatmen. Atmen bedeutet, leistungsfähig zu sein, Energie, Kraft und Lebensfreude. Bewegen Sie die Bauchdecke bei der Ein- und Ausatmung. So wird deutlich mehr und schneller Luft ausgetauscht als bei der reinen Brustatmung.

Das läßt sich selbst in der Redesituation bewußt kontrollieren und steuern. Bei Sängern können Sie beobachten, daß eine Hand manchmal auf dem Bauch liegt. Das dient der Kontrolle der Atmung. Legen Sie eine Hand auf die Bauchdecke, während Sie mit der anderen das Konzept halten. Bewegt sich die Hand beim Ein- und Ausatmen und bleibt Ihr Brustkorb nahezu unbewegt, so wenden Sie die Technik der Bauchatmung richtig an. Stellen Sie sich vor der Redesituation auf die Bauchatmung ein. So können Sie von Anfang an Streß vorbeugen. Nutzen Sie Sprechpausen, und konzentrieren Sie sich auf Ihre Bauchatmung. Sie entspannen sich und führen Ihrem Gehirn mehr Sauerstoff zu.

c) Wiederholen Sie den letzten Satz.

Als kompetenter Vortragender entscheiden Sie, wann, wo und wie Sie Inhalte wiederholen bzw. besonders herausstellen. Das rhetorische Mittel der Wiederholung dient der Betonung wichtiger Passagen und Sätze. Sie können es aber auch nutzen, um eine Blackout-Situation zu bewältigen. Häufig ist der letzte Satz noch in Ihrem Ultrakurzzeitgedächtnis. Sie können den letzten Satz mit den gleichen Worten wiederholen oder Synonyme wählen. Die Synonymform ist vielleicht etwas eleganter. Egal, wie Sie wiederholen, wichtig ist, daß Sie die Betonung gegenüber dem zuletzt genannten Satz geringfügig in bezug auf Lautstärke, Klangfarbe oder Sprechgeschwindigkeit ändern. So entsteht bei Ihren Zuhörerinnen und Zuhörern der Eindruck, daß Sie einen wichtigen Satz zweimal nennen, und Sie gewinnen Zeit zum Nachdenken. Inhaltliche Redundanz läßt dosiert eingesetzt auf eine zentrale These schließen. Diese Technik gilt es sparsam einzusetzen. Damit wird Abnutzungserscheinungen vorgebeugt.

d) Fassen Sie die wesentlichen Fakten kurz zusammen.

Nicht nur als Blackout-Technik, sondern auch aus pädagogischer Sicht, sind kurze Zusammenfassungen sehr nützlich. Sie geben dem Publikum die Möglichkeit, das Gesagte in prägnanter Form noch einmal aufzunehmen. Sie steigern damit die Verständlichkeit. Zusammenfassungen schaffen Klarheit über den Fortgang des Themas. Das Publikum kann sich neu orientieren. Außerdem geben Ihnen kurze Zusammenfassungen selbst die Möglichkeit, Ihren roten Faden quasi von Anfang an aufzurollen und so wiederzufinden.

Versetzen Sie sich bitte in folgende Situation: Sie nehmen an einem Vortrag über Blackout-Techniken teil. Der Redner hat bis zum vorherigen Absatz flüssig vorgetragen und weiß nun nicht mehr weiter. Als Blackout-Technik wendet er jetzt die Zusammenfassung an. Er formuliert: „An dieser Stelle sollten wir noch einmal kurz rekapitulieren. So schaffen wir eine gemeinsame Basis für die nächsten deutlich anspruchsvolleren Techniken. - Wir haben uns zunächst den Blackout-Techniken zugewandt. Drei Techniken haben wir bereits kennengelernt, das Vortäuschen einer bewußten Sprechpause, die Atemtechnik und die Wiederholung des letzten Satzes. Die vierte Technik lautet jetzt: 'Fassen Sie die wesentlichen Fakten zusammen'. Diese Technik eignet sich besonders für Situationen, in denen .."

Wenn Sie die wörtliche Rede in der Rolle eines Vortragenden gut betont vorlesen, benötigen Sie dazu etwa 15 Sekunden. Dieser kleine Auszug enthält neben der Nennung einiger Gliederungspunkte, die im Ernstfall auf einem Kartenkonzept immer zur Verfügung stehen, keine wesentlichen Informationen. Es ist also eine Phase mit wenig neuen Informationen. Das Publikum kann sich entspannen und nachdenken. Eine solche Zusammenfassung gestattet Ihnen, den roten Faden wiederzufinden. Sie können dann in aller Ruhe die beiden Enden des Fadens verknoten und Ihren Vortrag ganz normal mit einem „alles-in-bester-Ordnung-Gesicht" fortführen. Das Schöne an dieser Technik ist, Sie können Ihre Zusammenfassung beginnen lassen, wo Sie wollen. Unser fiktiver Vortragender könnte auch beginnen mit: „Lassen Sie uns kurz zusammenfassen. Herr Schmidt, der Leiter dieses Bildungswerkes, hat nach einer herzlichen Begrüßung ins Thema eingeführt. Mein Vortrag begann mit einer kurzen Gliederung, die ich Ihnen gerne noch einmal zeige. So können wir feststellen, an welcher Stelle des Vortrages ...". Sie können machen, was Sie wollen, nur sicher sollte es sein.

Neben den zahlreichen nützlichen Eigenschaften dieser Blackout-Technik gilt es, eine Einschränkung für den Anwendungsbereich zu nennen. Am Anfang einer Rede oder eines Vortrages ist diese Technik eher nicht einsetzbar. Wenn Ihnen im Zuge der Begrüßung des Publikums der Faden reißt, ist die Anwendung einer anderen Technik nützlicher.

e) Stellen Sie einen Antrag zur Geschäftsordnung.

Sie haben die Freiheit, organisatorische Einzelheiten zu verändern. Mit dieser Technik lenken Sie die Aufmerksamkeit Ihres Publikums bewußt auf organisatorische Dinge und damit weg von sich selbst und dem Inhalt des Vortrags.

Bemerken Sie, daß die Raumtemperatur zu hoch oder zu niedrig ist oder daß die Luft schlecht ist. Veranlassen Sie, daß ein Fenster geöffnet wird. Fordern Sie einen Zuhörer auf, das Fenster zu schließen oder die Türe zu öffnen. Stimmen Sie den Zeitpunkt für die nächste Kaffeepause mit Ihrem Auditorium ab. Sagen Sie, daß Sie die Geschäftsordnung ändern und schon jetzt einige Fragen gestellt werden können.

Sie haben die Freiheit, die organisatorischen Bedingungen zu Ihrem Vorteil zu verändern. Für einige Augenblicke steht die Raumtemperatur, das Fenster, der freundliche Erfüllungsgehilfe aus dem Publikum oder die Kaffeepause im Rampenlicht. Der Redner führt für ein paar Momente ein Schattendasein. Nützlich, um Gedanken, Konzeptkarten und Sätze zu ordnen. Haben Sie sich hinreichend gesammelt und tief durchgeatmet, treten Sie wieder wie selbstverständlich an und lassen dem Geschehen seinen Lauf. Nachdem Sie die Organisation und Ihre Gedanken wieder im Griff haben, fordern Sie Aufmerksamkeit ein, damit wieder inhaltlich gearbeitet werden kann.

Nutzen Sie Ihre Autorität, um in der Blackout-Situation Rahmenbedingungen der Veranstaltung gemeinsam mit Ihrem Publikum zu klären. Sie stehen so weniger im Brennpunkt des Geschehens.

f) Führen Sie einen Exkurs durch.

Es gibt zwei Spielarten, wie Sie die Exkurse in Blackout-Situationen nutzbar machen können.

Im engeren Sinne ist damit ein inhaltlicher Umweg Ihrerseits gemeint. Nehmen Sie zu Randthemen Stellung. Geben Sie ein Beispiel aus der Erlebniswelt der Zuhörerschaft.

Im weiteren Sinne geben Sie Arbeitsaufträge an Ihr Publikum. Lassen Sie Ihr Publikum mit dem Nachbarn oder in Kleingruppen für einige Minuten eine zentrale These diskutieren. Lassen Sie die Menschen zwei Fragen aufschreiben, damit keine Verständnisprobleme in Vergessenheit geraten. So kann die Fragestunde am Ende der Veranstaltung sehr gewinnbringend sein.

Wichtig bei dieser Blackout-Technik ist, daß alle Ihre Exkurse für das Publikum vorteilhaft begründet werden. Nennen Sie zuerst die Begründung und dann den Exkurs. Einige Beispiele sollen dies verdeutlichen:

- „Weil es an dieser Stelle günstig ist, den Inhalt des Vortrages mit Ihren eigenen Erfahrungen zu vergleichen, bitte ich Sie, die nächsten drei Minuten gemeinsam mit Ihrem Nachbarn Ihre Erfahrungen auszutauschen.''

- „Weil interkulturelle Beispiele den Blickwinkel erheblich erweitern, möchte ich Ihnen an dieser Stelle ein Beispiel aus einer brasilianischen Kleinstadt darstellen."
- „Weil es für Sie sicher wichtig ist, die Inhalte der Veranstaltung in die eigene Praxis umzusetzen, möchte ich jetzt einige Erfahrungen von früheren Teilnehmern verlesen, die erste Praxiserfahrungen mit den Techniken gesammelt haben."

Da die Exkurse auch vom Vortragsthema etwas weiter entfernt liegen können, dient eine geschickt gewählte Begründung als Brücke über die inhaltliche Kluft. Sie erleichtert so dem Publikum das aufmerksame Zuhören.

g) Verschieben Sie die detaillierte Behandlung des letzten Punktes.

Sie kündigen an die Informationen, die Ihnen in der Blackout-Situation nicht einfallen, selber nachzuliefern, oder verweisen Sie auf Dritte.

Es gibt zwei Möglichkeiten des Verschiebens. Die wohl bekannteste Technik ist die Verlegung auf einen späteren Zeitpunkt. Sie ist als Blackout-Technik wenig geläufig. Auch hier sollte zwingend eine Begründung, die sich auf den Nutzen des Publikums bezieht, vorangestellt werden. Sie brechen eine Aussage ab, machen eine kurze, etwas besorgt-nachdenkliche Pause und sagen dann: „ . . . Es ist günstiger, wenn Sie aufnahmefähig für diesen wichtigen Punkt sind. Wir werden diesen Punkt nach der Kaffeepause behandeln. Deshalb werden wir die verbleibende Zeit dazu nutzen, um ..." Daß Sie den Punkt dann nach der Regenerationspause auch behandeln, versteht sich für den redlichen Rhetoriker von selbst.

Es mag Situationen geben, in denen die Behandlung des Punktes einfach lästig ist, oder es ist unmöglich, weil notwendige Voraussetzungen wie Wissen oder Zeit fehlen. In diesen Fällen eignet sich als zweite Möglichkeit das Verschieben auf eine andere Person. Sie brechen eine Aussage wieder ab, machen die schon bekannte, etwas besorgt-nachdenkliche Pause und fahren dann fort: „... Es ist für alle Interessierten unter Ihnen eine gute Empfehlung, wenn Sie zu dieser Thematik Herrn Huber oder Frau Schober befragen. Weitere Informationen werden Ihnen von beiden sicher gerne zur Verfügung gestellt."

Bedenken Sie beim Einsatz dieser zweiten Variante, daß jedes Verschieben Ihr Auditorium leicht frustriert. Schieben Sie Herrn Huber oder Frau Schober zu häufig vor, so wird sich das Publikum fragen, ob der Vortrag von diesen beiden Fachleuten vielleicht viel besser gewesen wäre. Ihre Autorität leidet bei zu häufigem Einsatz dieser Technik!

Das Verschieben erleichtert es Ihnen sehr, die Blackout-Situation sicher zu bewältigen. Auch wenn später der fehlende Inhalt nachgeliefert werden muß, haben Sie das Problem zunächst vom Hals. Sie können den so gewonnenen inhaltlichen Freiraum nutzen, um in sichere Gewässer zu steuern.

h) Stellen Sie eine rhetorische Frage.

Jede Frage wird zu einer rhetorischen Frage, wenn sie vom Fragesteller selber beantwortet wird. Eine rhetorische Frage eignet sich besonders gut als Blackout-Technik, weil nach der Frage eine Pause eingelegt wird, die den Blackout überbrückt. Ziel dieser Technik außerhalb der Blackout-Situation ist es, die Aufmerksamkeit für die gewünschte Antwort des Fragers zu steigern. Ihre volle Wirkung entfaltet diese Frage jedoch nur, wenn Sie nach dem Fragezeichen etwa drei Sekunden Pause machen. Diese Zeit braucht das Publikum, um aus der Rolle des Zuhörenden in die Rolle des Nachdenkenden hineinzukommen. Nach vollzogenem Rollenwechsel gilt es dann, über die gestellte Frage nachzudenken. Kurz bevor eine eigene Antwort vom Publikum gefunden wird, gibt der Redner die gewünschte Antwort vor. Da so dem Publikum weitere intellektuelle Mühe erspart bleibt, wird die vorgegebene Antwort gerne aufgenommen. Beachten Sie, daß die rhetorische Frage stark steuernd auf die Gedankengänge Ihres Publikums wirkt. Dieser suggestive Charakter der Frage kann vom Zuhörer als belehrend wahrgenommen werden.

Als Blackout-Technik ist die rhetorische Frage durch die drei Sekunden Denkpause sehr nützlich. Die Zeit können Sie nutzen, um sich gedanklich neu zu sortieren. Außerdem machen Sie sich durch die Fragestellung nochmal klar, an welcher Stelle Sie sich befinden. Das erleichtert Ihnen die richtige Fortsetzung des Vortrags. Die Frage dient also als plausible Ursache für die drei Sekunden Zeitgewinn und als Anhaltspunkt zum Nachdenken.

i) Brechen Sie den Satz einfach ab, und formulieren Sie vollständig neu.

Sollten Sie einen Satz nicht mehr zu Ende bringen können, brechen Sie ihn in der Mitte ab, und formulieren Sie einen komplett neuen Satz.

Sie können damit rechnen, daß Sie von rund 50% Ihres Publikums nur als willkommenes Hintergrundgeräusch wahrgenommen werden. Diese dösende Hälfte wird behütet schlafen, wenn Sie sich trotz Blackout ganz normal verhalten. Die wachsame Hälfte muß durch eine gute Begründung für die Neuformulierung Ihres Satzes auf ihren Vorteil hingewiesen werden. Überlegen Sie sich vorteilhafte Einstiegsformulierungen im Vorfeld. Beispielsweise bieten sich an:

- „Lassen Sie mich den Punkt für Sie genauer fassen. ..."
- „Ich möchte die Möglichkeit nutzen, Ihnen das Gesagte aus einem anderen Blickwinkel heraus zu beleuchten. ..."

- „Nein, halt, wie ich Sie einschätze, kann ich diesen Bereich bei Ihnen als bekannt voraussetzen. Statt dessen möchte ich ...“
- „Es ist an der Zeit, die graue Theorie durch einige Beispiele aus der Praxis zu untermauern. Viele unserer Kunden ...“

Sie wissen vielleicht aus Ihrer eigenen Erfahrung, wie schwer es ist, einen Schachtelsatz in der Manier von Gerhard Hauptmann richtig zu Ende zu bringen. Ist eine Gliedsatzkonstruktion schwer durchschaubar, weil auf viele Aspekte, vielleicht auf zu viele, Wert gelegt wurde, die für einige Zuhörer, oder die Zuhörerinnen, oder alle im Saal, wesentlich oder doch zumindest der Erinnerung würdig sind, dann kann dieser grammatische Kunstgriff auch benutzt werden, um den Rezipienten mit so vielen Einzelinformationen, die zudem noch kunstvoll in Beziehung zueinander gesetzt werden können, vollzustopfen, daß dieser (inzwischen werden Sie vielleicht fragen, wer denn eigentlich) das Ende des Satzes nicht mehr korrekt überprüfen kann. Wer den vorhergehenden Schachtelsatz beim ersten Lesen versteht, ist ein geübter Leser. Wer diesen Satz jedoch beim ersten Hören versteht, der ist ein Genie. Glücklicherweise sind Genies dünn gesät, so daß Sie diese Vorgehensweise dann und wann einsetzen können. Ein Zuhörer hat nicht die Möglichkeit der nochmaligen Wiederholung des Gesagten. Steigt er aus einem Satz verständnismäßig aus, muß er kapitulieren. Wer einmal in einem solchen Satz den Anschluß verloren hat, kann den Redner nicht mehr verstehen und kritisch prüfen.

Wenn Sie Ihre Sätze auch mal bruchstückhaft unters Volk werfen, wird es dem Abschlußapplaus keinen Abbruch tun. Achten Sie darauf, daß Ihre Wirkungsmittel einen souveränen Eindruck vermitteln, und strapazieren Sie diese Technik nicht übermäßig. Wird die Neuformulierung von Ihnen in kleinen Dosen eingesetzt, werden Sie weiterhin sicher und selbstbewußt wirken.

Nicht alle Techniken sind in jeder Situation angemessen. Unsere Erfahrungen aus Seminaren, Gesprächen und eigener Vortragstätigkeit zeigen jedoch, daß weit mehr Techniken angemessen sind, als landläufig angenommen wird. Sie haben als Rednerin oder Redner enorme Autorität, wenn die Beziehungsebene zwischen Ihnen und Ihrem Publikum einmal aufgebaut ist. Variieren Sie Ihre Möglichkeiten, testen Sie Ihr rednerisches Talent, spannen Sie den Bogen bis an die Grenze. Der Erfahrungszuwachs und die sich einstellende Sicherheit sind erheblich. Blackout-Situationen gehören sicher zum Schwierigsten, was das rednerische Leben zu bieten hat. Schwierige Situationen sind Trainingsmöglichkeiten für Profis oder Menschen, die es werden wollen.

2) Einsatz der Wirkungsmittel beim Blackout

Für den Einsatz der Wirkungsmittel in Blackout-Situationen gilt der Grundsatz: Wirken Sie sicher. Alles, was Sie tun, muß gewollt aussehen. Alles, was Sie sagen, muß gewollt klingen. Selbst, wenn die Bühne unter Ihnen zusammenbricht, erzeugen Sie den Eindruck, daß dies immer an dieser Stelle passiert, daß jeder Handgriff so geplant war, daß jedes gesagte Wort so im Manuskript steht. Vermeiden Sie alles, was auf Unsicherheit schließen läßt.

Ihr Publikum wird sehr aufmerksam werden, wenn Pleiten, Pannen oder Peinlichkeiten passieren. Viele Menschen erregen Aufmerksamkeit mit Schwächen statt mit Stärken. In Blackout-Situationen gilt es, den Zuhörerinnen und Zuhörern Normalität zu bieten. Viele Menschen haben das Gefühl, daß sonst die Meute Blut leckt, die Witterung aufnimmt, angriffslustig wird und vielleicht sogar Wunden schlägt. Gruppen prügeln mit Wonne auf Schwache ein, um das Gefühl der gemeinsamen Überlegenheit auskosten zu können. Deshalb ist diese Grundregel in Blackout-Situationen überlebenswichtig: Seien Sie natürlich, locker und sicher, ganz normal.

Im Folgenden beschreiben wir den Einsatz der Wirkungsmittel. Über die Wirkungsmittel wird die Wahrnehmung des Publikums beeinflußt. Ziel ist es, beim Zuhörer einen sicheren Eindruck zu machen. Dies ist in der Blackout-Situation besonders wichtig. Sie haben damit eine Leitlinie, durch die Sie sicher auftreten.

a) Haltung

Es gibt unbestritten eine Wechselwirkung zwischen Körper und Geist. In der Blackout-Situation tritt geistiger Stillstand ein, der sich körperlich darin äußert, daß der Redner in buchstäblichem Stillstand verharrt. Gedanken stehen so still wie der arme Redner vor seinem Publikum. Körperliche Bewegung hingegen bringt die Gedanken in Fluß. Gehen Sie also zwei oder drei Schritte auf dem Podium. Drücken Sie die Hände gegeneinander. Sollten Sie frei stehen, so können Sie Ihre Oberschenkelmuskulatur anspannen. Derartige Muskelkontraktionen werden vom Publikum nicht wahrgenommen. Legen Sie eine kurze Pause ein, um die Brustmuskulatur anzuspannen. Diese Pause ist erforderlich, da sich durch die Anspannung des Oberkörpers Ihre Stimme verändert. Genießen Sie das Gefühl der Entspannung der Muskeln. Durch Bewegung läßt sich Adrenalin abbauen. Nehmen Sie nach dieser kurzen Bewegungsphase Ihre Grundhaltung an einer etwas anderen Stelle als zuvor ein. Die Grundhaltung wurde in unserem Buch „Die Magie der Schlagfertigkeit" eingehend beschrieben. Deshalb soll diese Haltung hier nur mit wenigen Worten skizziert werden. Die Füße etwas auseinander, gleichmäßige Belastung der Beine schafft einen ausgewogenen Eindruck. Die Hände etwa in den Bereich des Bauchnabels. Stehen Sie gerade und aufrecht.

b) Gestik

Die Gestik dient dazu, das Gesagte optisch zu unterstreichen und zu verstärken. Da Sie im Augenblick des Blackouts gezwungenermaßen schweigen, können Sie guten Gewissens die optische Verstärkung unterlassen. Deshalb halten Sie Ihre Hände ruhig. Häufig sind in diesen extremen Belastungssituationen Unsicherheitsgesten zu sehen. Da wird am Pullover herumgezupft, verlegen wird der Krawattenknoten kontrolliert, der Ohrring wird hilfesuchend angefingert, der Mund wird verschreckt zugehalten, die Stirn gerieben, die Frisur in einen zerzausten Zustand versetzt. Plötzlich juckt die Nase so intensiv, daß eine verstohlene Kratzbewegung mit dem Zeigefinger leider unumgänglich ist. Nichts ist schlimmer als Verlegenheitsgesten in der Blackout-Situation. Deshalb vermeiden Sie alle Unsicherheitsgesten. Stimmungen übertragen sich von Ihnen auf Ihr Publikum. Dies gilt eben auch für Verlegenheit beim Blackout. Halten Sie Ihr Konzept ruhig und sicher. Konzentrieren Sie sich auf die Blackout-Techniken, die wir aufgezeigt haben. Gerade im Blackout gilt die Maxime: Geben Sie sich ruhig, kontrolliert, sicher und selbstbewußt. Das Publikum wird Sie in diesem Horizont wahrnehmen.

c) Mimik

Durch mimische Verhaltensweisen werden Stimmungen sehr einfach und effektiv von einem Menschen zum anderen übertragen. Verbreiten Sie Unsicherheit, Hilflosigkeit, Überforderung oder Angst, werden Sie als unsicher, hilflos, überfordert oder ängstlich wahrgenommen. Ein Ruf, der sich lange hält und bedenkenlos auch auf andere Situationen übertragen wird. Genau gegensätzliche Wahrnehmungen gilt es, in der Blackout-Situation zu fördern. Spielen Sie Herz Ass. Spielen Sie mit Ihrer positiven Ausstrahlung auf. Stechen Sie mit Ihren Trumpfkarten. So kommen Sie nicht nur aus dem Schneider, sondern häufen solange Augen an, bis Sie schließlich gewinnen. Werfen Sie mimisch rote Rosen gleich sträußchenweise in die Menge. Setzen Sie auf Freundlichkeit. Gewinnen Sie mit Ihrem charmantesten Lächeln. Haben Sie in den fetten Zeiten die Beziehung zum Publikum gepflegt, und sind Sie mit Ihrem Lächeln nahezu verschwenderisch umgegangen, so können Sie in den mageren Zeiten darauf zurückgreifen. Positive Ausstrahlung versetzt Berge auf der Beziehungsebene. Und das nicht nur, wenn sich ein Blackout einstellt, sondern auch, wenn Einwände formuliert werden, wenn Störer aktiv werden oder allgemein, wenn Schwierigkeiten auftauchen. Umwerben Sie das Publikum auch während des Blackouts mit einer positiven Mimik. Sie verbreiten so positive Stimmungen, und die Menschen werden Ihnen gerne weiterhin zuhören.

d) Blickkontakt

Der Kontakt zu Ihren Zuhörerinnen und Zuhörern ist überlebenswichtig in allen monologischen und dialogischen Situationen. Wer offen ist für das optische Feedback seiner Zuhörer, kann viel besser sprachliches und nichtsprachliches Verhalten auf seine Hörerschaft abstimmen als jemand, der ohne diese wichtige Rückkopplung auskommen muß. Besonders jedoch in Belastungssituationen dient der Blickkontakt als wichtige Antenne für Reaktionen des Gegenübers. Der Blackout gehört zu den heikelsten Augenblikken in einer Rede. Das weiß jeder, dem schon einmal vor Publikum der rote Faden gerissen ist. Reißt nicht nur der rote Faden ab, sondern zusätzlich auch noch der Blickkontakt und damit der Kontakt zu Ihrem Publikum, wird das entstehende inhaltliche Vakuum schnell unerträglich groß. Die Menschen fühlen sich alleine gelassen, ohne Anleitung und desorientiert. Die Rolle des Zuhörers kann ohne flüssig sendenden Redner nicht mehr sinnvoll aufrecht erhalten werden. Rollenkonflikte treten in der Hörerschaft auf, Gedanken entfernen sich vom Inhalt der Darstellung. Menschen werden buchstäblich unsachlich. Zunächst leben sie das zwar nicht nach außen, aber die Gefahr, daß eine derartige latente Unsachlichkeit offen zu Tage tritt, ist immer gegeben. In der Spitze kann es zu dem „Abstimmen durch die Füße" kommen. Blickkontakt ist die Brücke zum Publikum, gerade in schwierigen Passagen. Suchen Sie in der Blackout-Situation den Blickkontakt zu den Menschen. Bevorzugen Sie dabei Personen, die Ihnen spontan sympathisch sind. Häufig beruht diese Sympathieempfindung auf Gegenseitigkeit. Ihre Beziehungsebene ist zu diesen Menschen besonders gut. In Belastungssituationen können Sie diese Sympathieträger als positive Rückmelder nutzen. Diese werden Ihnen auch während des Blackouts wohlwollend zunicken und Sie anlächeln. Damit Sie diese Streicheleinheiten wahrnehmen können, brauchen Sie nur eines: Blickkontakt zum Publikum.

e) Outfit

Sie können sich zur Bewältigung des Blackouts in der Regel nicht mal eben umziehen. Ein häufig dringend notwendiges trockenes Hemd ist unerreichbar fern. Sie sind in Ihre Garderobe buchstäblich hineingezwängt, sie klebt Ihnen am Körper, hautnah. Akzeptieren Sie es.
In Belastungssituationen neigen Menschen dazu, den Sitz Ihrer Kleidung zu perfektionieren. Es wird vor lauter Unsicherheit die Jacke auf- und zugeknöpft. Die Frisur und der Sitz der Krawatte oder des Schmucks werden kontrolliert. Diese Korrekturen des Outfits können vom Publikum als Unsicherheiten wahrgenommen werden. Unterlassen Sie alle

Berichtigungen Ihres Outfits.

f) Sprache

Während des Blackouts wird leider nicht gesprochen, darin liegt ja das Wesen des Blackouts. Die Sprache fällt als Wirkungsmittel aus. Lassen Sie es nicht so weit kommen. Häufig kündigt sich ein Blackout kurz vorher an. Beim Formulieren kommt er plötzlich in Sicht. Wenn Sie bemerken, daß es immer enger wird, daß das Formulieren immer schwerer fällt und Sie den roten Faden immer mehr anspannen, so sprechen Sie l a n g s a m und l a n g s a m e r . Sie haben genügend Zeit, und Ihr Publikum bekommt den Eindruck, daß Sie Ihren Worten einen besonderen Nachdruck verleihen möchten. Viele Menschen neigen gerade in Blackout-Situationen dazu, schnell und hektisch zu sprechen. Dabei gilt es, genau das Gegenteil zu tun. Sprechen Sie langsam, machen Sie Pausen. Betonen Sie die Worte. In dem Moment, wo Sie die Betonung wechseln, erzeugen Sie bei den Zuhörerinnen und Zuhörern Aufmerksamkeit. Nutzen Sie die Fähigkeit, Sätze langsam und betont auszusprechen. Außerdem entlasten Sie durch dieses Verhalten Ihre Sprechwerkzeuge.

Nun wissen Sie, wie die rhetorischen Wirkungsmittel in der Blackout-Situation einzusetzen sind. Prinzipiell handelt es sich um die Ausrichtung des rhetorischen Instrumentariums auf Sicherheit. In der Regel wird Ihnen der Blackout verziehen. „Das kann auch dem Geübtesten mal passieren" ist eine nicht seltene Reaktion der Zuhörerschaft. Was jedoch dann nur noch selten auf Verständnis beim Publikum trifft, ist, wenn mit dem eingetretenen Blackout unsicher umgegangen wird. Ist der Umgang mit dem Blackout unsicher, schwach und hilflos, so wird behauptet werden, daß der Redner seine Kunst nicht beherrsche. Ist der Umgang mit dem Blackout jedoch sicher, stark und selbstbewußt, so wird sich der Ruf von einem Redner, der seine Kunst in Belastungssituationen sehenswert und hörenswert beherrscht, in Windeseile verbreiten. Ein solches Juwel ist selten, wird bestaunt, und ihm gebührt ein besonderer Platz unter den Erben Ciceros. Wer, auch wenn es schwierig wird, die Zügel noch fest in der Hand hat, gilt als kompetent, erfahren und vertrauenswürdig. Wer rednerische Krisen sicher bewältigt, kann den sich so erworbenen Ruf als Krisenmanager auch in andere Situationen und Wissensgebiete retten.

3) Trainingsmöglichkeiten

Das Publikum hat nur eine Chance, das Geplante vom Ungeplanten zu unterscheiden. Alleine Sie bieten diese Chance über den unsicheren Einsatz der Wirkungsmittel und über unzureichende Beherrschung der Techniken. Sie sind mitverantwortlich für die Wahrnehmung Ihres Publikums. Ein kaltschnäuziger Einsatz der Wirkungsmittel verbirgt jeden Blackout. Blackout-Techniken stellen die hohe Schule der Rhetorik dar. Es ist Training erforderlich, um auch in Streßsituationen alle Register überlegt und überlegen ziehen zu können. Dieser Aufwand lohnt sich. Der Zuwachs an Sicherheit, den wir in Seminaren während des Trainings der Blackout-Techniken regelmäßig miterleben, ist gewaltig. Als Bonus läßt sich die gewonnene Sicherheit auch in anderen Lebensbereichen anwenden.

Blackout-Techniken lassen sich in ganz normalen Gesprächen trainieren. Zu Trainingszwecken wechseln Sie in Unterhaltungen, Verhandlungen und Diskussionen das Thema. Bringen Sie Dinge zusammen, die ursprünglich nichts oder nur wenig miteinander zu tun haben. Versuchen Sie den Übergang elegant und zum Vorteil des Gegenübers zu gestalten. Arbeiten Sie mit rhetorischen Fragen, Zusammenfassungen, Anträgen zur Geschäftsordnung. Trainieren Sie die gesamte Bandbreite.

Sie tun sich selbst einen Gefallen, wenn Sie zunächst in Situationen trainieren, von denen wenig abhängt. Derartige Trainingsversuche haben Beziehungen zwar noch kaum in Schutt und Asche gelegt, aber der eine oder andere verwunderte Blick darüber, warum denn jetzt gerade das Fenster geöffnet werden muß, ist schon an der Tagesordnung. Ein großartiges Trainingsfeld sind Veranstaltungen, auf denen sich nur Lernende treffen, d.h. Seminare. Dort herrscht ein sehr tolerantes Klima, und es wird offenes Feedback gegeben. Die Veredelung eigener Verhaltensweisen ist auf diese Weise schneller möglich als außerhalb solcher Veranstaltungen.

In den Seminaren trainieren wir das Verhalten in Blackout-Situationen auf folgende Weise:
Jeder Teilnehmer und jede Teilnehmerin hält vor laufender Videokamera eine Rede zu einem Thema eigener Wahl. Zwei Freiwillige aus dem Publikum lösen mit einem lauten Schlag auf den Tisch die Anwendung einer Blackout-Technik aus. Hört der Redner oder die Rednerin das Geräusch, muß er oder sie aus dem „Hauptprogramm" Rede unverzüglich aussteigen und das „Unterprogramm" Blackout-Techniken einspielen. Eine Blackout-Technik muß angewendet werden, und anschließend muß in das „Hauptprogramm" Rede zurückgefunden werden. Damit muß exakt das Verhalten praktiziert werden, das zur Blackout-Bewältigung erforderlich ist. Es wird in der Blackout-Situation nichts anderes getan, als das ursprünglich geplante Programm zu verlassen und einen Exkurs elegant zwischenzuschalten, um dann in das ursprüngliche Konzept zurückzufinden. Nach der Rede schließlich wird das Verhalten in der Belastungssituation analysiert und veredelt. Die Erfahrung zeigt, daß diese Techniken sehr gut erlernbar sind.

Teilnehmerinnen und Teilnehmer machen zuerst zaghafte, dann aber sichtbare Fortschritte und werden sicherer in der Anwendung. Sie machen am eigenen Leib die Erfahrungen, die in der Praxis Gold wert sind. Es ist ein altes Gesetz, daß Menschen durch eigenes Handeln am meisten lernen. Es macht Spaß, die eigene Entwicklung zu sehen. Fortschritte motivieren.

Nun reift in Ihnen vielleicht der Wunsch, Blackout-Techniken zu trainieren, ohne ein Seminar zu besuchen. Sie stehen dann vor dem Problem, klopfende Seminarteilnehmer zu ersetzen. Dies geht hervorragend durch einen Kassettenrecorder. Es hat sich im stillen Kämmerlein besonders bewährt, mittels Recorder in unregelmäßigen Abständen von ein bis drei Minuten ein lautes Geräusch aufzunehmen, etwa einen kurzen Schrei, ein Fingerschnippen oder ein lautes Klopfen. Das Band mit ausschließlich diesen aufgezeichneten Geräuschen lassen Sie abspielen, während Sie Ihre Rede halten. Wenn Sie das Geräusch vom Band hören, verhalten Sie sich so wie unsere Teilnehmer im Seminar. Sie können sich sogar selbst Feedback geben, wenn Sie sich, während Sie bei laufend knackendem Kassettenrecorder eine Rede halten, wieder durch einen anderen Recorder oder eine Videokamera aufnehmen und anschließend analysieren. Was Ihnen im Selbsttraining vorenthalten bleibt, ist die Wahrnehmung anderer Menschen. Legen Sie Wert darauf, durch deren Anregungen Ihre Entwicklung schneller voranzubringen. Gehen Sie auf ein Seminar, oder trainieren Sie mit Freunden. Es macht Spaß und bringt Sie weiter auf Ihrem Weg.

Trainieren Sie alle Techniken. Das schafft in kurzer Zeit Sicherheit und Selbstvertrauen. Mr. Blackout wird vom furchterregenden Schreckgespenst zum leicht besiegbaren Gegner.

Der Schwierigkeitsgrad des Trainings läßt sich noch steigern. Einige Möglichkeiten möchten wir Ihnen kurz vorstellen.

a) Bekanntheit des Themas
Zunächst werden die Reden über Themen gehalten, in denen sich der Redner sehr gut auskennt. Sachliche Probleme sind also nahezu ausgeschlossen. Als nächster Trainingsschritt werden Reden über unbekannte Themen gehalten, damit inhaltliche Probleme während der Redesituation zusätzlich gelöst werden müssen.

b) Länge der Vorbereitungszeit
Auch über die Vorbereitungszeit läßt sich die Sache erschweren. Von der Vorbereitung über einen Zeitraum von einer Stunde bis zur Stegreifrede ist eine große Variationsbreite vorhanden.

c) Anzahl der Blackout auslösenden Reize
Es ist leicht, den Schwierigkeitsgrad der Übungen durch die Anzahl der Blackouts zu erschweren. Eine Rede von dreißig Minuten ist mit zehn Blackouts natürlich schwerer, als eine mit fünf Denkblockaden. Beachten Sie beim Training, daß Sie sich etwas störungsfreien Vorlauf gewähren, damit Sie in das Konzept der Darstellung besser hineinfinden. Ein Blackout ist dann besonders schwerwiegend, wenn Sie beabsichtigtes Verhalten nicht praktizieren können. Voraussetzung ist also zunächst einmal, in das geplante Konzept hineinzufinden.

d) Andere erschwerende Faktoren
Gleichzeitig mit dem Blackout lassen sich auch Einwandsituationen üben. Es können Zuhörer aufgefordert werden, die Rolle des Störers zu übernehmen. So muß gleichzeitig der Blackout bewältigt werden, mit Einwänden umgegangen werden, und es müssen Störer in adäquater Weise auf der vorgegebenen Linie gehalten werden. Ein Training, das selbst ausgebufften Profis aus Politik und Wirtschaft regelmäßig die Schweißperlen auf die Stirn treten läßt. Wer

diese Hölle einigermaßen bewältigen kann, kommt in der Praxis mit dem überraschendsten Blackout, mit den hinterhältigsten Einwänden und mit den kreativsten Störern zurecht, ohne auch nur mit der Wimper zu zucken.

Wer sich diese Techniken zu eigen macht, wird noch eine interessante Erfahrung machen. Mr. Blackout wird ein sehr seltener Gast werden. Blackout-Techniken werden letztlich erlernt, um sie nicht anzuwenden. Je sicherer Sie werden, um so weniger Gelegenheit geben Sie sich, diese Techniken dann auch in der rednerischen Praxis anzuwenden. Sie warten auf den Besuch von Mr. B., doch so gern Sie sich auch mit ihm messen möchten, so gern Sie sich selbst beweisen möchten, daß Sie mit derartigen Situationen spielend umgehen können, so sehr läßt der Herr mit dem englischen Namen auf sich warten. Es macht diesem Gentleman keinen Spaß, ausgebufften Profis als Trainingspartner zu dienen. Er möchte Angst, Schweiß und Schrecken verbreiten, und er weiß, daß er bei Ihnen da endgültig an der falschen Adresse ist.

Kapitel II: Umgang mit Störern

Dieses Kapitel möchte die Sensibilität für den Umgang mit Störern steigern. Die Reaktionen von seiten des Redners sollten am Störer und dem Publikum orientiert sein. Dabei ist die Verhältnismäßigkeit der rhetorischen Mittel zu berücksichtigen. Damit Sie beim nächsten Umgang mit Störenfrieden auf die Situation und auf die Beteiligten abgestimmt reagieren können, arbeiten Sie die folgenden Seiten besonders aufmerksam durch.

Sofern das Publikum willig, fasziniert und konstruktiv-kritisch an den Lippen des Vortragenden hängt, stellt die Situation für den Redner keine Schwierigkeit dar. Anders wird das erst, wenn plötzlich Störer aktiv werden. Zunächst ist es wichtig, die Unterscheidung zwischen Einwendern und Störern deutlich zu machen. Einwender sind Menschen, die, durch thematische Schwierigkeiten motiviert, eine Zwischenfrage formulieren oder sich mit dem Nachbarn unterhalten. Ein Störer hingegen hat kein sachliches Problem, sondern zielt mit seinem Verhalten bewußt oder unbewußt auf die Person des Redners oder das Mißlingen des Vortrags. Natürlich kann ein penetranter und unbarmherziger Einwender irgendwann vom Lager der Einwender ins Lager der Störer wechseln.
Ob jemand als Störer oder als Einwender wahrgenommen wird, hängt in hohem Maße von der subjektiven Einschätzung und Erfahrung des Redners oder der Rednerin ab.
Neben dem Blackout gehört der Umgang mit Störern zu den schwierigsten Kapiteln in Rhetorik und Verhandlungsführung. Spielt das Auditorium nicht mehr die ihm zugedachte Rolle, so kommt es selbst bei routinierten Rednern zu Streß. Mangelndes Training führt zu Erfahrungsdefiziten und zu unnötiger Härte im Umgang mit Störern. Unangemessene Reaktionen des Vortragenden bringen selbst an-

fänglich interessierte Zuhörer in eine oppositionelle Haltung gegenüber dem Redner.

Das Verhalten beim Umgang mit Störern läßt sich in sieben Stufen systematisieren.

Stufe I: Ignorieren Sie den Störer.

Es gibt sicher so viele Motivationen für störendes Verhalten, daß alleine die Aufzählung den Rahmen dieser Darstellung sprengen würde. Deshalb lassen Sie uns nur einige wenige hier exemplarisch aufzeigen.

Häufig legen Menschen störendes Verhalten unbewußt an den Tag. Da ist ein armes Würstchen leider das Opfer einer Grippe geworden und schneuzt sich ununterbrochen, ohne auf die störenden Schallwellen zu achten. Da haben sich Menschen lange nicht gesehen und wollen lautstark ihre Beziehung schwatzhaft störend auffrischen. Einem anderen wißbegierigen Teilnehmer hängt sein Verdauungshohlmuskel in der Kniekehle, und er verspürt das dringende Bedürfnis, einen Teil seiner Marschverpflegung zur Anhebung seines Blutzuckerspiegels zu verwenden. Unglücklicherweise während Ihres Vortrags in Ihrem Vortragsraum und unüberhörbar laut schmatzend. Alles sehr verständliches und dennoch störendes Verhalten. Derartige Störungen können beruhigt übergangen werden, sofern sie nicht eskalieren, das heißt nicht zunehmend mehr Menschen durch die Störung animiert werden, selbst zu stören, oder die Störung zur Ablenkung führt. Im übrigen ist Schnupfen zwar ansteckend, aber die Inkubationszeit ist meist deutlich länger als der Vortrag. Kontaktbedürfnisse sind häufig schnell befriedigt und glücklicherweise ist der Mensch mit einem Sättigungsgefühl ausgestattet, das sicher bald einsetzen wird.

Ernster zu nehmen sind da schon die Störungen aus einem Anerkennungsdefizit heraus. Menschen haben ein starkes Bedürfnis nach Anerkennung. Die Vortragssituation preßt alle Teilnehmenden in eine gleichförmige Rolle. Ausgeprägten Individualisten ist dies häufig zuwider. Sie zeichnen sich durch abgrenzendes Verhalten aus. Einige, die die Sachkenntnis dafür zur Verfügung haben, können das über sachliche Verhaltensweisen und inhaltliche Auseinandersetzung.

Es mag aber auch Menschen geben, die sich über die Sonderrolle des Störers von der Gruppe abgrenzen, mit dem Ziel, die ihnen gebührende Anerkennung zu erhalten. Gegen den Strom zu schwimmen, ist jedoch recht anstrengend. Häufig genügen wenige Augenblicke einer Sonderrolle, um das Abgrenzungsbedürfnis des Störers zu befriedigen. Billigen Sie dem Störer diese Momente wohlwollend zu, dann haben Sie häufig bald Ruhe.

Sollte die Störung auf ihrem Anfangsniveau verharren, das heißt nicht eskalieren oder sogar von selbst abebben, so ist die erste Stufe immer anzuraten. Ignorieren Sie diese Störungen. Machen Sie unbeirrt weiter. Fahren Sie im Vortrag fort, ohne ein Anzeichen zu geben, daß Sie sich gestört fühlen.

Vielleicht werden jetzt einige von Ihnen sagen, daß Störungen mehr und mehr Raum greifen, ohne daß Sie etwas dagegen tun. Eventuell wird mit dem Ignorieren das Wachstum der Störung auch noch gefördert. Dies ist jedoch sehr selten der Fall. Viele von unseren Lesern werden schon einmal am eigenen Leibe erfahren haben, daß Störungen besonders emotionsgeladene Situationen sind. Setzen Sie den Emotionen des Störers zu früh eigene starke Reaktionen entgegen, könnte dies durchaus als geworfener Fehdehandschuh interpretiert werden. Wer ihn wirft, ist gleichgültig. Wichtig für Sie ist, daß Sie ihn auf keinen Fall an dieser Stelle aufnehmen. Das restliche Publikum ist noch nicht genug vorbereitet, es fühlt sich an dieser Stelle vielleicht noch nicht gestört. Ein rhetorisches Duell wird zu diesem Zeitpunkt eher auf Unverständnis als auf Bewunderung stoßen. Außerdem steht selten vorher fest, wer ein Duell gewinnt. Besonders Anfänger reagieren anfangs zu stark und nehmen damit ungewollt die Herausforderung des Störers an. Deshalb bleiben Sie ruhig, gelassen und selbstbewußt. Ignorieren ist dennoch ein sehr aktives Verhalten. Beobachten Sie den Prozeß so genau Sie können, lassen Sie sich so wenig wie möglich entgehen. Ignorieren als erste Verhaltensweise im Umgang mit Störern ist eine sehr wachsame Phase. Seien Sie sensibel für alle gruppendynamischen Abläufe im Publikum. Achten Sie darauf, wie sich die Beziehungen zwischen dem Störer, dem restlichen Publikum und Ihnen entwickeln. Schauen Sie beispielsweise darauf, ob die Störung von augenscheinlich Unbeteiligten thematisiert wird, und sei es nur hinter vorgehaltener Hand oder durch Blickkontakt zum Störer oder zu Ihnen. Nimmt die Zahl der Störer zu, wie entwickelt sich der Geräuschpegel? Es lohnt sich, dafür auch kleinere Pausen zu machen. Nur die Reaktionen des Publikums sagen Ihnen, ob Sie es bei Stufe I belassen können, oder ob die Situation andere Mittel erfordert.

Sicher hilft dabei auch Erfahrung. Aber jede Störung ist anders, jedes Publikum ist anders, und Sie sind hoffentlich auch nicht immer die oder der gleiche. Hier gilt es aus der Situation heraus, die richtige Entscheidung zu treffen.

Sollten Ihnen Ihre Sinnesorgane signalisieren, daß die Störung eskaliert, schalten Sie eine Stufe höher.

Stufe II: Signalisieren Sie die Störung nonverbal.

Diese Stufe ist auch noch sehr wohlwollend gegenüber dem Störer. Dem oberflächlichen Betrachter wird sie vielleicht nicht einmal bewußt. Hier bieten sich einige Verhaltensweisen an, die die Störung an sich unangesprochen lassen. Geeignete Mittel hier sind:

• Nehmen Sie Blickkontakt zu den Störern auf.
• Machen Sie eine kurze Sprechpause.
• Verkleinern Sie die Distanz zu den Störern.
• Sprechen Sie lauter oder leiser.
• Senden Sie mimische Signale des Mißfallens.

Buhlt der Störer weiterhin um Anerkennung, so geben Sie ihm einfach etwas mehr von Ihrer Gunst über den Blickkontakt. Ist Ihr Blick aufmunternd, so gibt es die ersehnten Streicheleinheiten, ist Ihr Blick eher frostig, so weiß der Störer, daß sein Verhalten zumindest im gelben Bereich liegt. Machen Sie eine kurze Pause, um dem Publikum unmißverständlich zu Gehör zu bringen, daß die Geräuschkulisse für Sie nicht akzeptabel ist, und Sie sich mit der Rolle des willigen „Lautsprechers" im Hintergrund nicht zufrieden geben. Häufig gleicht sich das Verhalten des Publikums automatisch dem Vortragenden an. Es wird also ruhiger, wenn Sie pausieren. Es ist sogar durchaus möglich, die Pause so lange auszudehnen, bis das Publikum endgültig zur Ruhe gekommen ist. Ein Mindestmaß an Interessierten im Publikum vorausgesetzt, und die Geräuschkulisse bricht nach zwei bis drei Minuten in sich zusammen. Aus dem universitären Bereich gibt es Beispiele, wo sich innerhalb von Minuten der Geräuschpegel von „man kann ja hier sein eigenes Wort nicht verstehen" bis zu „Sie können eine Stecknadel fallen hören" entwickelt hat, nur, weil der Vortragende sich ganz passiv verhielt, jedoch ständig bereit war, anzufangen. Falls die gewünschte Reaktion nicht eintritt, wählen Sie andere Mittel. Manchmal geschieht es, daß das Publikum sich durch die Pause des Vortragenden ermuntert fühlt, selbst zu sprechen. Dann müssen Sie sofort andere Mittel ergreifen.

Sie können auch den Abstand zwischen Ihnen und dem Unruheherd verkleinern. Sollte es möglich sein, treten Sie beispielsweise dicht an den Störer heran, oder stellen Sie sich hinter den Störer. Der weiß dann nicht, was hinter ihm abläuft, wird dadurch etwas verunsichert und gezwungen, sein störendes Verhalten zu unterbrechen. Es genügt aber in der Regel schon, die Distanz um wenige Meter zu verkürzen, um die Aufmerksamkeit des Störenfriedes zu erreichen. Es ist eine alte Regel der Rhetorik, daß leise Sprechweise Aufmerksamkeit erzeugt. Dies gilt vor allem dann, wenn ein Mindestmaß an Interesse beim Auditorium vorhanden ist. Sie sollten es aber nicht übertreiben. Wer leise spricht, überstrapaziert die Ausdauer der Zuhörer manchmal. Wenn der Vortrag wegen fehlender Lautstärke zu anstrengend wird, beschäftigen sich die Menschen mit einfacheren Dingen, die in ihren Köpfen millionenfach vorhanden und jederzeit greifbar sind.

Lautstärke bringt Ärger zum Ausdruck. Wollen Sie als verärgert über das undisziplinierte Verhalten Ihres Publikums wahrgenommen werden, so sei Ihnen dieser Weg unbenommen. Wer sich ärgern läßt, verliert jedoch häufig einen großen Teil seiner Urteilskraft, seiner Wahrnehmungsfähigkeit und seiner positiven Ausstrahlung. Es gibt in der Regel einen besseren Weg als den des Ärgerns.

Die vielleicht eleganteste Spielart, dem Störer Einhalt zu gebieten, sind mimische Signale. Damit sind körpersprachliche Drohungen gemeint. Diese Drohgebärden können Sie auch leicht an Haustieren studieren. Beobachten Sie das Verhalten von Hunden genau. Es ist sehr aufschlußreich für den mimischen Umgang mit Störern. Zum Beispiel lassen sich die Nasenflügel leicht blähen, wenn Blickkontakt zum Störer aufgenommen wird. Damit bringen Sie eigene

Aggression zum Ausdruck und drohen damit dem Störer. Sie können dem Querulanten buchstäblich leicht die Zähne zeigen, indem Sie kurz die Oberlippe anheben. Sie können Ihre Augen leicht zusammenkneifen, um Ihrem Mißfallen lautlos Gehör zu verschaffen. Diese Mittel wirken fast ausschließlich gegenüber derjenigen Person, mit der Blickkontakt gehalten wird. Zwingende Voraussetzung ist also, während der Anwendung dieser Mittel der ausschließliche Blickkontakt mit dem Störer. Schauen Sie willige Zuhörer mit einer entsprechend drohenden Mimik an, so führt das zu ungewollten Einschüchterungen. Nur der gezielte Einsatz dieser sehr subtilen körpersprachlichen Mittel bringt den gewünschten Erfolg. Bei sauberem Einsatz wird die Sonderbehandlung des Störers den anderen Zuhörern nicht bewußt. Sie kann sogar dem Störer unbewußt bleiben und trotzdem zur gewünschten Verhaltensmodifikation führen. Auf Stufe II stehen Ihnen eine Menge Möglichkeiten zur Verfügung. In der Regel sollte diese Stufe ausreichen, um Störer auf der gewünschten Linie zu halten. Sollte die Störung trotzdem weiter eskalieren, empfiehlt sich Stufe III.

Stufe III: Sprechen Sie die Störung offen an.

Bei Stufe III ist von der Ansprache der *Störung* die Rede. Bitte unterlassen Sie zu diesem Zeitpunkt unbedingt die persönliche Ansprache des *Störers*. Der Bezug zu einer bestimmten Person soll noch nicht hergestellt werden können. Ehe der Störer angesprochen werden kann, dient diese Stufe dazu, dem Publikum bewußt zu machen, daß Sie sich gestört fühlen. Erfolgt die Ansprache der Störung genau dann, wenn viele Zuhörerinnen und Zuhörer vom Lager der „Neutralen" ins Lager der „Gestörten" wechseln, so beweist der Redner große Sensibilität für die Situation. Er läßt erkennen, daß er die gruppendynamischen Vorgänge erfaßt und situativ in seine Darstellungen einfließen lassen

kann.
Gleichzeitig dient diese Technik auch dazu, daß dem Publikum die Störung bewußt wird. Eine wichtige Voraussetzung für weitere Stufen ist damit erfüllt. Stellen Sie sicher, bevor Sie eine Stufe weiter gehen, daß sich große Teile Ihres Publikums durch das Verhalten einiger Teilnehmer in ihrem Drang nach Wissen beeinträchtigt fühlen. Beispielsweise könnten Sie folgende Formulierungen verwenden:

- „Es ist sehr laut hier."
- „Es wird sich unterhalten, es scheint, Fragen zu geben."
- „Das anspruchsvolle Thema regt zu lautem Denken an."
- „Die Auseinandersetzung mit dem Thema scheint intensiv die Sprachorgane zu reizen."
- „Aufkeimender Diskussionsbedarf kann auch am Ende der Veranstaltung befriedigt werden."

Für die Wirkung ist es wichtig, hierbei keinen Blickkontakt zum Störer zu halten. Der Stein des Anstoßes sollte sich noch nicht bloßgestellt fühlen. Es besteht sonst die Gefahr, daß Sie den Störer zu früh isolieren. Bis zu dieser Stufe hat der Störer die Möglichkeit, sich als normaler Teilnehmer in die Gruppe einzufügen, sofern er ein der Situation gemäßes Verhalten zeigt. Gruppengerechtes Verhalten ermöglicht die Eingliederung des Störenfriedes, ohne Gesichtsverlust und ohne eine Sonderrolle durch Sonderbehandlung.

Das Verhalten der Stufe III gilt es, möglichst lange zu praktizieren. In dieser Phase steht Ihr Vortrag noch ganz eindeutig im Vordergrund. Die große Mehrheit der Zuhörerinnen und Zuhörer ist Ihrem Vortrag mehr oder minder aufmerksam gefolgt, kommt zu ihrem Recht. In den nächsten vier Stufen werden die Mittel gegenüber dem Störer deutlich verschärft, mit dem Ziel, den Zweck der Veranstaltung zu realisieren. Wer großkalibrige Munition verschießt, muß damit rechnen, daß es laut knallt. Die gegenüberliegende

Seite greift dann häufig auch zu anderen Waffen und sucht Verbündete. Es besteht also immer die Gefahr, daß der Prozeß eskaliert. Wer Stufe IV gehen will, der sollte auch bereit sein, bis zur Stufe VII zu gehen.

Stufe IV: Sprechen Sie den Störer an.

Durch die Ansprache des Störers wird dieser aus der Gruppe herausgehoben, abgesondert, isoliert. Damit ist er in einer Sonderrolle, er ist kein „normaler" Teilnehmer mehr. Und dieser Rollenwechsel ist nur noch schwer rückgängig zu machen. Sollten Sie die Stufe IV nutzen, seien Sie sich bitte dieser Unumkehrbarkeit bewußt. Was durch die Ansprache des Störers passiert, ist schwer vorauszusagen. Möglicherweise bekommt der Störer mit Stufe IV genau das, was er haben will. Er hat einen besonderen Status und genießt, was er hat. Er kann sich mit der gewonnenen Anerkennung zufrieden geben, oder aber er möchte noch mehr haben. Was er tun muß, um Anerkennung zu bekommen, hat er wahrscheinlich schnell gelernt - erneut stören. Vielleicht ist sein Bedürfnis nach Anerkennung auch hinreichend befriedigt, und er gliedert sich willig in den Rest der andächtigen Gemeinde ein.

Die Ansprache sollte, ausgehend vom und orientiert am Verhalten des Störers, in unterschiedlicher Weise erfolgen. Sie können es sehr themenorientiert versuchen oder gezielt sein störendes Verhalten ansprechen. Je näher Sie das Fehlverhalten des Störers ins Zentrum Ihrer Reaktion rücken, um so härter wird es für den Störer werden.

Einige themenorientierte Aussagen:

- „Sie stimmen inhaltlich nicht ganz mit dem überein, was ich mitteile?"
- „Sie haben andere Erfahrungen gemacht."
- „Herr Mayer, welche Fragen haben Sie an der Stelle?"
- „Gibt es für Sie einen Punkt, den Sie diskutieren

möchten?"
- „Möchten Sie die Diskussion, die eigentlich für das Ende der Veranstaltung geplant war, vorwegnehmen?"
Natürlich macht dabei auch der Ton die Musik. Enthält Ihre Aussage einen leicht bloßstellenden Unterton, so wird dieses nur scheinbar sachliche Vorgehen schnell zu einem sehr personenbezogenen Angriff. Fragen Sie also offen und ehrlich nach dem Grund des Verhaltens. Geben Sie ein ernst gemeintes Angebot zur Zusammenarbeit mit dem Störer ab. Ziehen Sie ihn über Wir-Formulierungen mit ins Boot. Zum Beispiel können Sie formulieren:
- „Was können wir tun, um die Sache gemeinsam zu lösen?"
- „Wir arbeiten an der gleichen Sache. Bitte stellen Sie Ihre Fragen, damit wir alle im Thema weiterkommen."
- „Besprechen wir es doch zusammen. So haben wir alle die Chance zu lernen."
Sprechen Sie den Störer sachlich an. Reagiert der Störer ebenfalls sachlich, bekommt er somit die Chance, die Situation konstruktiv aufzulösen. Bevorzugen Sie also zunächst eine sachliche Reaktion. Nimmt der Störer Ihr Friedensangebot nicht an, so können Sie auf eine persönlichere Art reagieren. Folgende Formulierungen mögen Ihnen als Anregung dienen:
- „Ihre Störungen sind auf die Dauer untragbar für mich."
- „Seien Sie etwas ruhiger."
- „Ihr Verhalten wird als Störung erlebt."
- „Sie sind geistig wohl etwas überfordert."
- „Kleine Kinder sind mit konzentriertem Verhalten über längere Zeit auch überfordert."
- „Ihnen fehlt es an der nötigen Erziehung."
- „Sie stammen wohl aus beengten Verhältnissen. Für eine Kinderstube war bei Ihnen wohl kein Platz."
Achten Sie bei einer Ansprache des Störers in dieser Form

nicht nur darauf, wie sich der Störer verhält, sondern ganz besonders auch darauf, wie die Ansprache des Störers von den übrigen Teilnehmerinnen und Teilnehmern aufgenommen wird. Reagiert das Auditorium solidarisch zum Störer, war die Vorgehensweise aus Sicht des Publikums zu hart. Reagiert das Auditorium positiv auf Ihr Verhalten, dann haben Sie den richtigen Ton getroffen.

Störer, die trotz Ansprache ihres flegelhaften Verhaltens weiter stören, können Sie beruhigt in die Kategorie der Hartgesottenen einordnen. Jetzt ist ein Machtkampf zwischen Ihnen und dem Störer ausgebrochen, der vor den Augen der Öffentlichkeit ausgetragen wird. Damit fühlt sich der Störer häufig motiviert, sein Verhalten fortzusetzen. Ein Einlenken des Störers würde jetzt von ihm als Niederlage, das heißt als Gesichtsverlust interpretiert werden. Für Sie ist es jetzt wichtig, die Gruppe auf Ihre Seite zu ziehen.

Stufe V: Setzen Sie den Störer dem Gruppendruck aus.

Diese Stufe dient dazu, den Störer von der Gruppe abzuspalten und gleichzeitig die Gruppe auf die Seite des Redners zu ziehen.

Wird ein Störer in harter Form wegen seines Verhaltens vom Redner getadelt, besteht die Gefahr, daß sich die Gruppe mit dem Störer solidarisiert. „Wenn der da vorne mit einem von uns so umgeht, dann kann das mit der Kompetenz nicht sehr weit her sein." Diese oder ähnliche Einstellungen können die Gruppe mit dem Störer zusammenschweißen. Wer eine solche Situation schon einmal als Redner miterlebt hat, weiß, wie schwer es ist, gegen eine maulende oder meuternde Menge vorzugehen. Meist ist dies von Beginn an ein aussichtsloses Unterfangen. Damit es nicht so weit kommt, stellen Sie das Gruppenziel oder das Ziel der Veranstaltung durch das Verhalten des Störers in Frage. Machen Sie das Erreichen des Veranstaltungsziels vom gruppenkonformen Verhalten des Störers abhängig. Nennen Sie zuerst das Ziel, unter dem sich die Gruppe zusammengefunden hat, und attackieren Sie erst dann den Störer. Auch hier einige Beispiele:

- „Wir haben uns hier zusammengefunden, um gemeinsam zwei Stunden Ansichten zum Thema auszutauschen. Herr Müller, Ihr Verhalten verhindert, daß wir miteinander zu den wichtigsten Punkten vorstoßen."
- „Unser Ziel ist es hier, im Fach Arbeits- und Sozialrecht über mögliche Klausurfragen zu sprechen. Dies ist zum Leidwesen aller durch Ihr Verhalten nur eingeschränkt möglich."
- „Herr Müller, wenn Sie weiterhin so stören, dann weiß ich nicht, ob wir heute pünktlich fertig werden."

Achten Sie während und nach der Aussage darauf, auf welche Seite sich das Publikum schlägt. Ein wichtiger Maßstab ist der Blickkontakt. Hält Ihr Publikum zu Ihnen den Blickkontakt, dann hält es Ihnen auch sicher die Stange. Solidarisiert sich die Gruppe mit Ihnen, so wird die Gruppe selbst erheblichen Druck auf den Störer ausüben. Wird der Störer von der Gruppe selbst informell ausgeschlossen, so ist er seines Forums zur Selbstdarstellung beraubt. Die erhoffte Anerkennung durch regelwidriges Verhalten schlägt um in Ausschluß aus der Gemeinschaft. Dies ist für den Störer eine sehr harte Sanktion. Sie sollten sich über die Konsequenzen auch für den Störer bewußt sein. In der Regel können Sie die Motive für das störende Verhalten nur erahnen. Es sei nochmals betont, Sie verwenden hier gegenüber dem Störer Waffen, die auch Wunden schlagen können. Isolieren Sie den Störer nur, wenn alle anderen Register versagt haben und das Veranstaltungsziel dieses Vorgehen rechtfertigt.

Stufe VI: Lassen Sie den Störer entfernen.

Wer durch permanente Störungen das Veranstaltungsziel nachhaltig gefährdet, muß nach sorgfältiger Abwägung der Mittel gehen. Versuchen Sie zunächst, dem Störer mit dem Rausschmiß zu drohen. Beispielsweise mit:
- „Herr Müller, wenn Sie jetzt Ihre Störungen nicht unterlassen, müssen Sie gehen."

Sie können auch mit Rechtsmitteln oder anderen Konsequenzen drohen. Hilft das nichts, so fordern Sie den Störer zunächst verbal auf, den Saal zu verlassen. Beispiele hierzu sind:
- „Weil Sie uns alle stören, bitte ich Sie, jetzt zu gehen."
- „Herr Müller, bitte gehen Sie raus."
- „Bitte verlassen Sie sofort den Saal."
- „Jetzt reicht es uns! Bitte verlassen Sie sofort diesen Saal!"

Ein Veilchen auf dem Tisch in der Nähe des Redners mag eine wohnliche Atmosphäre stiften, im Knopfloch des Redners ist es Geschmacksache, aber links oder rechts der Nasenwurzel verunsichert es, selbst, wenn Sie zu den Geübtesten gehören. Deshalb machen Sie die passive Formulierung der sechsten Stufe beim tätlichen Rausschmiß praktisch. *Lassen* Sie den Störer entfernen, ohne selbst aktiv zu werden. Beauftragen Sie damit den Veranstalter, die Saalordner oder den Hausmeister. (Wurde Ihnen im Vorfeld entsprechende Unterstützung zugesagt, fällt es leicht, entsprechendes Verhalten bei den Personen einzufordern.) Zumal Sie häufig nicht über das sogenannte Hausrecht verfügen, ist es schon aus rechtlichen Gründen besser, diese Arbeit zu delegieren. Ruhm, Ehre und Anerkennung ist damit sowieso nicht zu ergattern. Sollten keine Personen greifbar sein, die mit dieser delikaten Aufgabe betraut werden können, so bietet es sich an, unter einem Vorwand fünf Minuten Pause zu machen. Lösen Sie die Situation tatsächlich auf, indem Sie beispielsweise das Podium verlassen. Bitten Sie den interessiert nickenden, breitschultrigen (!) Arnold S. aus der ersten Reihe um muskulöse Unterstützung. Suchen Sie Verbündete, bevor Sie den Störer auffordern, sein Verhalten zu ändern oder der restlichen Veranstaltung fernzubleiben. Wickeln Sie die Sache vollständig in dieser kleinen Verschnaufpause ab. So können Sie sich dem Störer mit voller Aufmerksamkeit widmen, und der Störer befindet sich ohne die Gruppe weit weniger in Rechtfertigungszwang. Sie gehen damit der Gefahr aus dem Wege, daß sich der Störer mit Ihnen vor dem Publikum mißt.

Falls sich das Publikum mehr und mehr Ihrer Kontrolle entzieht, so daß das Thema von der Störung stark und dauerhaft überlagert wird, ist die letzte Stufe anzuraten.

Stufe VII: Gehen Sie!

Wenn das gesetzte Ziel der Veranstaltung nicht mehr realisiert werden kann, ist es nicht nur statthaft, sondern sogar zwingend erforderlich, die Veranstaltung abzubrechen. Begründen Sie dies mit der Zeitverschwendung für sich selbst und für den interessierten Teil des Publikums. Stellen Sie möglicherweise einen störungsfreien Ersatztermin für diejenigen in Aussicht, die wegen des Themas gekommen sind und nicht wegen der Randale. So entziehen Sie der Störung ihr Forum. Das Publikum und Sie selbst werden damit nicht noch länger als willige Bühne für Störungen mißbraucht. Ein geordneter Rückzug ist deutlich stärker, als für den Rest der Veranstaltung den Hampelmann zu spielen.

In den Seminaren und teilweise auch auf Vorträgen führt die Stufe VII häufig zu Fragen und Diskussionen. Oft wird behauptet, daß es doch ein Eingeständnis von Schwäche sei, der Macht des Störers nachzugeben. In dem Moment, wo Sie die Veranstaltung beenden, machen Sie von Ihrer Autorität Gebrauch. Damit setzen Sie die Zeichen, nach denen gehandelt wird. Das erhält Ihnen einen Rest von Autorität, der durch „Hampelmann-Aktionen" schnell auf einen Nullpunkt sinkt. Wichtig ist, bis zum letzten Wort seine Wirkungsmittel sicher einzusetzen. Haben Sie sich einmal den Abbruch der Veranstaltung angekündigt, gibt es für Sie keinen Weg mehr zurück in die Arena. Jedes Wort, daß Sie jetzt noch in der Rolle des Redners sagen, wirkt inkonsequent und halbherzig.

Grundsätzlich gilt hier, wie überall, ruhig bleiben, die Übersicht bewahren, besonnen und überlegt handeln. Das Publikum erwartet von Ihnen gerade in kritischen Situationen überdurchschnittliche Kompetenz. Bewußte Atmung verhilft auch hier zur nötigen Distanz. Die Beurteilung der Situation fällt deutlich leichter, wenn emotional etwas Abstand vom Geschehen gehalten werden kann.
Wenn Sie die erste Runde des Spiels „Wer ist der Stärkere von uns beiden" zu früh eröffnen, hat der Störer häufig das Publikum auf seiner Seite. Meist steht der Sieger schon frühzeitig fest, obwohl Sie noch kaum aus Ihrer Ecke hervorgekommen sind. Unterliegen Sie dem Störer in den Augen Ihres Publikums, so werden Sie, wenn Sie Glück haben, als durchschnittliche Begabung eingeschätzt, wenn Sie Pech haben, wird das Publikum sauer reagieren. Und das in der Regel nicht auf den Störer, denn der ist anonym und selten von Interesse. Der Frust und der Ärger wird Ihnen in die Schuhe geschoben.
Auf eine Differenzierung nach Störer als Einzelperson und Störer als Gruppe haben wir verzichtet. Der Grund hierfür liegt darin, daß die anzuwendenden Instrumente und Verhaltensweisen nicht variieren. Der einzige Unterschied besteht darin, daß eine störende Gruppe mächtiger ist als eine störende Einzelperson. Die Störung kann somit schneller eskalieren oder stärker wirken. Daraus folgt für den Anwender unseres Stufenkonzeptes, daß bei Gruppen gering-

fügig schneller von einer Stufe zur nächsten gegangen werden kann. Bitte beachten Sie jedoch auch hier, daß der häufigste Fehler beim Umgang mit Störern darin besteht, daß die Mittel gegenüber dem Störer unverhältnismäßig hart gewählt werden.

Sollten Sie zu den Lehrenden unserer Republik gehören, so haben Sie es oft mit schwierigen Rahmenbedingungen zu tun. Deutsch in der letzten Stunde ist für alle Beteiligte eine Herausforderung. Da reißt dann schon mal der Geduldsfaden, wenn Interessenlosigkeit und mangelnde Disziplin den Unterricht bestimmen. Als Folge verschlechtern sich die Beziehungen rapide. Anerkennungsdefizite führen häufig zu unangemessenem Verhalten. Es werden die Machtinstrumente ausgepackt. Inhaltlichen Bloßstellungen der Lernenden und Notendruck auf der einen Seite begegnet die andere Seite mit störendem Verhalten. Der Einsatz von Machtmitteln führt auch hier schnell zur Eskalation der Störung. Setzten Sie zunächst auf Anerkennung und Verständnis. Versetzten Sie sich in die Lage der jungen Menschen. Wenn Sie Störungen ausschließlich mit Macht begegnen, werden Sie Druck ernten. Motten Sie die Machtinstrumente ein. Auch hier gilt der Grundsatz für die effektive Steuerung von Gruppen: Sie können niemals gegen, sondern nur mit Gruppen arbeiten.

Bitte bedenken Sie bei allem, was Sie im „Störfall" machen, daß diese Situation von vielen Einflußfaktoren abhängig ist. Auch die Stellung des Störers in der Gruppe, der Anlaß der Veranstaltung, die augenblickliche Stimmung der Gruppe, Ihre persönliche Verfassung, ... spielen eine wichtige Rolle. Es ist notwendig, das abgestufte Raster auf jede einzelne Situation abzustimmen. Entscheiden Sie immer von Fall zu Fall, niemals aus der Gewohnheit heraus. Jede Situation und jeder Störer sind anders!

Gehen Sie von einer Stufe zur nächsten nur über, wenn es

unbedingt erforderlich ist. Ein ungeübter und unerfahrener Redner fühlt sich mehr gestört als das Publikum und nimmt daher auch schneller als seine Zuhörer eine Stufe nach der anderen. Wer in dieser Beziehung zu schnell aufsteigt, fällt dann besonders tief, vor allem in der Gunst der interessierten Zuhörer. Auch von dem Störer wird dieser Redner insgeheim verachtet, denn man hat mit ihm allzu leichtes Spiel! Anerkennung bekommen Sie als Rednerin oder als Redner kaum durch Demonstration von unangemessener Stärke im Umgang mit Störern. Wirken Sie in den Anfangsphasen der Störung integrierend auf den Störer. Zeigen Sie Verständnis. Zeigen Sie, daß Sie mit dieser Situation selbstverständlich umgehen können.

Umgang mit Störern

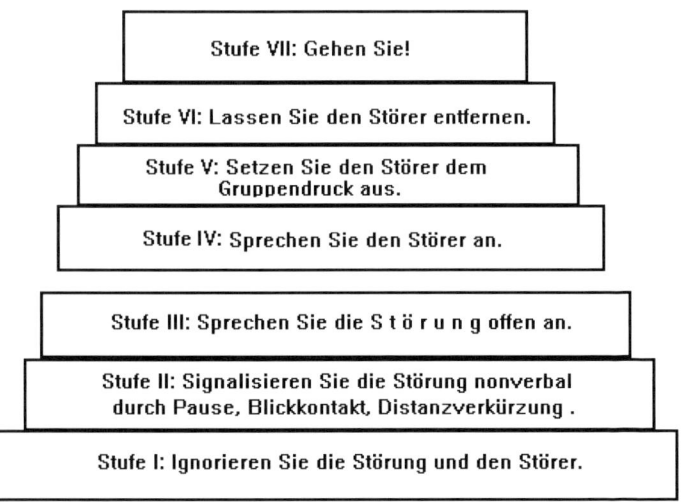

Kapitel III: Umgang mit Redeangst

Ziel ist es, die eigene Redeangst auf ein motivierendes Niveau zu senken. Sie lernen zehn Möglichkeiten kennen, wie Sie in Streßsituationen Ihren Streß senken können.

Lampenfieber bildet für viele Menschen vor Reden, Vorträgen, wichtigen Gesprächen und Verhandlung eine nahezu unüberwindbare Barriere. Schon der bloße Gedanke an das Ereignis läßt alle Streßsymptome auftreten. Die im Vorfeld erlebten Belastungen sind so unangenehm, daß sich gedrückt wird, wo immer es möglich ist. Als Folge werden damit Lernchancen ungenutzt vertan. Wer sich in Reden das eigene Können nicht selber beweist, ist sehr anfällig für streßauslösende Gedanken.

Viele Menschen kennen ihre eigenen Streßursachen nicht. Sie bemerken nicht, was sie wann wie in Streß geraten läßt. Wer ahnungslos mehr oder weniger zufällig in Streß gerät, hat kaum eine Möglichkeit, steuernd in den Streßprozeß einzugreifen. Deshalb wollen wir einige körperliche Reaktionen in Streßsituationen aufführen.

Es gibt Körperreaktionen, die durch Streß verstärkt werden, andere werden abgeschwächt. Durch Streß geht der Puls schneller; das Umsatzvolumen des Herzens erhöht sich; der Atemrhythmus nimmt zu; es wird Brustatmung praktiziert; der Blutdruck steigt; der Blutfett- und Blutzuckerspiegel erhöhen sich; die Gerinnungsfähigkeit des Blutes steigt; es kommt zu einer verstärkten selektiven Wahrnehmung; körpereigene Opiate werden ausgeschüttet. Durch Streß verringert sich das langfristige Denken und der aufbauende Stoffwechsel; es sinkt die Fortpflanzungsfähigkeit.

Achten Sie darauf, wann sich bei Ihnen Streßsymptome

zeigen. Dadurch lernen Sie Ihre persönlichen Streßsituationen besser kennen und können Ihr Verhalten abstimmen. Es geht hier nicht darum, Streß loszuwerden. Der Streß ist lebenswichtig. Menschen reagieren auf Bedrohungen mit Streß. Steuert beispielsweise ein Auto mit 70 km/h auf Sie als Fußgänger zu, so ermöglicht Ihnen die Streßreaktion einen plötzlichen Spurt auf den sicheren Bürgersteig. Körperliche Höchstleistungen können in Bruchteilen von Sekunden erbracht werden. Leistung steht zur Verfügung, um sich aus der Gefahrensituation zu bringen. Und das, ohne darüber nachzudenken, ohne langandauernde Entscheidungsprozesse, die im Ernstfall Ihren Tod bedeuten könnten. In den Zeiten, als unsere Vorfahren als Beutetiere dienten, war es lebenswichtig, bei plötzlich auftauchenden Gefahren kraftvoll zu kämpfen oder schnell zu flüchten. Streß ermöglicht es uns, aus einem relativ ruhigen Zustand bei Gefahr auf Aktivität umzuschalten. Deswegen ist der Streßmechanismus sehr nützlich.

Zu Problemen kommt es erst, wenn der Streßmechanismus bei jeder Art von Bedrohung ausgelöst wird. Situationen, denen wir uns nicht gewachsen fühlen, bedeuten Streß. Das Gespräch mit der Chefin oder dem Abteilungsleiter, der Gang auf die Waage, die bevorstehende Prüfung, das Bewerbungsgespräch, das morgendliche Aufstehen, der Kontoauszug, mögliche Einwände der Zuhörer, die Rede bei der Einweihung der Clubanlage, das schellende Telefon .... Es handelt sich heute bei den streßauslösenden Situationen meist nicht um körperliche, sondern um psychische Bedrohungen. Und hier wirkt sich der Streß in der Regel nachteilig auf die Bewältigung der Situation aus. Noch immer macht uns Streß in Gefahrensituationen auf Kosten unserer geistigen Ressourcen körperlich leistungsfähig. Was wir allerdings brauchen, um die heutigen Bedrohungen zu bewältigen, ist geistige Beweglichkeit. Geistige Beweglichkeit und Anspannung auf sehr hohem

Niveau sind nicht miteinander vereinbar. Deshalb geht es darum, das Streßniveau zu senken.

Ziel ist es, ein Niveau der leichten Anspannung zu erreichen. Etwas Lampenfieber ist durchaus in Ordnung, normal und nützlich für den Erfolg in Anspannungssituationen. Ein Gefühl der Anspannung wird bleiben und wird allen, die sich aufs Podium begeben, ein guter Begleiter sein. Es motiviert zur Leistung und läßt einen die Sache ernst nehmen.

Wir haben Tips und Tricks aus der Praxis zusammengetragen, die sich leicht umsetzen lassen. Und das nicht nur für Redesituationen, sondern bei vielen Gelegenheiten, die den Schweiß perlen und das Herz rasen lassen.

1. Tip: Planen Sie wie ein Profi.

Im Grunde können wir hier auf das Kapitel zur Redevorbereitung verweisen. Dort finden Sie praxisrelevante Ratschläge, die Sie während Ihrer Vorbereitungsphase beachten sollten. Überlassen Sie nichts dem Zufall. Alle wissen, daß über Erfolg und Mißerfolg bereits in der Vorbereitungsphase maßgeblich entschieden wird. Jedoch ist es mit Unbequemlichkeit verbunden. Jemand hat einmal in einer deftigen, aber sehr treffenden Art gesagt: „Der Erfolg sitzt nicht im Kopf, sondern im Arsch." Erfolg ist weniger eine Frage der Intelligenz, als eine Frage der Ausdauer und des Arbeitseinsatzes.

Wie wahr dieser Ausspruch ist, wird Ihnen spätestens dann am eigenen Leib vorgeführt, wenn Sie mäßig vorbereitet in eine schwierige Situation hineingehen. Geld und Mühe, die Sie in Ihrer Vorbereitungszeit investieren, verzinsen sich hundertfach und wirken entlastend in der Streßsituation.

Auch wenn in den weiteren Ausführungen noch andere weniger arbeitsintensive Tips gegeben werden, setzen wir eine sehr gute Vorbereitung in Vorträgen und Seminaren voraus. Tun Sie es uns in Ihrem Interesse gleich. Es lohnt sich.

2. Tip: Erarbeiten Sie Katastrophenpläne.

Weil es aufgrund der Anspannung in der Streßsituation schwer fällt, genau nachzudenken und abgewogene Entscheidungen zu treffen, werden Katastrophenpläne genutzt, um in entspannter Atmosphäre im Vorfeld der Katastrophe durchdacht zu entscheiden. Solche Pläne werden häufig in Situationen eingesetzt, in denen trotz hervorragender Vorbereitung etwas Negatives passieren kann. Derartige Katastrophenpläne werden in drei Stufen entwickelt.

a) Setzen Sie sich mit dem negativen Ausgang der belastenden Situation auseinander.

Wichtig ist jedoch, daß Sie auf dieser Stufe nur kurz verweilen. Lassen Sie schlafende Hunde weiter in Frieden. Statt Horrorszenarien phantasievoll zu entwickeln, bleiben Sie auf dem Teppich, und ergründen Sie die realistischen negativen Entwicklungen. Nehmen wir als Beispiel eine fachliche Überforderung in einer Prüfung, einem Vortrag oder einem wichtigen Kundengespräch. Der negative Ausgang in der Prüfung wäre, daß Sie bei einer Frage die Antwort schuldig bleiben müssen, daß Sie insgesamt einen unvorbereiteten Eindruck machen oder daß Sie gar mit Pauken und Trompeten durchrasseln. Bei einem Vortrag müßten Sie vielleicht eine Wissenslücke zugeben, die Anwesenden lachen über Sie oder sind enttäuscht, werden bissiger oder verlassen sogar die Veranstaltung. Das Publikum bewirft Sie mit Lebensmittelresten, oder Ihnen reißt der Faden. In einem Kundengespräch zweifelt Ihr Kunde eventuell an Ihrer fachlichen Eignung, beschwert sich bei Ihren Vorgesetzten oder kauft bei einem qualifizierteren Mitbewerber.

b) Überlegen Sie, wie Sie mit den negativen Auswirkungen hypothetisch umgehen könnten.

Erdenken und erarbeiten Sie sich in einer streßfreien und entspannten Atmosphäre beispielsweise am Schreibtisch, im Schwimmbad oder im Garten mögliche Verhaltensalternativen für diese Konsequenzen. Lassen Sie uns für Prüfung, Vortrag und Kundengespräch entsprechendes Verhalten nennen. (Ehe Sie weiterlesen, empfehlen wir Ihnen, sich zu überlegen, wie Sie mit den genannten Konsequenzen in Stufe a) selber umgehen könnten.)

Prüfung

Wenn Sie eine Antwort schuldig bleiben müssen, können Sie das bei guter Vorbereitung leicht durch die Beantwortung einer anderen Frage kompensieren. Wenn Sie insgesamt einen unvorbereiteten Eindruck machen, müssen Sie sich wohl mit einer Note zufriedengeben, die Ihrem Leistungsniveau entspricht. Sollten Sie gar mit Pauken und Trompeten durchrasseln, haben Sie die Chance, sich erneut und wesentlich tiefgreifender auf die Prüfung vorzubereiten. Auf jeden Fall sind Sie um eine Erfahrung reicher. Insgesamt gilt es zu bedenken, daß der Prüfer auch daran interessiert ist, daß Sie die Prüfung bestehen. Ein guter Prüfer beginnt meist mit etwas leichteren Fragen, um Ihnen Sicherheit zu geben. Eine schlechte Prüfung ist auch für den Prüfer mit unangenehmen Erinnerungen verbunden. Niemand erlebt gerne Unangenehmes.

Vortrag

Müssen Sie eine Wissenslücke zugeben, so zeugt das bei sonst souveränem Auftritt von Stärke. Sollten die Anwesenden über Sie lachen, teilen Sie einfach die positive Emotion mit Ihrem Publikum, und lachen Sie mit. Werden aufgrund Ihrer Wissenslücke die Menschen im Saal bissiger, so zeigen Sie, daß Sie fachkompetent sind. Liefern Sie Detailwissen an anderer Stelle. Sollten einige oder viele sogar die Veranstaltung verlassen, so bedeutet dies für die Verbleibenden ein genaueres Eingehen auf deren Bedürfnisse und Erwartungen. Die Qualität der Veranstaltung nimmt also zu.

Sollte es zu Ausschreitungen kommen, bei denen das Publikum Sie mit Lebensmittelresten bewirft, können Sie es vielleicht ignorieren. Je nach Situation können Sie auch zu einem ansprechenderen Serviervorschlag anregen. Reißt Ihnen in der Folge der berühmte rote Faden, so geben Ihnen die aufgeführten Techniken der Bewältigung des Blackouts reichhaltige Reaktionsmöglichkeiten.

Kundengespräch

Sollte Ihr wichtigster Kunde Zweifel an Ihrer fachlichen Eignung hegen, so bestechen Sie durch zum Beispiel aktuelle Informationen. Sie geben die Gesprächsinitiative durch eine Frage an Ihren Kunden ab. Zweifelt der Kunde offen, reagieren Sie mit Einwandtechniken, die Sie im folgenden noch kennenlernen werden. Beschwerden des Kunden bei Ihrem Vorgesetzten können Sie mit Ihrem Chef besprechen und von seinen Erfahrungen profitieren. Vielleicht gibt es Qualifizierungsmöglichkeiten, die Sie nutzen können, um besser zu werden. Kauft Ihr Kunde bei einem qualifizierteren Mitbewerber, lernen Sie aus der konsequenten Analyse der Kundenbeziehung. Es gibt immer die Chance zu einer Wiederaufnahme der Geschäftsbeziehung.

Die Auseinandersetzung mit den Konsequenzen führt dazu, daß die ursprünglich belastende Situation ihren Stachel verliert. Es kommt sogar häufig vor, daß die sich ergebenden Folgen durchaus Attraktivität besitzen. Beispielsweise kann eine intensivere sachliche Einarbeitung aufgrund einer nicht ausreichenden Prüfungsleistung andere berufliche Alternativen erschließen, die bisher außer acht gelassen wurden. Furcht oder Angst macht in der Regel nur zu einem kleinen

Teil die Situation selbst. Der größte Teil kommt aus der vermuteten Überforderung durch die Folgen.

Als nützlicher Effekt neben der Senkung des Streßes ergibt sich hier noch zusätzlich, daß Sie so vorbereitet auch mit dem negativen Ausgang der Situation umgehen können. Sie machen Erfahrungen mit der belastenden Situation und können den Katastrophenplan einsetzen. Ist die Streßsituation schließlich vorüber, wird oft festgestellt, daß es gar nicht so schlimm war wie erwartet.

c) **Wenden Sie Ihre ganze Kraft auf, um zu verhindern, daß Sie die Katastrophe erleben müssen.**

Treten Sie kompetent in der Sache auf, und gewinnen Sie die Menschen für sich. Nutzen Sie alle zur Verfügung stehenden Ressourcen. Bereiten Sie sich optimal vor. Spielen Sie mögliche Einwände, Blackout-Situationen und den Umgang mit Störern im Vorfeld Ihres Auftritts durch. Trainieren Sie. Das gibt Sicherheit und Selbstbewußtsein.

3. Tip: Suchen Sie sich sogenannte „sympathische Personen".

Arbeiten Sie mit den Ihnen sympathischen Personen. Lassen Sie sich positive Rückmeldungen geben, um sich selber aufzubauen.

Zu Menschen, die Ihnen spontan sympathisch sind, haben Sie sofort einen guten Draht. Spontanes Verständnis ohne umfangreiche Vorerfahrung mit einem Menschen stellt sich meist ein, wenn Sie mit ähnlichen Menschen gute Erfahrungen gesammelt haben. Wer Ihnen spontan sympathisch ist, dem oder der sind Sie in der Regel auch spontan sympathisch. Dieses Band der Sympathie beruht auf Gegenseitigkeit. Menschen, denen wir sympathisch sind, die sich in unserer Gegenwart wohl fühlen, die greifen uns wenig an, die unterstellen uns Sachkompetenz und positive Absichten, die sind nachsichtig und wohlwollend uns gegenüber, die würden für uns Partei ergreifen, mit uns Pferde stehlen und uns vielleicht sogar einige Kastanien aus dem Feuer holen. Diese geballte Positivität in der Beziehung gilt es als streßsenkendes Instrument zu nutzen.

Nehmen Sie sich Zeit *vor* der Besprechung, der Rede oder der sonst in irgendeiner Weise streßauslösenden Situation. Nehmen Sie Kontakt auf, pflegen Sie die Beziehungsebene. Wenn dies nicht möglich sein sollte, verlassen Sie sich auf die körpersprachliche Wahrnehmung Ihres Gegenübers. Sie können Ihnen sympathisch gesonnene Menschen daran erkennen, daß diese Menschen Ihnen verstärkte Zustimmungssignale senden. Diese Menschen halten Blickkontakt, lächeln und nicken Ihnen zu. Pflegen Sie diese Beziehung durch häufigen Blickkontakt. Merken Sie sich, wo Ihre Sympathieträger sitzen. Sollten Sie in Schwierigkeiten geraten, halten Sie bevorzugt Blickkontakt mit diesen Menschen. Egal, ob Sie an Ihre fachlichen Grenzen stoßen, ob die Technik ihren Geist aufgibt oder ob sich Opposition im Publikum breitmacht, Ihre Sympathieträger werden Ihnen zulächeln, werden nicken oder Fragen stellen, die Sie beantworten können.

Sie können auch noch einen Schritt weiter gehen. Machen Sie sich Menschen zu Sympathieträgern. Auf positive Signale reagieren Menschen positiv. Seien Sie verschwenderisch in Sachen Charme. Jeder, auch der härteste Prüfer und der schwierigste Kunde, hat seine positiven Seiten. Nehmen Sie sich Zeit, diese herauszufinden. Werten Sie den Einwender versteckt auf, ohne ihm Honig um den Mund zu schmieren.

Wenn Ihnen das Feuerwerk Ihres Charmes noch nicht ausreicht, gehen Sie auf Nummer sicher. Plazieren Sie im Publikum Menschen, die Sie kennen und auf deren Loyalität Sie sich verlassen können. Ihre mitgebrachten Sympathieträger bieten Ihnen Blickkontakt und wohlwollendes Lächeln in Hülle und Fülle. Es können vorbereitete

Fragen oder Einwände an der richtigen Stelle gebracht werden. Diese Menschen können Konfliktpotential auf sich ziehen. So haben Sie die Möglichkeit, über die Ausgrenzung des „hauseigenen Störers" das Gemeinschaftsgefühl zwischen Ihnen und dem Rest der Gruppe zu steigern. In dem Moment, wo der „hauseigene Störer" den Saal verläßt, geht mit ihm auch ein erheblicher Anteil des Konfliktpotentials der Gruppe nach draußen. (Vor allzu unbedarftem Einsatz des „hauseigenen Störers" zwecks Kanalisierung des Konfliktpotentials muß allerdings gewarnt werden. Es besteht immer die Gefahr, daß das entfachte Feuer übergreift und die Veranstaltung in Schwierigkeiten bringt.) Diese Verfahrensweise läßt sich natürlich auch mit entsprechend informierten Menschen in Diskussionen oder Debatten durchführen.

4. Tip: Visualisieren Sie die erste Minute der streßauslösenden Situation.

Sie wissen vielleicht aus Ihrer eigenen Erfahrung, daß die am meisten mit Streß beladene Situation häufig unmittelbar vor dem Anfang des Vortrags liegt oder den Anfang darstellt. Ist der Anfang erst einmal bewältigt, ist das Eis gebrochen, dann geht es oft wie von selbst. Kommt es hingegen gleich am Anfang zu einer Panne, nimmt das Belastungsniveau während der gesamten Veranstaltung kaum ab. Der Anfangsphase kommt damit eine besondere Bedeutung zu.
Stellen Sie sich den Anfang der Rede möglichst genau vor. Auf diese Art können Sie schon weit im Vorfeld des Auftritts Ihr Lampenfieber senken. Nutzen Sie hierzu alle Ihre Sinne; je plastischer die Vorstellung von Ihrem erfolgreichen Einstieg in die Darstellung, je mehr wird sich in der tatsächlichen Situation Ihre Redeangst in „Redemut" oder gar „Redewagemut" verwandeln. Sehen Sie sich bereits am

Anfang Ihrer Darstellung vor Ihrem geistigen Auge als umjubelten Rhetoriker. Sehen Sie in die erwartungsfrohen Gesichter des Publikums. Hören Sie den begeisterten Applaus der Menge, der nur Ihnen gilt. Fühlen Sie die Überlegenheit in dieser Situation. Kommen Sie auf den Geschmack des rednerischen Erfolgs. Es ist der Duft von Größe, der Ihnen in diesem Moment anhaftet und der Ihnen zeigt, wie leistungsfähig Sie sind. Senken Sie Ihr Lampenfieber auf dem rationalen und emotionalen Wege. Bringen Sie Ihre Gefühle auf Ihre Seite. Durchdenken Sie mit dem *Kopf* die Rede, prüfen Sie Schwachstellen, und trainieren Sie diese mehrmals, bis sie einwandfrei beherrscht werden. Lassen Sie zusätzlich den *Bauch* zu seinem Recht kommen. Fühlen Sie sich in die Situation hinein. Genießen Sie die Möglichkeiten, die Sie als guter Rhetoriker haben. Der Hebel über die eigenen positiven Emotionen ist um ein Vielfaches erfolgversprechender als der rein kognitive Mechanismus. Der eine Weg kann den anderen nicht ersetzen. Nur beide gemeinsam führen sicher zum Ziel.

Bevor wir ein Beispiel einer Visualisierung geben, wollen wir Ihnen der Vollständigkeit halber noch kurz darstellen, wie diese wirken. Durch bildhafte Assoziationen wird in Ihrem Gehirn eine Verbindung geschaffen, ein sogenanntes „Engramm". Das passiert immer, wenn Sie etwas lernen. Wenn wir uns beispielsweise an ein schönes Picknick im Park in netter Gesellschaft im Jahre 1979 erinnern, so sehen, hören, fühlen, schmecken und riechen wir das in dieser Situation Erlebte nochmals. Und wir erzählen in den Worten, die wir dafür immer verwenden, vom '79er Picknick. Zuverlässig und punktgenau. Oder nehmen wir das Begrüßungsritual. Streckt uns jemand zur Begrüßung die Hand entgegen, so weiß jeder und jede von uns, wie darauf zu reagieren ist. Der Reiz der ausgestreckten Hand löst bei uns wie von selbst eine bestimmte Reaktion aus. Was bei Erinnerungen und Ritualen so trefflich funktioniert, ist auch für Belastungssituationen streßsenkend nutzbar. Haben Sie mittels Visualisierung Ihre Rede erst einmal bildhaft im Gehirn geprägt, läßt sich zuverlässig und punktgenau dieses Bild abrufen. Die tatsächliche Situation läuft dann ab wie ein Film. Bild für Bild und Szene für Szene wird das Publikum in Ihren Bann gezogen. Haben Sie die ersten Sekunden erst einmal sicher bewältigt, ist der Rest kalter Kaffee. Beginnen Sie am besten an Ihrem Sitzplatz mit dem Film. So haben Sie keine Schwierigkeiten, den Anfang des Films zu finden. Sie sind ja am Anfang Ihres Films.

Eine Visualisierung zum Abbau von Lampenfieber könnte beispielsweise so aussehen: (Wollen Sie diese Übung nicht nur zur Information nutzen, sondern auch in Ihrer rednerischen Vorbereitung praktisch nutzen, so entspannen Sie sich und lesen Sie den folgenden Textabschnitt langsam und entspannt. Konzentrieren Sie sich auf das, was Sie langsam und entspannt lesen).

„Stellen Sie sich vor, — wie Sie vorgestellt werden. — Sie sehen die Zuhörer und Zuhörerinnen. — Sie hören entspannt Ihren Namen — und atmen dabei ruhig — langsam und bewußt. — Und während Sie die einführenden Worte hören, — fühlen Sie sich sicher — und kompetent. — Dann gehen Sie sicheren Schrittes dorthin, — wo Sie Ihre Rede halten. — Und Sie atmen ruhig — und nehmen Blickkontakt mit den Menschen im Publikum auf. — Sie stehen vor den Menschen, — und sehen die wohlwollenden — und interessierten Gesichter, — und während Sie die Gefühle in Ihnen genießen, — wissen Sie, — daß Sie Erfolg haben werden. — Sie sehen das Mikrofon — und die Menschen. — Sie warten vielleicht noch einen Augenblick. — Und Sie sagen den ersten Satz — in der beabsichtigten Form — und in einer für Sie — und die Situation — passenden Art und Weise, — und Sie sind — selbstsicher, — kompetent, — souverän und gelassen, — und Sie sehen, wie das Publikum reagiert, — vielleicht gespannt, — vielleicht abwartend, — wohlwollend, — vielleicht erfreut — und angenehm überrascht. — Sie haben die Herzen — Ihrer Zuhörer und Zuhörerinnen vielleicht bereits gewonnen. — Und während Sie — eine kleine Pause machen, — genießen Sie das Gefühl des Atmens. — Und Sie sagen den zweiten Satz — sicher, — selbstbewußt. — Und Sie schauen ins Publikum. — Sehen Sie sich die Menschen an. — Sie wirken auf die Menschen. — Und Sie sagen — die folgenden Sätze — mit der gleichen Selbstsicherheit, — Kompetenz, — Souveränität und Gelassenheit — wie die vergangenen — und die folgenden. — Und Sie genießen Ihren Erfolg. — Und während Sie das tun — und Sie sich noch etwas entspannen, — wissen Sie, daß Sicherheit — und Reden halten ganz eng zusammengehören.

— — — Kommen Sie langsam zurück, — und bringen Sie die Sicherheit, — die Kompetenz, — die Souveränität — und die Gelassenheit und alles, — was Sie sonst noch brauchen, — um in Situationen erfolgreich zu sein, — mit zurück."

Eine solche Erfolgsreise macht viel Spaß. Wiederholen Sie diese Reise, so oft Sie wollen, zum Beispiel vor dem Einschlafen. Es erleichtert Ihnen den Einstieg in eine Rede oder einen Vortrag. Hier ist Üben nicht mit Schweiß, sondern mit Spaß verbunden. Gönnen Sie sich den Spaß in der Vorbereitungsphase.

5. Tip: Nutzen Sie positive Erlebnisse zur Einstimmung auf die Streßsituation.

Wir haben in unterschiedlichen Situationen unterschiedlichen Zugang zu unserem Leistungsvermögen. Sie kennen das vielleicht aus Ihrer eigenen Lebenserfahrung. In positiven Situationen fühlen Sie sich souverän, Sie sind sicher, und Sie haben die Ressourcen zur Verfügung, die Sie brauchen, um die gestellten Anforderungen leicht zu erfüllen. Sie sind energiegeladen, kreativ, witzig und humorvoll.

Diese Fähigkeiten und Eigenschaften sind einfach da. In Streßsituationen hingegen fühlen sich Menschen überfordert und unsicher. Sie haben ihre Leistungskraft scheinbar verloren. Wo eben noch geistreiche Gedanken sprudelten, herrscht jetzt gähnende Leere.

Es ist sehr nützlich, wenn Sie das ganze Repertoire, über das Sie in der positiven Situation mit Leichtigkeit verfügen, in die Belastungssituation mitnehmen können. So ausgestattet können Sie in der Streßsituation locker einige neue Register ziehen und die gestellte Aufgabe erledigen.

Diese „Mitnahmestrategie" von energiegeladenen Befindlichkeiten aus der einen in die andere Situation ist auch für Sie möglich. Sie können die positive Gefühlswelt aus der „Stärkesituation" heraus auf eine andere übertragen. Hierzu gehen Sie am besten wieder schrittweise vor.

a) Versetzen Sie sich im ersten Schritt in die Situation, aus der Sie Stärken übertragen wollen. Auch hier ist intensives Anregen der eigenen Gefühle vorteilhaft. Vergegenwärtigen Sie sich die Wahrnehmungen der verschiedenen Sinneskanäle (sehen, hören, riechen, schmecken, fühlen). Welchen Blickwinkel hatten Sie, was hörten Sie, wie fühlten Sie sich, und wodurch wurde dieses Gefühl ausgelöst? Je genauer Sie sich die Situation vergegenwärtigen, je plastischer Sie den Moment erleben, um so besser für die nächsten Schritte.

b) Identifizieren Sie genau, was Sie in der Stärkeposition souverän sein läßt. Ist es Ihr Fachwissen? Ist es Ihr Charisma? Sind es die Beziehungen zu Menschen Ihrer Umgebung? Ist es Ihre Wahrnehmungsfähigkeit, Ihr Witz oder die Art, wie Sie mit Worten umgehen? Sie sollten mindestens drei Stärken identifizieren. Es kommt jedoch auch häufig vor, daß Menschen acht oder zehn Stärken finden. Vertrauen Sie Ihrer Kreativität. Lassen Sie nicht eher locker, bis Sie die Stärkequellen ausfindig gemacht haben.

c) Im dritten Schritt versetzen Sie sich in die Situation, in der Sie Ihre Stärken nutzen wollen. Diese Phase ist recht kurz.

d) Nun nutzen Sie Ihre Phantasie und stellen Sie sich vor, wie Sie die gefundenen Stärken in der Belastungssituation einsetzen. Gehen Sie Ihre Stärken einzeln durch. Stellen Sie sich auch hier die Nutzung der Stärken möglichst plastisch vor. Fügen Sie Ihre neu gewonnenen Kraftquellen nach und nach in die Streßsituation ein.

e) Der letzte Schritt ist nun die Projektion in die Zukunft. Stellen Sie sich vor, daß Sie Ihre Stärken, Ihre Ressourcen, also das, was Sie energiegeladen und leistungsfähig sein läßt, in einer ganz bestimmten Situation nutzen. Diese Situation sollte die Überprüfung der Streßreduktion ermöglichen und das sehr kurzfristig.

Üben Sie diese kleine Vorstellungsreise. Je häufiger Sie das Konzept erproben, um so sicherer wird es in der Streßsituation entlastend sein.

Sollte Ihnen dieser fünfschrittige Aufbau zu kompliziert erscheinen, schreiben Sie sich die sogenannte „Pluskarte". Auf dieser ersten Karteikarte Ihres Redekonzepts steht die schönste Situation Ihres Lebens. Diese Karte ist nur für Sie bestimmt. Niemand braucht zu wissen, was auf der Karte steht. Seien Sie also ehrlich, und schreiben Sie wirklich die schönste Situation auf, in der Sie sich am besten gefühlt haben. Unmittelbar vor der Belastungssituation, zum Beispiel einer Rede, können Sie mittels der „Pluskarte" diese positive Situation nochmals durchleben. Die damit verbundenen positiven Gefühle können für die wichtige Anfangsphase genutzt werden. Sie verschaffen sich durch die „Pluskarte" etwa zehn bis fünfzehn Minuten relative Streßfreiheit.

Diese „Trumpfkarte" läßt sich natürlich auch für andere Belastungssituationen spielen. Vor Prüfungen oder wichtigen Gesprächen mit Kunden, Mitarbeitern oder Vorgesetzten schauen Sie sich die „Pluskarte" an, bringen sich so in einen positiven Prozeß und bewältigen die Situation erfolgreich und sicher.

Sie werden sich vielleicht fragen, wozu Sie die Karte als Merkposten brauchen. Vielleicht glauben Sie, daß es möglich ist, einfach an die Situation zu denken. Beginnender Streß verhindert bei vielen Menschen positive Gedanken, oder sie werden durch den Streß überlagert. Deshalb brauchen Menschen in Streßsituationen eine Gedächtnisstütze. Wem nicht mehr einfällt, was auf seiner „Pluskarte" steht, dem fällt aber immer noch ein, wo er sein Redekonzept hat. Diese aufgeführten Techniken des Gefühltransfers von einer Situation in eine andere sind enorm wirkungsvoll. Sie können sich selber sicher machen, energiegeladen, witzig. Sie entscheiden, welche Gefühle und Fähigkeiten Sie transferieren. Wichtig ist die saubere Durchführung eines jeden Schrittes. Gewissenhaftigkeit zahlt sich für Sie aus.

6. Tip: Kalkulieren Sie einen Zeitpuffer ein.

Genau so wie Druck Gegendruck erzeugt, erzeugt Zeitdruck Streß. Es gibt ein einfaches Mittel, um Streß zu reduzieren oder ihn beinahe zu beseitigen: Nehmen Sie sich etwas mehr Zeit. Streß ist Dünger für Redeangst. Er läßt Lampenfieber wachsen und unkontrollierbar wuchern. Kalkulieren Sie also Zeitreserven ein.

Wer schon einmal vor einem wichtigen Kundentermin oder einer großen Rede in einem Stau gestanden hat, der weiß, daß es Nerven kostet. Wenn Sie nur noch wenige Minuten bis zum Beginn der Veranstaltung haben und noch immer in einer nicht enden wollenden Schlange stehen, fängt die Uhr an zu rasen, die Zeit vergeht wie im Flug. Ein Königreich für 10 Minuten! Wie enorm entspannend ist es hingegen, über Zeitreserven zu verfügen.

Zeitpuffer gilt es nicht nur vor der Veranstaltung einzukalkulieren, sondern auch während der Darstellung. Lampenfieber entsteht häufig daher, daß die zur Verfügung stehende Zeit falsch eingeschätzt wird. Wird die eigene Redezeit als zu lang eingeschätzt, so steht nicht genügend Stoff zur Verfügung, Lücken müssen gefüllt werden. Ist die kalkulierte Redezeit zu kurz, wird hoffnungslos überzogen, und der Rest der Veranstaltung wird zu einer großen Belastung. Noch eine Anmerkung zu Zeitpuffern im allgemeinen. Wenn wir in unseren Seminaren und Vorträgen die Zeitpuffer thematisieren, so regt sich oft die Volksseele. Viele sagen, daß das gerade bei ihrem engen Terminkalender unmöglich sei. Es gibt so viele wichtige und dringende Aufgaben, daß für Puffer kein Platz ist.

Ein Streßauslöser ist für viele Menschen die Unerfahrenheit und Unwissenheit bei der Einschätzung benötigter Zeitressourcen. Streßmenschen nehmen sich häufig viel zu viel vor. Häufig wird der Streß dadurch unbewußt hausgemacht, da es zum guten Ton einer Managerin oder eines Managers gehört, in Zeitnot zu sein. Sie hören solange nicht auf die Warnsignale Ihres Körpers, bis es zu dem berühmten dicken Warnschuß kommt. Dann sind plötzlich entsprechende Ruhepausen möglich, und merkwürdigerweise bleibt keine Arbeit liegen. In der Regel sind Pufferzeiten realisierbar.

Von Zeitpuffern haben Sie viele Vorteile. Sie sind deutlich entspannter. Dadurch werden Sie in der Arbeitsphase wesentlich leistungsfähiger. Meist entsteht sogar ein kleiner Zeitgewinn, da die Leistungssteigerung die Pause überkompensiert.

Viele Menschen beziehen keine Pufferzeiten in ihre Planung mit ein, weil es ihnen an sinnvollen Handlungsalternativen für den ungenutzten Zeitpuffer fehlt. Ihnen ist der Wert von Entspannungsphasen nicht bewußt.

Nutzen Sie Pufferzeiten zur Steigerung der Redesicherheit. Sprechen Sie Ihre Darstellung auf Tonträger. So können Sie sich den Anfang Ihrer Rede während der Pufferzeit in entspannter und gewohnter Atmosphäre vorspielen. Wenn es für Sie keinen starken Ablenkungseffekt bedeutet, können Sie sich auch schon während der Anfahrt die Rede vergegenwärtigen. Da es sowieso ratsam ist, den Redetext im Vorfeld einige Male laut zu sprechen und dabei eine Aufzeichnungskontrolle durchzuführen, bedeutet es keinen zusätzlichen Zeitaufwand.

7. Tip: Haben Sie immer mehr Informationen, als Sie geben.

Es gibt viel Sicherheit, mit fachlichen Reserven zu spielen. Wenn Sie genau wissen, daß die eigene Fachkompetenz ausreicht, um die Besprechung oder die Rede zu bewältigen, fällt es leicht, locker zu sein.
Viele Menschen neigen dazu, ihr gesamtes Fachwissen von Anfang an zur Schau zu stellen. Sie tragen kompliziert und intellektuell anspruchsvoll vor. Mit der Folge, daß mehr Nachfragen als bei einfacherer Vortragsweise provoziert werden. Werden dann Fragen zu den Grenzbereichen ihres Wissens gestellt, sind sie vielleicht fachlich überfordert. Tun Sie sich den Gefallen, tragen Sie Bereiche vor, die Sie sicher beherrschen. Sie erhöhen durch dieses Verhalten im übrigen auch die behaltene Stoffmenge der Zuhörerinnen und Zuhörer.

8. Tip: Praktizieren Sie bewußte Atmung.

Atmung schafft Ruhe und Sicherheit. Oft verursachen sich Menschen durch falsche oder zu oberflächliche Atmung Angst. Im Zusammenhang mit dem Blackout haben wir darauf hingewiesen, daß die richtige Atmung eine beruhigende Wirkung hat. Da die Atmung eine Körperfunktion ist, die sowohl bewußt als auch unbewußt abläuft, können Sie bewußt Ihre Atmung steuern. Ob Sie es richtig machen, merken Sie daran, daß sich die Bauchdecke im Atemrhythmus bewegt und der Brustkorb ruhig bleibt. Nehmen Sie sich

den Sauerstoff, den Sie brauchen. Es ist durchaus angebracht, während einer Rede eine kleine Pause über zwei
oder drei tiefe Atemzüge einzulegen. Tiefe Atmung wirkt
auf Menschen sehr beruhigend. Bewußte Atmung ist der
Weg in einen entspannten, sicheren und angenehmen Zustand. Atmen Sie. — Atmen Sie. — Atmen Sie.
Besonders wichtig zur Erhöhung der eigenen Sicherheit ist,
neben dem tiefen Luftholen, auch das Ausatmen. Manche
Menschen machen in Redesituationen den Fehler, mit zuviel Luft in den Lungenflügeln zu sprechen. Das führt dann
zu einem streßfördernden Beklemmungsgefühl in der Brust,
und die Stimme klingt leicht gepreßt. Deshalb achten Sie
auch auf das Ausatmen.
In Sprechpausen, die Sie zum Luftholen nutzen, bestimmen Sie, was Sie mit der Zeit machen. Zusätzliche Sicherheit gewinnen Sie, wenn Sie diese Phasen auch zum Nachdenken oder Nachschauen im Konzept verwenden.

9. Tip: Sprechen Sie sich warm.

Viele Menschen sind vom Klang ihrer Stimme und von der
Akustik im Raum so überrascht, daß sie mit Verwunde-
rung reagieren. Menschen müssen, auch wenn sie oft Vorträge halten, immer wieder neu in die Rolle des Redners
oder der Rednerin hineinwachsen. Dieser Gewöhnungs-
prozeß dauert meist nur wenige Augenblicke. Einige Sätze
reichen meist aus, und die Routine ist wieder da. Sprechen
Sie diese Sätze vor der Veranstaltung. Stellen Sie sich auf
die Bühne, und sprechen Sie die ersten Worte, bevor das
Publikum anwesend ist. Die geringfügigen Klangunter-
schiede zwischen leerem und gefülltem Saal lassen sich
leicht verschmerzen. Sprechen Sie sich warm, indem Sie
Kontakt zu den Menschen aufnehmen. Gehen Sie auf die
Toilette, um sich die ersten Sätze laut zu vergegenwärtigen. Es ist alles erlaubt, was Ihnen hilft, lange Sprechpausen

vor einer Veranstaltung zu vermeiden. Diese Warmsprechphase kann recht kurz gehalten werden. Es soll nur die Erinnerung an Ihre Rede kurz gereizt werden. Eine Minute wirkt da häufig schon Wunder. Lassen Sie Ihrem eigenen Erfindungsreichtum und Ihrer Kreativität freien Lauf. Es ist alles erlaubt, was diesem Zweck dient. Die Autoren nutzen zum Beispiel zur Warmsprechphase häufig die Mikrofonprobe. Diese ist durchaus auch noch durchführbar, wenn schon vereinzelte Zuhörer und Zuhörerinnen im Saal Platz genommen haben.

10. Tip: Bewegen Sie sich.

In der Einführung zur Redeangst sprachen wir kurz über den Streßprozeß. Er dient dazu, schnell körperlich leistungsfähig zu machen. Der natürliche Weg, um vorhandenen Streß abzubauen, ist körperliche Bewegung. Wer Streßsymptome bei sich feststellt, sollte einige Kniebeugen machen oder die Treppe statt den Aufzug nehmen, um in eine andere Etage zu gelangen.

Nun werden einige Leserinnen und Leser vielleicht sagen, daß der Vortragende in der Redesituation keine Kniebeuge machen kann, um Redeangst zu lösen. Das stimmt vielleicht für offizielle Anlässe. Aber das Prinzip kann in jeder Rede- oder Vortragssituation zur Anwendung kommen. Bewegung heißt nichts anderes als Muskelanspannung. Welche Muskelanspannungen können Sie vor dem Publikum vornehmen, ohne daß es bemerkt wird? Beispielsweise können Sie die Oberarm- oder Oberschenkelmuskulatur anspannen. Diese Kontraktionen reichen, einige Male durchgeführt, in der Regel schon aus, um Streß zu verringern, um Redeangst in Redesicherheit zu verwandeln. In kurzen Sprechpausen können Sie auch die Bauchmuskulatur anspannen, die entspannende Wirkung wird Sie verblüffen.

Den Streß über Bewegung abzubauen ist ein sehr leicht

anwendbares Mittel. Die einzige Voraussetzung ist die Kenntnis der Mittel zum Abbau von Redeangst, die Sie jetzt getrost als bekannt abhaken können.

Der Umgang mit Lampenfieber, die Wandlung von Redeangst in Redesicherheit, ist einer der Dreh- und Angelpunkte der Rhetorik. Menschen entwickeln immer dann Angst oder Furcht, wenn sie glauben, daß die vorhandenen Fähigkeiten nicht oder noch nicht ausreichen, um eine Situation zu bewältigen. Deshalb nutzen Sie jede Möglichkeit, Erfahrungen zu sammeln. Wer durch Erfahrungen lernt, die zehn Tips in die Praxis umzusetzen, schafft sich ein unerschütterliches Fundament für alle Situationen des Lebens.

Kapitel IV: Die Vorbereitung einer Rede

1) Vier Säulen der Rhetorik

Das rhetorische Gebäude ruht auf vier Säulen. Ein guter Rhetoriker sollte alle Säulen gleichmäßig fundamentieren, damit das Gebäude auch größere Erschütterungen unbeschadet übersteht. Das *Fach- und Allgemeinwissen* des Redners bildet die erste Säule. Viele Menschen glauben, daß Rhetorik eine Fähigkeit sei, mit der Wissenslücken überspielt werden könnten. Dies ist eine genauso weit verbreitete wie falsche Annahme. In erster Linie dient der „rhetorische Werkzeugkasten" dazu, Wissen plausibel zu machen, besser anzukommen, besser verstanden zu werden. Routinierte Vortragende wissen, umfassende Sachkenntnis als ein sicheres Netz zu würdigen. Gerade, wenn das Eingehen auf individuelle Bedürfnisse des Publikums einen Exkurs weg vom ursprünglich Geplanten notwendig macht, wird zusätzliches Wissen mit Gold aufgewogen. Wer mangelndes Fach- und Allgemeinwissen hingegen durch rhetorische Fähigkeiten kompensieren will, begibt sich auf ein Hochseil ohne Netz. Rüttelt ein fachlich versierter Einwender dann an der Balancierstange, ist der Absturz meist unvermeidbar und schmerzlich.
Die zweite Säule der Rhetorik ist *der gekonnte Einsatz der Wirkungsmittel.* Wer mit Haltung, Gestik, Blickkontakt, Mimik, Outfit und Sprache wirkungsorientiert umgehen kann, ist für überraschende Situationen bestens ausgerüstet. Sicher und souverän wirken können, dort, wo es die Situation erfordert, ist das Ziel. In plötzlichen Belastungssituationen ist dies oft eine Herausforderung. Wenn der Tageslichtprojektor ausfällt, wenn Einwender zu Störern werden und sich die Stimmung im Saal gegen den Redner zu wenden droht, wenn ein besonders liebenswürdiger Zeit-

genosse den Redner durch gezielte Würfe mit Frühstücksresten aus der Fassung zu bringen versucht, zeigt sich, wie sicher der Redner wirklich ist. Tips und Ratschläge zu den Wirkungsmitteln enthält auch unser Buch „Die Magie der Schlagfertigkeit".

Es kann kaum häufig genug betont werden, wie wichtig ein *großer aktiver Wortschatz* in Redesituationen ist. Wenn Ihnen manchmal die treffenden Worte fehlen, so liegt dies auch daran, daß der aktive Wortschatz nicht ausreichend groß ist. Der Umgang mit den bekannten Worten ist nicht hinreichend schnell und geschmeidig. Haben Sie die passenden Worte rasch zur Verfügung, fällt Ihnen Schlagfertigkeit leicht. Wortschatztraining ist auch immer Schlagfertigkeitstraining. Verlassen Sie die eingefahrenen verbalen Schienen, drücken Sie sich abwechslungsreicher aus. Formulieren Sie in Gesprächen mit Freunden und Bekannten so lange neu und um, bis Sie genau treffen, was Sie sagen wollen. Üben Sie verbale „Entgleisungen", suchen Sie nach ungewöhnlichen Formulierungen.

Eine *intensive Vorbereitung* ist die vierte der tragenden Säulen eines sicheren Vortrags. Wer schon einmal eine oberflächlich vorbereitete Rede gehalten hat, kennt die Währung, in der die Rechnung bezahlt werden muß: vom Herzklopfen über Schweißausbrüche und Händezittern bis hin zu Übelkeit wird alles akzeptiert. Es steht vielfach vor der Rede fest, ob die Veranstaltung mit begeistertem Applaus oder mit gelangweilten oder gar mürrischen Gesichtern endet. Ist die Vorbereitung optimal, so ist der Redner nahezu allen Schwierigkeiten gewachsen. Denn eine Vorbereitungsphase, die das Prädikat „hervorragend" verdient, nimmt nahezu alle Eventualitäten vorweg. Es wird vielfach vergessen, daß vermeintliche Spontanität, Witz, kreative Einwandbehandlung und der gekonnte Umgang mit Störern die Früchte harter Arbeit im Vorfeld sind.

2) Einige wichtige Voraussetzungen für eine gelungene Darstellung

Damit Sie eine Rede möglichst effektiv und effizient vorbereiten können, geben wir Ihnen einige Anregungen, die sowohl aus unserer Vortrags- und Seminarpraxis, als auch aus den zahlreichen Erfahrungen unserer Teilnehmerinnen und Teilnehmer stammen.

Legen Sie Ihr Redeziel fest.
Bevor Sie mit der Vorbereitung einer Rede anfangen, legen Sie Ihr Ziel fest. Folgende Ziele werden zum Beispiel in Vorträgen und Reden häufig verfolgt:
- Sie wollen beeindrucken.
- Sie wollen sich selbst darstellen.
- Sie wollen informieren.
- Sie wollen überzeugen.
- Sie wollen manipulieren.

Diese verschiedenen Ziele verlangen unterschiedliche Vorgehensweisen. Meist wird eine Rede gehalten, um mehrere Ziele gleichzeitig zu erreichen.

Wenn Sie *beeindrucken* wollen, arbeiten Sie mit großer Variation bei der Sprechgeschwindigkeit, Klangfarbe und Lautstärke. Bewegen Sie sich etwas abseits der Erwartungen des Publikums. Beteiligen Sie Ihr Publikum zum Beispiel an der Darstellung, gestalten Sie die Sache etwas dialogisch. Lassen Sie Zwischenfragen oder kurze Diskussionen zu. Beleuchten Sie ein Thema aus einem ungewohnten Blickwinkel. Tun Sie Dinge, die haften bleiben. Setzen Sie Ihre Wirkungsmittel eindrucksvoll ein. Nutzen Sie den gestalterischen Spielraum, den Sie durch Ihre Autorität haben.

Achten Sie darauf, daß ungewöhnliches Auftreten beeindruckt, jedoch zu ungewöhnliches Auftreten Widerstand auslöst, der durchaus in Aggression münden kann.

Bissigkeiten, schlechte rednerische Manieren, Bloßstellungen oder Angriffe auf den Gegner sind Effekte, die Eindruck schinden. Sicher, solche Episoden haften in den Gehirnen, Negatives beeindruckt uns sehr. Im Zweifel sollten Sie jedoch auf den positiven Eindruck setzen. Stellen Sie den Gegner bloß, werden Sie als unfair wahrgenommen. Fallen Sie dem Gegenüber ins Wort, werden die beim Zuschauer erzeugten Emotionen mit Ihnen, Ihrem Verein, Ihrem Unternehmen oder Ihrer Partei, als deren Repräsentant Sie bloßstellend, unfair und ins Wort fallend sind, verbunden. Achten Sie darauf, daß Sie positive Gefühle ansprechen, damit Sie nicht nur im Gedächtnis, sondern in guter Erinnerung bleiben.

Wollen Sie *sich selbst darstellen*, stellen Sie Ihren Erfolg, Ihre Kompetenz, Ihre bisherigen Leistungen in den Vordergrund. Hierbei sind Leistungen, die dem Publikum nützen, besonders wirkungsvoll. Wenn Sie sich beispielsweise als sehr fachkompetent darstellen möchten, können Sie komplizierte Formulierungen verwenden, die geringfügig über dem Verständnisniveau der Zuhörerschaft liegen. So geben Sie dem Zuhörer die Möglichkeit, mit etwas gedanklicher Energie die Zusammenhänge zu erfassen. Sie verschaffen damit Menschen ein „Aha-Erlebnis" und damit das Gefühl, vorangekommen zu sein. Bevorzugen Sie Ich-Aussagen, und Sie stehen automatisch selber im Mittelpunkt. Schaffen Sie Autorität durch selbstbewußtes und sachkompetentes Auftreten. Auch hier ist sicherer Wirkungsmitteleinsatz gefragt. Stellen Sie genau und nachvollziehbar dar, worin der Vorteil Ihres Zuhörers liegt, wenn er sich für Sie entscheidet. Bleiben Sie dabei jedoch auf dem Boden der Tatsachen. Wer das Blaue vom Himmel herunter lügt, erntet auf Dauer Mißgunst, Spott und Hohn. Wenn Sie durchschaut werden, wird man Sie auslachen oder bemitleiden.

Wollen Sie *informieren*, so halten Sie einen klassischen Vortrag. Hier wird nicht begeistert von einer Person, einer Sache oder einer Meinung. Hier werden Fakten vermittelt. Inhalte werden dargestellt. Dabei wird natürlich Abwechslung vom Publikum sehr geschätzt. Alles, was das Lernen erleichtert, ist erlaubt. Setzen Sie Medien ein. Legen Sie die Gliederung Ihres Vortrags offen. Gehen Sie auf Fragen und Einwände sofort ein. Beschränken Sie sich auf Wesentliches, ohne plakative Beispielphasen zu vergessen. Geben Sie häufig Zusammenfassungen, stellen Sie somit sicher, daß alle im Saal Ihren Gedankengängen folgen. Sie treten hinter der Sache zurück!

Wollen Sie *überzeugen*, so gilt es, die Zuhörer und ihren Nutzen in den Vordergrund des eigenen Handelns zu stellen. Stellen Sie den Überzeugungsgegenstand mit seinen für das Publikum nützlichen Eigenschaften dar. Beziehen Sie sich mit Beispielen auf die Erfahrungen, Vorstellungen und Phantasien der Zuhörer. Behandeln Sie Einwände partnerorientiert im Horizont des Nutzens Ihrer Zuhörer. Sachlichkeit hat eindeutig Vorrang vor Schönfärberei. Unehrlichkeit oder bewußtes Verschweigen wesentlicher Nachteile führt zu Frustration und Reklamationen und gefährdet den Überzeugungserfolg, wenn der Vortrag beendet ist. Legen Sie Wert auf einen langfristigen Überzeugungserfolg.

Wollen Sie *manipulieren*, so sollten Sie sich zunächst der Konsequenzen bewußt werden. Manipulation liegt genau dann vor, wenn der Beeinflusser sein Gegenüber zu einem Verhalten bringt, daß lediglich dem Beeinflusser dient. Wer dies tut, betrügt seine Umwelt um ihren Anteil. Wer erkennt, daß er sein Verhalten nur zum Vorteil seines Beeinflussers geändert hat, ohne selbst etwas davon zu haben, wird den Kontakt zum Beeinflusser zunächst einschränken und dann vielleicht sogar abbrechen. Manipulateure isolieren sich zwangsläufig durch ihr Verhalten. Langfristige Erfolgsmaximierung ist nur zu erreichen, wenn der Vorteil des Gegenübers real gesteigert wird. Wenn es dem anderen Menschen besser geht, wird er sich gerne überzeugen lassen.

Zur Manipulation sind alle Instrumente der Rhetorik und der Kommunikation einsetzbar. Manipulatorisch werden Sie durch die Schaffung eines Scheinnutzens für den Partner. Wird dem Gegenüber ein Nutzen vorgegaukelt oder vorenthalten, so wird er manipuliert. Zur Manipulation ist gezwungen, wer Verhaltensänderung herbeiführen muß, ohne einen Nutzen spenden zu können. Manipulieren muß, wer nicht überzeugen kann.

Seien Sie fachlich kompetent.
Viele Menschen, die unsere Vorträge und Seminare besuchen, gehen von der Annahme aus, daß Rhetorik ohne fachliche Kompetenz überzeugen kann. Dies ist ein Irrtum. Nutzen Sie rhetorische Fähigkeiten nur dazu, vorhandenes Wissen plausibel, überzeugend und mitreißend darzustellen. Für den Ersatz von Wissen durch rhetorische Fähigkeiten übernehmen wir keine Verantwortung. Sollten Sie dieses Ziel verfolgen, öffnen Sie der Worthülsenpoduktion in Schaumschlägermanier Tür und Tor. Zweifellos befinden Sie sich damit in unserer Zeit in ehrenwerter Gesellschaft. Jedoch Glaubwürdigkeit und Vertrauenswürdigkeit läßt sich auf diesem Wege selten stärken. In der Regel reden sich diese verbalen Dünnbrettbohrer um Kopf und Kragen. Der Produktion von Informationsmüll sollte durch Ihre öffentlichen Beiträge kein Vorschub geleistet werden.
Einige von Ihnen werden jetzt vielleicht denken, daß sich Fachkompetenz von selbst versteht. In der Praxis sehen wir jedoch häufig, daß dieses Selbstverständnis zwar bekannt ist, die Umsetzung aber nur halbherzig vollzogen wird. Sie benötigen für den Vortrag deutlich mehr Informationen, als Sie tatsächlich geben. Halten Sie circa ein Viertel der Informationen zurück, um auf Zwischenfragen überzeugend antworten zu können. Wenn Sie Ihr gesamtes Wissen sofort anbringen, tragen Sie vielleicht zu kompliziert vor und provozieren somit viele Einwände und Verständnisfragen, die

Sie nur mit wenig zusätzlichem Wissen beantworten können.

Sie stellen mit zwei Strategien sicher, daß Sie Wissen zurückhalten können. Erstens können Sie einfacher vortragen und Ihre Wissensbasis unverändert lassen. Zweitens ist es sehr empfehlenswert, die Wissensbasis zu erweitern. Egal, was passiert, mit umfassender Fachkenntnis kommen Sie immer besser aus schwierigen Situationen heraus. Erst kommt das Fachwissen und dann die rhetorische Bildung. Erst Inhalt, dann Form. Diese Grundregel gerät leider allzu oft in Vergessenheit.

Beschaffen Sie sich Informationen zur Rednerliste.
Häufig werden bei Veranstaltungen mehrere Reden oder Vorträge zu ähnlichen Themen gehalten. Um sich thematisch darauf einzustellen, benötigen Sie Informationen über die anderen Vorträge. Es ist eine große Belastung für die eigenen Nerven, wenn Sie erwartungsvoll im Publikum sitzen, gespannt sind auf Ihren Auftritt, und Ihr Vorredner referiert gerade das, was Sie eigentlich sagen wollten. Und wenn Ihr Vorredner noch die Frechheit besitzt, es besser zu können als Sie, dann rutscht nicht nur das Herz in die Hose, und der Mut sinkt auf einen fast nicht mehr meßbaren Wert, sondern Sie setzen sich auch dem direkten Vergleich durch das Publikum aus. Deshalb informieren Sie sich beim Veranstalter, und stimmen Sie Ihren Vortrag auf die übrigen Darstellungen ab.

Konzentrieren Sie sich bei längeren Rednerlisten auf einen kurzen anschaulichen Vortrag. Die Aufmerksamkeit ist sowieso gering. Die meisten Menschen sind wahrscheinlich gedanklich beim Büfett oder warten auf die nächste Pause. Statt mit ermüdenden Darstellungen zu langweilen, bringen Sie kurz einige prägnante Thesen oder Argumente. Fassen Sie das Wesentliche in wenige Worte. Das Publikum wird Ihnen aus tiefstem Herzen danken.

Beschaffen Sie sich Informationen zum Publikum.
Um den Vortrag auf das Publikum abstimmen zu können,
beschaffen Sie sich genaue Informationen über Ihre Zuhörer. Für viele Veranstaltungen gibt es Teilnehmerlisten. Falls
Sie eine Namensliste der Zuhörer haben, machen Sie sich
mit den Personen vertraut. Beschaffen Sie sich Informationen über die vorherrschenden Ansichten zu Ihrem Vortragsthema. Gibt es keine Teilnehmerliste, so informieren Sie sich
beim Veranstalter über das Publikum. Folgende Fragen sollten Sie über das Publikum beantworten können:

- Wieviel Menschen werden erwartet?
- Welches soziale Umfeld haben die Zuhörer?
- Welchen Berufsgruppen gehören die Anwesenden an?
- Welche Bildung haben die Menschen?
- Welche lokalen Besonderheiten gibt es?
- Was weiß das Publikum in bezug auf das Thema?
- Welche politischen Überzeugungen herrschen vor?
- Welche religiösen Meinungen hat das Publikum?
- Welche Vorurteile haben die Menschen?
- Gibt es bekannte Kritiker oder Störer?
- Welche Erfahrungen haben die Zuhörer?
- Welche Themen gibt es in der lokalen Tagespresse?
- Welche Altersstruktur hat das Publikum?
- Welche Fragen werden die Menschen haben?
- Welche Einwände können aus dem Publikum kommen?

Die genaue Kenntnis des Publikums gibt Ihnen wichtige
Hinweise auf die Gestaltung Ihres Beitrags. Sie können abschätzen, was Sie über das Thema voraussetzen können,
welche Sprache Sie wählen müssen. Sprechen Sie vor Fachleuten, so können Sie beispielsweise wesentlich mehr Fremdwörter einsetzen als vor einem Laienpublikum. Dies ist zwar
trivial, aber wer sich schon während der Vorbereitungszeit
auf ein wissenschaftlich orientiertes Publikum bestehend
aus Doktoren und Professoren vorbereitet hat, bekommt
unverhofft Schwierigkeiten, wenn die örtlichen Landfrau-

en zu einem gemütlichen Pläuschchen laden. Die Blutstropfen stehen Ihnen endgültig auf der Stirn, wenn Ihnen, statt der erwarteten Landfrauen, die Professoren das Wort erteilen.

Auch bei der Wahl von Beispielen ist darauf zu achten, daß sie aus der Lebenswelt der Zuhörer stammen. Sie benötigen also Informationen über die Lebenswelt des Publikums. An diesem Punkt entscheidet sich, ob der Redner an uns vorbei spricht und kein Verständnis für uns hat. Haben wir den Eindruck, daß ihm unsere Nöte egal sind, dann wird er uns fremd bleiben, obwohl wir ihn vielleicht schon lange kennen. Oder spricht er uns aus der Seele und versteht uns. Kennt er unsere Sorgen und Nöte, dann ist er einer von uns. Die Kenntnis des Publikums gibt Ihnen auch wichtige Anhaltspunkte für die Gestaltung Ihres Outfits. Die alten Jeans und Turnschuhe sind beim Staatsempfang genauso unpassend wie der dunkelblaue Nadelstreifenanzug bei einer Rede vor den Mitgliedern des örtlichen Sportvereins.

Im Anhang I ist eine Checkliste zur Redevorbereitung abgedruckt. Sie können sie nutzen, um sicher zu gehen, alle wichtigen organisatorischen Elemente der Vorbereitung zu beachten. Eine andere Anwendungsmöglichkeit ist die Nutzung beim Delegieren von Vorbereitungsteilen. Beispielsweise können Sie Ihr Sekretariat oder den Veranstalter beauftragen, die abgedruckten Fragen zu beantworten. Sollten Sie die Checkliste zu diesem Zweck kopieren wollen, sei Ihnen das gestattet. Wir empfehlen Ihnen dringend, diese Checkliste zu nutzen. Ihre Vorbereitung wird dadurch sehr erleichtert.

Nachdem Sie sich mit dem Thema und dem Publikum vertraut gemacht haben, ist der nächste Schritt die Erstellung des Redekonzeptes. In dem nächsten Abschnitt werden die verschiedenen Formen des Redekonzepts behandelt.

3) Die Konzeptgestaltung

Dieser Abschnitt macht Sie mit den verschiedenen Möglichkeiten der Konzeptgestaltung vertraut.

Wir werden Ihnen an dieser Stelle drei Möglichkeiten der Konzeptgestaltung vorstellen:
- das ausformulierte Redekonzept
- das Stichwortkonzept auf Karten
- das Stichwortkonzept im Kopf

Alle drei Varianten besitzen Vor- und Nachteile. Der gestalterische Freiraum während der Rede nimmt von Variante zu Variante zu. Damit wächst jedoch die Notwendigkeit, diesen Freiraum fachlich kompetent und rhetorisch geschickt zu füllen.

Das ausformulierte Konzept

Überall dort, wo es enge thematische Vorgaben gibt, wo es auf jedes Wort ankommt, ist eine schriftliche Ausarbeitung der Rede oder des Vortrags anzuraten. Werden zum Beispiel heikle politische Fragen behandelt oder treffen sich verfeindete Familienmitglieder zu einer unumgänglichen Familienfeier, so besteht die Gefahr, daß Ihnen hinterher das Gesagte im Mund herumgedreht wird. Formulieren Sie in solchen Fällen zur eigenen Sicherheit komplett aus. Große Redner aus Politik und Wirtschaft, bei denen nach ihrer Rede jedes Wort auf die Goldwaage gelegt wird, bevorzugen diese Art des Konzepts. Beispielsweise ist es schon ein großer Unterschied, ob die Arbeitslosigkeit durch expansive Fiskalpolitik bekämpft werden *muß* oder *könnte*.

Ein wörtlich ausgearbeitetes Konzept ist der thematische Orientierungspunkt des Vortragenden während der Rede. Richtig gestaltet gibt es Sicherheit und wirkt beruhigend. Es ist weit mehr als Gedankenstütze und Wirkungsmittel. Das Vortragskonzept ist der rettende Anker, der auch im Sturm Halt, Sicherheit und Selbstvertrauen schenkt.

Sie erkaufen sich diesen Sicherheitsbonus allerdings mit Abstrichen an Ihrer rhetorischen Wirkung. Die rhetorische Wirkung ist leider bei der Verwendung ausformulierter Redekonzepte recht unvollkommen. Der Blick ist im wesentlichen auf das Schriftstück gerichtet. Der Kontakt zum Publikum wird höchstens durch einen verstohlenen Blick in die Runde ausnahmsweise hergestellt. Wer jedes Wort im Konzept vorgegeben hat, wirkt wenig spontan, ist an sein Manuskript geradezu gefesselt. Ein weiterer Nachteil ist die Starrheit des Vortrags. Ist der Redetext auf dem Papier festgehalten, sind Umstrukturierungen, Ergänzungen oder Veränderungen nur schwer anzubringen. Hat der Vortrag begonnen, so läuft er in der beabsichtigten Weise ab. Es darf nichts Außergewöhnliches passieren. Die vorgegebenen Worte verhindern situatives Aufnehmen von Stimmungen des Publikums. Deswegen kann auf Unerwartetes nur sehr eingeschränkt reagiert werden. Beispielsweise können Zwischenfragen kaum beantwortet werden, ohne die vorgegebene Struktur aufzulösen. Der Spielraum für ungeplante Exkurse, die Anpassungen an veränderte Redezeiten und die Behandlung von Einwänden sind mit einem solchen Konzept nahezu unmöglich. Wenn Sie trotzdem Zwischenfragen gestatten, sind die Überleitungen in Ihren ursprünglichen Redetext meist holperig und abgehackt.

Neben dem Nachteil des „Am-Konzept-klebens" birgt ein vollständiger Text noch eine weitere Gefahr. Wird ein Satz des Vortrags auch nur unwesentlich anders begonnen, als er im Text steht, so paßt der Rest des Satzes nicht mehr, und der Redner wird verunsichert. Das kann zu unbeholfenen Formulierungen und sogar zum Blackout führen.

Diese eingeschränkten Wirkungsmöglichkeiten gilt es über Inhalt zu kompensieren. Das „Was" steht bei solchen Vorträgen im Vordergrund. Achten Sie daher auf saubere Argumentation, und bereiten Sie mögliche Einwandbehandlungen vor.

Zahlen Sie diesen Preis der begrenzten rednerischen Wirkung nur, wenn es unbedingt erforderlich ist. Die Anlässe für ein ausformuliertes Redekonzept sind sehr selten. Trotzdem hier einige Tips, die es Ihnen erleichtern werden, ein entsprechendes Konzept zu erstellen.

Sorgen Sie für gedankliche Klarheit. Skizzieren Sie die Darstellung in Stichworten. Verwenden Sie hierzu bereits DIN A5 Karteikarten. Sollten Sie Ihr Konzept umgestalten wollen, so ist dies so leicht möglich.

Verwenden Sie auch bei der späteren Ausformulierung solche Karten. Die Karten sind etwas stabiler als herkömmliches Papier. Die Lebensdauer ist bei pfleglicher Handhabung recht lange.

Sollten Sie häufiger Vorträge zu ähnlichen Themen halten, so gibt Ihnen die Arbeit mit Karten noch einen großen arbeitstechnischen Vorteil. Schreiben Sie eisern nur einen Gedanken pro Karte auf. Sie werden feststellen, daß sich die Karten immer wieder verwenden lassen, da die Vorträge häufig um die gleichen Grundgedanken kreisen. Variationen sind schnell durch zusätzliche Karten ergänzt und erweitern das Repertoire.

Beschreiben Sie die Karten nur einseitig. Zweiseitige Beschriftungen sorgen für einen Unsicherheitsfaktor durch fehlerhaftes Umdrehen. In Seminaren kommt es häufig zu unerwünscht lustigen Redesituationen, wenn diese Regel mißachtet wird. Die Vortragenden wissen dann häufig nicht, ob sie die Karte noch herumdrehen müssen oder schon umgedreht hatten. So stehen sie dann vorne, in einer Hand Karten und in der anderen Hand Karten. Beide Stapel von allen Seiten begutachtend. Mal Karten von rechts nach links sortierend, mal von links nach rechts, mal hektisch herumdrehend. Erinnerungen an eine gestreßte Zockerrunde in Las Vegas werden wach. Munteres Mischen setzt ein und wechselt schnell in hektische Betriebsamkeit. Dabei wandelt sich die bisherige Sicherheit des Redners über leichte

Nervosität zu blankem Entsetzen. Die Gesichtsfarbe verändert sich von schweinchenrosa zu purpurrot. Spätestens, wenn dann aus dem Publikum noch eine Bemerkung darüber gemacht wird, daß sich vor einiger Zeit schon mal jemand tot gemischt hat, ist der Vortragende völlig aus dem Konzept. Der Blackout ist da. Gestalten Sie Ihr Konzept deshalb übersichtlich, beschriften Sie Karten nur einseitig, und Blackout-Situationen werden weitgehend vermieden. Schreiben Sie sauber und gut leserlich. Eine Karte, auf der Sie sich verschrieben haben, ist reif für den Papierkorb. Hier zahlt sich Großzügigkeit aus. Schalten Sie alle Unzulänglichkeiten im Konzept aus. Das gut strukturierte Konzept ist ein wichtiger Bestandteil der qualifizierten Vorbereitung. Beschreiben Sie einen ca. 2,5 cm breiten Rand links und rechts nicht, da dort die Daumen ruhen, wenn Sie gerade keine Gestik einsetzen.

Ein Querverweis von der Karte 13 auf die Karte 38 und von dort zu Nummer 14 und 9 ist eine Überforderung für Redner und Publikum. Sorgen Sie dafür, daß die Karten genau in der Reihenfolge, in der sie liegen, durchgängig die Rede unterstützen. Alle anderen Verfahrensweisen sind mehr oder weniger glückende Experimente. Experimentieren Sie zu Hause oder zu Trainingszwecken vor der Videokamera oder auf dafür geschaffenen Trainingsseminaren. In der rednerischen Praxis hat Sicherheit immer Vorrang.

Numerieren Sie die Karten durch. Fallen Ihnen die Karten während des Vortrags durch irgendeine Ungeschicklichkeit oder eine Stolperfalle auf dem Podium herunter, so können Sie die Karten sortieren oder von hilfsbereiten Zuhörern sortieren lassen. Jeder weiß, daß nach der vier die fünf und dann die sechs kommt. Fehlt die Numerierung, müssen Sie selbst sortieren, da kein anderer Ihre Ordnungskriterien kennt. Auch für den fachlich integeren Redner ist in einer solchen Belastungssituation das Sortieren der Karten nach inhaltlichen Gesichtspunkten eine Herausforderung für das

Nervenkostüm. Eine echte und unnötige Belastungsprobe für Ihre Nerven unter den Augen Ihres Publikums. Halten Sie das Konzept etwa in Höhe des beginnenden Brustbeins. So können Sie es leicht ablesen. Halten Sie es zudem noch etwas vor dem Körper. So brauchen Sie nur kurz den Blick etwas zu senken, um Informationen vom Manuskript aufzunehmen. Das Ablesen wird weniger als Störfaktor registriert. Halten Sie das Konzept ruhig. Die Gestik mit der Konzepthand wirkt sehr dominant und kann auch den gutmütigsten Einwender einschüchtern oder zu Zorn reizen. Stimmen Sie die Karten farblich auf Ihre Kleidung ab. Tragen Sie beispielsweise ein schwarzes Kleid oder einen dunklen Anzug, so heben sich weiße Karten sehr deutlich ab. Jede kleinste Zuckung Ihrer Hände wird wahrgenommen und vielleicht als unruhig oder nervös gewertet. Die Karten gibt es in nahezu allen Farben im Handel. Verstecken Sie ein umfangreiches Konzept mit Hilfe dieses nützlichen Vorschlags.

Sorgen Sie für eine große Schrift, die Sie mühelos ablesen können. Mindestens eine 14-Punkt-Schrift ist anzuraten. Wählen Sie einen großen Zeilenabstand, damit die Übersichtlichkeit erhalten bleibt.

Lassen Sie jeden Satz am Zeilenanfang beginnen. Oder anders ausgedrückt, machen Sie nach jedem Satz einen Absatz. Das erleichtert die Orientierung auf dem Konzept enorm. Häufig wird der letzte Teil des Satzes auswendig gesprochen und dabei Blickkontakt zum Publikum gehalten. Dieses Verhalten ist sehr begrüßenswert, sofern es nicht allzu gleichförmig angewendet wird. Sie müssen allerdings nach dem Blickkontakt unverzüglich in Ihr Konzept zurückfinden. Deshalb lassen Sie jeden Satz am Zeilenanfang beginnen.

Heben Sie sich Wörter, die als Sinnträger verwendet werden können, durch Unterstreichung, Fettdruck oder farbige Markierung hervor. So können Sie mit Hilfe dieser Stich wörter vortragen. Sollten Sie in Schwierigkeiten kommen, lesen Sie eben einen ganzen Satz ab. Diese Technik ermöglicht deutlich mehr Blickkontakt zum Auditorium und ist zusätzlich ein gutes Training für die Verwendung des Stichwortkonzepts auf Karten, das wir in dem nächsten Abschnitt kurz beleuchten werden.

Das Stichwortkonzept auf Karten
Die zweite Möglichkeit der Konzeptgestaltung ist das Stichwortkonzept. Grundsätzlich können Sie alles übertragen, was zum wörtlich ausgearbeiteten Konzept gesagt wurde. Der einzige prinzipielle Unterschied besteht darin, daß Sie sich Stichwörter aufschreiben statt ganze Sätze. Während des Vortrages sprechen Sie frei mittels des Ihnen zur Verfügung stehenden Wortschatzes auf der Grundlage Ihrer Stichwörter. Als zusätzliche Fähigkeit brauchen Sie hier also einen großen aktiven Wortschatz. In der Praxis mangelt es häufig am schnellen Zugriff auf die passenden Wörter. Die Erhöhung der Zugriffsgeschwindigkeit auf die treffende Formulierung läßt sich durch entsprechendes Wortschatztraining entwickeln.
Stichwortkonzepte werden meistens auf Karten geschrieben, die DIN A6-Format haben. Durch die Verwendung von Karten in dieser Größe grenzen Sie sich weniger von Ihrem Publikum ab und verdecken weniger von Ihrem Körper. Sollten Sie größeres Papier verwenden, wirkt es häufig als Barriere zwischen Redner und Publikum. Auch hierbei ist natürlich die farbliche Abstimmung zwischen Konzeptkarten und Kleidung empfehlenswert, sonst wirkt die Gedankenstütze wie ein Schild, das zum Schutz vor den Körper gehalten wird. Diese Barriere erschwert den Kontakt zwischen Ihnen und dem Publikum.
Der erste und letzte Satz der Rede wird ausformuliert. Da der erste Eindruck häufig über das Gelingen des Vortrags entscheidet, und der letzte Eindruck haften bleibt, sind ein

gelungener Einstieg und ein prägnanter Schluß sehr wichtig. Sie wissen aus Ihrer eigenen Lebenserfahrung, daß, wenn Sie den ersten Satz souverän zu Gehör bringen, Ihnen der zweite schon deutlich leichter fällt. Sie sollten den letzten Satz ausformulieren, da es nur wenig Schlimmeres gibt als eine Rede, die ihr Ende nicht findet, weil sie kein Ende hat. Häufig startet ein Redner ohne feste Schlußformulierung gegen Ende immer wieder durch und verwässert damit den Eindruck. Deshalb eine wichtige Regel: ersten und letzten Satz komplett aufschreiben, den Rest in Stichwörtern. Die Stichwörter sollten die wesentlichen Gedanken der Rede zusammenfassen. Schreiben Sie auf eine Karte maximal fünf Stichwörter. Nehmen Sie lieber mehr Karten, als zuviel auf eine Karte zu schreiben.

Bei der Verwendung von Stichwortkonzepten ergeben sich folgende Vorteile für Sie:

- Sie sind flexibel im Behandeln von Fragen und Einwänden aus dem Publikum.
- Ihr Blickkontakt stellt eine gute Beziehung zum Publikum sicher.
- Die Menschen fühlen sich angesprochen.
- Blackouts werden seltener.
- Sie wirken sicher, vorbereitet, erfahren und kompetent.
- Sie bauen keine Konzeptbarriere zwischen Ihnen und dem Publikum auf.
- Sie können sich schnell auf veränderte Situationen einstellen.

Als Variante können die Stichwörter zum Beispiel auf Folien stehen, wenn ein Overheadprojektor verwendet wird. Dann entfällt das Kartenkonzept. Wichtig ist eine entsprechende Gestaltung der Folien. Die Folien sollen mehreren Zielen dienen. Erstens ersetzen sie das Kartenkonzept und unterstützen zweitens den Vortrag als Träger von Sprache und Bild.

Das Stichwortkonzept im Kopf

Das Publikum erlebt es als Zeichen Ihrer hervorragenden

rhetorischen Fähigkeiten, wenn Sie frei sprechen. Das Gedächtnistraining stellt Tips und Kniffe zur Verfügung, die das Lernen und Erinnern großer Informationsmengen mittels der Imagination von Bildern in relativ kurzer Zeit gestatten. Zum Thema Mnemotechniken oder Gedächtnistraining sind in den letzten Jahren eine große Anzahl Bücher veröffentlicht worden, so daß an dieser Stelle auf eine detaillierte Darstellung verzichtet werden soll. Mit diesen Techniken ist es auch leicht möglich, das Stichwortkonzept eines Vortrags nicht nur auswendig zu lernen, sondern so zu verankern, daß es auch in Belastungssituationen gehandhabt werden kann.

Als Hauptnachteil des freien Sprechens wird von unseren Teilnehmerinnen und Teilnehmern häufig vorgebracht, daß schon die bloße Möglichkeit, mal ins Konzept schauen zu können, Sicherheit schenkt. Sie haben damit uneingeschränkt recht. Bereiten Sie ein Stichwortkonzept auf Karten vor, und nehmen Sie es mit zu Ihrem Vortrag. Legen Sie es griffbereit. Sollten Sie es benötigen, schauen Sie ruhig nach, als ob Sie es immer an dieser Stelle tun. Man wird es nicht beachten und für normal halten, wenn Sie sich normal verhalten. In solchen Situationen ist sicherer Wirkungsmitteleinsatz gefragt.

Das Vortragen ohne schriftliches Konzept bedeutet nicht, unstrukturiert zu sprechen. Manche Menschen verwechseln freies Sprechen mit freiem Assoziieren. Dies führt häufig dazu, daß der Vortrag langatmig und unverständlich wirkt. Das Publikum kann dem Redner oder der Rednerin nicht mehr folgen. Gedankliche Verknüpfungen, die für den Redner selbstverständlich sind, werden beim Zuhörer fälschlicherweise als bekannt vorausgesetzt. Das frustriert in kurzer Zeit selbst die Interessierten. Die Zuhörer fühlen sich nicht mehr angesprochen. Die Menschen denken an die unbequeme Bestuhlung, an das hoffentlich köstliche Mittagessen, sind begeistert von der schönen und vielleicht nicht mehr

lange unbekannten Nachbarin. Sie denken an das hoffentlich bald nahende Ende des Vortrages. Das Publikum beschäftigt sich mit allem, aber nicht mehr mit dem Vortrag. Ein weiterer Nachteil des freien Sprechens ist, daß der Redner manchmal unvorbereitet wirkt. Ein Redner, der sich vor das Publikum stellt, als ob ihn gerade jemand auf der Straße gebeten hätte, mal eben einen Vortrag zu halten, kommt beim Publikum nur an, wenn er sich einen derartig lässigen Stil leisten kann. Wer frei vorträgt, muß sehr gut sein, sonst sagt man: „Hätte er doch bloß sein Konzept nicht vergessen, dann wäre es deutlich besser."
Freies Sprechen wird in Situationen angewendet, in denen der Vortragende mehr oder weniger spontan Stellung nimmt. Solche Situationen lassen sich sicher meistern, wenn das Redekonzept verinnerlicht wurde.

Wenn Sie sich diese drei verschiedenen Möglichkeiten der Konzeptgestaltung anschauen, so stellen Sie fest, daß für die meisten Situationen das Stichwortkonzept auf Karten zu bevorzugen ist. Wegen seiner negativen rhetorischen Wirkung scheidet das ausformulierte Konzept in vielen Fällen aus. Das Stichwortkonzept im Kopf ist manchmal zu aufwendig.
Um das Stichwortkonzept auf Karten erfolgreich einzusetzen, beachten Sie bei der Konzeptgestaltung die angeführten Regeln.
Für viele Vorträge werden auch Vortragsskripte erstellt und für das Publikum bereitgehalten. Erstellen Sie die entsprechenden Texte rechtzeitig, und sorgen Sie für ausreichende Vervielfältigung. Wollen Sie Menschen überzeugen oder beeindrucken, ist von diesem Verfahren dringend abzuraten. Es besteht die Gefahr, daß die Zuhörer nicht Ihrem Vortrag folgen, sondern das Skript lesen. Bewährt hat sich in solchen Fällen, die Unterlagen erst nach Beendigung des Vortrags zur Verfügung zu stellen.

Wollen Sie informieren, geben Sie das Skript bei Beginn des Vortrags aus. Lassen Sie auf den einzelnen Seiten Platz, damit eigene Notizen gemacht werden können. Nehmen Sie häufig Bezug auf das Skript, und sorgen Sie für inhaltsgleiche Folien auf dem Tageslichtprojektor. Der Grund hierfür liegt darin, daß das Publikum zu Ihnen Blickkontakt halten kann, ohne den roten Faden im Skript zu verlieren. Geben Sie häufig Zusammenfassungen, da Ihr Publikum teilweise liest, während Sie sprechen. Räumen Sie Ihrem Publikum ebenfalls die Möglichkeit zu spontanen Zwischenfragen ein. So kann eine Frage gestellt werden, wenn sie entsteht und muß nicht als inhaltlicher Ballast bis ans Ende des Vortrags mitgeschleppt werden. Außerdem ergeben ungelöste Fragen zu einem unverstandenen Teil Ihres Vortrags weitere Verständnisfragen.

4) Die Vortragsorganisation

Lernen Sie, organisatorische Fehler in Ihren Vorträgen zu vermeiden. Erkennen Sie Möglichkeiten, Fehler im Vorfeld zu korrigieren, um nicht durch vermeidbare Mängel Ihre Redeziele zu gefährden.

Viele Reden oder Vorträge mißlingen, weil die äußeren Umstände eine optimale Durchführung verhindern. Nutzen Sie deshalb die Vorbereitungszeit, um Fehlerquellen auszuschließen. Es verschafft Ihnen Ruhe und Gelassenheit, wenn Sie die organisatorischen Rahmenbedingungen schon im Vorfeld im Griff haben. Die Anfahrt bedeutet schon Streß, Hektik und vielleicht sogar Magendrücken, wenn wichtige Fragen noch geklärt werden müssen und die Zeit drängt. Dieser Abschnitt macht Sie mit den wichtigsten Hürden bei der organisatorischen Vorbereitung vertraut.

Es ist nichts selbstverständlich!

Wer sich auf die Zuverlässigkeit anderer verläßt, muß im Ernstfall Blut und Wasser schwitzen, wenn er sich getäuscht hat. Schuldzuweisungen helfen bei planerischen Pannen überhaupt nicht. Für das Wohlergehen des Publikums sind Sie verantwortlich. Und Sie werden von Ihrem Publikum für den reibungslosen organisatorischen Ablauf auch verantwortlich gemacht. Deshalb bereiten Sie die Veranstaltung selbst vor. Sollte dies aus irgendwelchen Gründen nicht möglich sein, nehmen Sie Ihre Kontrollfunktion gewissenhaft wahr, und das nicht nur bei der Endkontrolle. Suchen Sie sich die Menschen sorgsam aus, an die Sie Teile der Vorbereitung abgeben. Nachlässigkeiten an diesem Punkt baden *Sie* in der Redesituation aus. Was nützt es Ihnen letztlich, wenn Sie wie der „August" vor Ihrem Publikum stehen und genau wissen, daß Sie nach der Veranstaltung Herrn Schmidt oder Frau Mayer mal gehörig den Kopf waschen werden. Das Publikum weiß von der Verantwortlichkeit hinter den Kulissen nichts. Sie stehen vor den Menschen in der Verantwortung für das Gelingen. Sprechen Sie Termin, Ort und Zeitpunkt genau ab. Vereinbaren Sie's schriftlich. Viele Menschen hoffen hier auf die vermeintlich selbstverständliche Gewissenhaftigkeit ihrer Umwelt. Aus unserer Erfahrung mit der Vorbereitung von Reden, Seminaren und Vorträgen zweifeln wir diese nur vermeintlichen Selbstverständlichkeiten an. Es ist nicht selbstverständlich, daß das Thema der Veranstaltung und der Ausschreibungstext richtig sind und zueinander passen. Es ist nicht selbstverständlich, daß Sie informiert werden, wenn sich der Veranstaltungsort oder das -datum ändert. Es sollte für Sie überhaupt nichts selbstverständlich sein, sofern Ihr Wohl oder das Ihres Publikums davon abhängt.

Wählen Sie einen günstigen Termin

Legen Sie den Termin zu einem für Sie optimalen Zeitpunkt. Als ungünstig hat es sich herausgestellt, wenn Reden zu dicht aufeinanderfolgen, wenn Menschen Reden in ihren normalen Ruhezeiten halten und wenn Vorträge unmittelbar vor oder nach den Mahlzeiten stattfinden. Bei den meisten Menschen liegt das Maximum der Leistungsfähigkeit in den späten Vormittagsstunden. Einen weiteren Hochpunkt gibt es am späten Nachmittag. Legen Sie Ihre Vortragstermine in diese Zeiträume.

Prüfen Sie die Vorankündigungen auf Richtigkeit. Kontrollieren Sie die organisatorischen Details und den Vortragstitel. Unangenehm wird es beispielsweise dann, wenn das Publikum einen Vortrag zum Thema Schlagfertigkeit erwartet und Sie sich auf die Lebensgewohnheiten des Niederwildes in Stadtnähe vorbereitet haben. Um derartige Schwierigkeiten zu vermeiden, kalkulieren Sie Fehler anderer mit ein, und verringern Sie durch Kontrolle diese Problemquelle.

Der Vortragsort

Beschaffen Sie sich frühzeitig Informationen über den Veranstaltungsort. Bereiten Sie Ihre Anreise vor. Falls Sie mit dem PKW anreisen, besorgen Sie sich einen Stadtplan, und erfragen Sie beim Veranstalter die günstigste Route. Erkundigen Sie sich nach Parkplätzen. Streß und Panik kommt schon mal auf, wenn fünf Minuten vor Vortragsbeginn den Stadtplan noch vor Augen, im Stau stehend verzweifelt nach dem nächsten Parkhaus Ausschau gehalten wird. Vermeiden Sie diesen Streß durch rechtzeitigen Aufbruch oder andere Verkehrsmittel. Wie bequem, schnell und streßfrei wird die Benutzung von Bus und Bahn, wenn das eigene Auto nur dazu dient, auf der Autobahn zu parken und einen Lenker bereitzustellen, in den notfalls wutschnaubend hineingebissen werden kann. Schädlich für Gebiß und Nerven.

Am Veranstaltungsort ist der Vortragsraum mitverantwortlich für die Stimmung während des Vortrags. Ein kleiner Raum, in den noch einige Stühle gestellt werden müssen, ist wesentlich angenehmer als ein großer Saal, in dem sich das Publikum verliert. In der Regel haben Sie im Vorfeld der Veranstaltung großen Einfluß auf die Wahl der Räumlichkeiten, nur kurz vor Beginn ist der Wunsch einer Raumänderung meist eine Überforderung auch des hilfsbereitesten Hausmeisters oder des engagiertesten Organisators. Bevorzugen Sie helle, freundliche Räume mit genügend Luftvolumen, in denen sich die Zuhörer wohl fühlen.

Zum Raum gehört auch die technische Ausstattung. Für viele Vorträge werden den Referenten Rednerpulte zur Verfügung gestellt. Sie haben einen direkteren Kontakt zum Publikum und wirken sicherer, wenn Sie ohne dieses antiquierte Hilfsmittel auskommen. Bei rechtzeitiger Absprache ist es in der Regel möglich, das Rednerpult wegräumen zu lassen. Manchmal tauchen noch technische Schwierigkeiten auf, falls die Mikrofonanlage auf dem Rednerpult montiert ist. Viele Menschen machen die Erfahrung, daß sich technische Schwierigkeiten durch ein paar gewinnende Worte mit dem Hausmeister leicht überwinden lassen. Diese guten Geister des Hauses sind für das Gelingen der Veranstaltung genauso unentbehrlich wie der gut vorbereitete Redner. Auch hier sind anerkennende Worte angebracht und tragen zur Freude aller Beteiligten bei.

Zur Vorbereitung des Raums gehört auch die Anforderung der notwendigen technischen Hilfsmittel. Kümmern Sie sich um die Einsatzbereitschaft derjenigen Geräte, die Sie für die Veranstaltung benötigen. Überprüfen Sie am Veranstaltungsort eigenhändig und rechtzeitig deren einwandfreies Funktionieren. Dennoch fallen Geräte immer dann aus, wenn sie eingesetzt werden. Sie sollten Ihren Vortrag so sicher beherrschen, daß Sie im Notfall auch ohne die technische Ausrüstung einen ansprechenden Vortrag gestalten können.

Die Redezeit

Bei der Stoffauswahl ist die Redezeit ein wesentlicher Faktor. Es darf nicht zuviel Stoff sein, da Sie sich sonst im Vortrag abhetzen müssen, und zu wenig Stoff bedeutet unerfreuliches Auswalzen und Strecken. Um ein Gefühl für den Zeitbedarf zu bekommen, halten Sie zu Übungszwecken den Vortrag schon einige Male im Vorfeld. Dennoch ist die tatsächliche Rede immer etwas anders. Vielleicht stehen Sie unter Streß und sprechen etwas schneller oder langsamer. Oder es werden mehr oder weniger Fragen und Einwände vom Publikum formuliert, als Sie erwartet haben. Um diesen unvorhersehbaren Ereignissen den Schrecken zu nehmen, berücksichtigen Sie derartiges in der Vortragsvorbereitung. Machen Sie einen Plan, wie Sie sich verhalten, wenn Sie nach fünfzig Prozent der Redezeit noch siebzig Prozent des Stoffes übrig haben. Überlegen Sie sich also, was Sie notfalls streichen können. Und berücksichtigen Sie auch den umgekehrten Fall. Bereiten Sie sich darauf vor, eventuell noch einige Kapitel dranhängen zu können. So können Sie sich dann den konkreten Gegebenheiten in der Vortragssituation leicht anpassen. Berücksichtigen Sie beim Abschätzen der Redezeit auch, ob nach dem Vortrag noch eine Diskussion geplant ist. Für das Gespräch nach dem Vortrag wird häufig zu wenig Zeit einkalkuliert. Gerade anschließende Diskussionen geben dem Referenten weitere Chancen, sein Redeziel zu erreichen. Häufig gibt es auch vor oder nach dem Vortrag einen Empfang. Die Zeit dafür gilt es hinreichend zu berücksichtigen.

Die Einführung des Vortrags

Oft werden Vorträge vom Veranstalter eingeleitet. Dabei können eine Reihe von Fehlern gemacht werden. Sie werden beispielsweise zu umfassend oder nicht hinreichend vorgestellt. Manche Menschen neigen dazu, als Einleitung eines Vortrags den vollständigen Lebenslauf des Referen-

ten vorzutragen. Spätestens bei der Aufzählung aller Veröffentlichungen sind die Zuhörer gelangweilt, zumal, wenn der Vortragende ein sehr fleißiger Autor ist.
Nach der Vorstellung des Vortragenden folgt in der Regel eine kurze Einführung ins Thema. Auch hier besteht die Gefahr, daß der Veranstalter falsch oder zu viel referiert und den Vortrag zum Teil vorwegnimmt. Um diese Fehlerquellen auszuschließen, sprechen Sie sich früh genug mit dem Veranstalter ab. Nehmen Sie Einfluß auf die Einführung Ihres Vortrags. Bedenken Sie, daß die Menschen wegen Ihnen oder Ihres Themas kommen. Deshalb sollten Sie zügig vorgestellt werden und dann selbst rasch ins Thema überleiten. Wer bereits am Anfang die Erwartungen seines Publikums enttäuscht, hat es während der ganzen Darstellung mit mangelnder Aufmerksamkeit zu tun.

5) Das Training

Sie lernen praktische Vorgehensweisen kennen, wie Sie Ihre rhetorischen Fähigkeiten verbessern können.

Es gibt verschiedene Formen des Monologtrainings. Manche Rhetoriker behaupten auch, durch Lesen in ihrer Kunst weitergekommen zu sein. Das Lesen reicht oft nicht aus. Erst, wenn die angelesenen Inhalte vor dem Publikum in der Praxis getestet werden, entwickeln sich Fähigkeiten und nicht nur Wissen. Die beste Vorbereitung sind Seminare, in denen Reden und Vorträge vor Gruppen geübt werden. Außerdem sind Schlagfertigkeitsseminare zum Umgang mit Einwänden und Fragen empfehlenswert.
Solche generellen Möglichkeiten dienen dazu, die rhetorische Kompetenz des Redners oder der Rednerin allgemein zu erhöhen und durch Training Sicherheit zu geben. Daneben ist auch das Üben des speziellen Vortrags wichtig. Um

das Wirkungsmittel Sprache zu kontrollieren, nehmen Sie den Vortrag mit einem Kassettenrecorder auf. Hören Sie sich die Aufnahme an, und stellen Sie fest, ob Ihr Vortrag flüssig, schlüssig und ansprechend ist. Ganz schnell haben Sie die Haken und Ösen gefunden und können die Schwierigkeiten im Vorfeld aus der Welt schaffen. Das ist einfach, preiswert und sehr effektiv.

Sie haben durch diese Übung auch die Möglichkeit, den Zeitbedarf des Vortrags abzuschätzen. Noch effektiver wird das Training, wenn Sie nicht nur das Wirkungsmittel Sprache aufzeichnen, sondern auch die anderen Wirkungsmittel durch Aufnahme mit einer Videokamera kontrollieren. Für viele Menschen hat es sich als hervorragendes Training herausgestellt, nicht alleine zu üben, sondern andere Menschen mit einzubeziehen. Diese haben dann die Aufgabe, während des Vortrags Zwischenfragen zu stellen, Einwände zu formulieren oder den Vortrag zu stören. Eine weitere Aufgabe des Publikums ist das Geben von Rückmeldungen, so daß der Vortragende seine Wirkung in der Redesituation möglichst genau einschätzen und veredeln kann. Durch intensives Videotraining werden schnell erhebliche Fortschritte erreicht.

Achten Sie dabei auch auf Ihre Aussprache. Viele Menschen unterschätzen den Hall in größeren Räumen. Deshalb ist eine gute Artikulation sehr wichtig für Ihre Wirkung im Vortrag. Möchten Sie Ihre Aussprache verbessern, so sei Ihnen das laute Lesen lyrischer Texte mit Tonbandkontrolle empfohlen. Häufig sind diese Texte sehr emotional geschrieben. Um die passende Emotion stimmlich herauszuarbeiten, muß mit der Sprechgeschwindigkeit, der Klangfarbe und der Lautstärke häufig gewechselt werden. Übertreiben Sie es mit der Betonung zu Trainingszwecken ruhig etwas. Je besser Sie Ihre Stimme in den Grenzbereichen kennenlernen, um so besser gelingt es Ihnen, Ihr Publikum bei der Stange zu halten.

In der Antike wurden Modulationsübungen mit Kieselsteinen im Mund durchgeführt. Heute werden Korken verwendet, da sonst das Gebiß versehentlich großen Schaden erleiden könnte, wenn ein Steinchen zerbissen wird. Am besten geeignet sind Sektkorken aus Plastik. Nehmen Sie einen Korken zwischen die Schneidezähne. Ein Gedicht Ihrer Wahl wird mit dem Korken laut und deutlich gesprochen. Der Sektkorken verhindert die Bewegung zwischen Unter- und Oberkiefer. So bekommen Sie durch Ihre Ohren ständig den Impuls, deutlicher zu sprechen. Und genau das passiert auch. Alle zur Sprachbildung notwendigen Werkzeuge werden so trainiert. Trainieren Sie immer nur kurze Passagen, da Sprechmuskeln stark beansprucht werden. Achten Sie beim Vortragen darauf, daß Sie die emotionale Stimmung durch die Sprachmodulation transportieren.

Bereits nach kurzer Zeit werden Sie eine deutlichere Artikulation feststellen, die Sie nutzen können, um Ihren Aussagen mehr Kraft zu verleihen.

Nach längerem Sprechen ist es wichtig, die Sprechwerkzeuge durch einige Lockerungsübungen zu entspannen. Dazu geben wir hier eine dreiteilige Trainingsanleitung:

1) Setzen Sie sich in den Kutschersitz. Der Kutschersitz ist eine gebeugte Sitzhaltung, bei der die Unterarme auf den Oberschenkeln liegen. Wenn Sie diese Haltung eingenommen haben, entspannen Sie die Wangen, indem Sie den Kopf schütteln und dabei kräftig bei geschlossenem Mund ausatmen. (Brillenträger Vorsicht!) Ein leicht schlackerndes Geräusch zeigt, daß Sie es richtig machen.

2) Setzen Sie sich jetzt wieder aufrecht hin. Als nächstes wird die Zunge bei geschlossenem Mund zwischen Zähnen und Lippen gekreist. Strengen Sie sich dabei ruhig ein wenig an. Eine leichte Anspannung in der Zunge zeigt, daß Sie Ihre Zunge richtig trainieren. Lassen Sie dann eine Ruhephase für die Zunge folgen.

3) Der dritte Teil dieser kleinen Entspannungsübung lokkert die Lippen. Stülpen Sie die Lippen bei geschlossenem Mund nach vorne, und ziehen Sie sie danach wieder weit zurück. Wiederholen Sie auch das einige Male. Trainieren Sie lieber öfters und kurz als selten und dafür lange. So werden Sie schnell Ihre Modulation verbessern. Machen Sie Pausen, sobald Sie die Belastung der Sprechmuskulatur spüren.

6) Die Wortwahl in Vortrag und Rede

> Es soll Ihre Sensibilität für die Wortwahl in Ihren Vorträgen und Reden gesteigert werden.

Welches Fachvokabular Sie verwenden, hängt von Ihrem Vortragsziel und Ihrem Publikum ab. Manche Menschen nutzen den Einsatz von Fremdwörtern, um möglichst gebildet zu erscheinen. Was dabei dann meist auf der Strecke bleibt, ist die Aufmerksamkeit des Publikums. Um die Menschen, die Ihnen zusehen, auch anzusprechen, ist eine auf das Publikum abgestimmte Sprache notwendig. Das Kriterium, nach dem Sie sich dabei richten sollten, ist die Verständlichkeit. Halten Sie einen Vortrag über eine neue Motorenentwicklung Ihres Unternehmens vor Maschinenbauingenieuren, können Sie Fachwörter verwenden. Sprechen Sie hingegen zu interessierten Laien, ist der Einsatz von Fachwörtern nur sehr eingeschränkt möglich.
Manchmal läßt es sich aus Gründen der Kürze und Genauigkeit nicht vermeiden, Fachvokabular einzusetzen. Falls Sie sich nicht sicher sind, ob das Publikum diese Fachbezeichnungen versteht, erklären Sie die verwendeten Begriffe. Ein weiterer Grund für den Einsatz von Fremdwörtern ist das Fehlen deutscher Alternativen. Viele wissenschaftliche Vorträge kommen deshalb ohne Fachbegriffe aus der englischen oder französischen Sprache nicht aus. Alle Wörter, die Sie in

ihrem Vortrag verwenden, sollten Sie bei Bedarf erklären können. Viele Menschen verwenden Fachwörter, deren Bedeutungen Ihnen selbst unklar sind. Einen unsicheren, inkompetenten Eindruck hinterläßt ein Vortragender, der auf Anfrage die verwendeten Begriffe nicht erklären kann. Dies setzt den richtigen Gebrauch der Fremdwörter voraus, sonst wirkt das Ganze nur peinlich und albern. Deshalb seien Sie vorsichtig beim Einsatz von Fremdwörtern und Fachbegriffen.

Die eigene Sprachfärbung ist Ausdruck der jeweiligen Persönlichkeit. Der gesprochene Dialekt dokumentiert einen wesentlichen Teil der Geschichte eines Menschen und verdient deshalb Respekt, Achtung und Anerkennung durch das Publikum. Er ist durch Lernen in einer bestimmten charakteristischen Umgebung gebildet worden. Manche sind der Ansicht, daß die große rhetorische Wirkung nur durch Verwendung von reinem Hochdeutsch erreicht werden kann. Diese Auffassung ist unserer Meinung nach falsch. Es zeigt sich umgekehrt, daß viele große Redner gerade durch den Einsatz ihrer eigenen Sprache die gewünschte Wirkung erzielen konnten. Häufig ist es ein geschicktes rhetorisches Mittel, plötzlich mal ´ne einfache, volkstümliche Sprache zu wählen. Das schafft Nähe zum Publikum und baut Beziehungsebene auf. Als Redner zeigen Sie damit natürliches Auftreten. Wichtig ist lediglich, daß die Verständlichkeit gewährleistet ist. Außerdem sollten Sie den verwendeten Dialekt beherrschen. So bauen Sie zu Ihrem Publikum sprachlich Nähe auf, die Sie auch inhaltlich hervorragend nutzen können.

7) Kleine Checkliste für die Vortrags- vorbereitung

In dieser Zusammenfassung sind die zehn wichtigsten Elemente der Vortragsvorbereitung aufgeführt. Falls Sie alle Fragen zu Ihrer eigenen Zufriedenheit beantworten können, sind Sie auf den Vortrag sehr gut vorbereitet.

- Warum halten Sie den Vortrag?
- Glauben Sie, daß Ihr Fachwissen ausreichend ist, um auf tiefergehende Nachfragen sachlich korrekt antworten zu können?
- Was wissen Sie über das erwartete Publikum?
- Welche Einwände und Fragen werden wahrscheinlich gestellt?
- Wie gestalten Sie Ihr Konzept?
- Wie ist die Vortragsankündigung gestaltet?
- Welchen Ort haben Sie ausgewählt?
- Was machen Sie bei zuviel oder zuwenig Redezeit?
- Wie trainieren Sie den Vortrag?
- Wie soll der Vortrag eingeführt werden?

Kapitel V: Die erfolgreiche Redestruktur

> Sie lernen eine Redestruktur kennen, die Sie in die Lage versetzt, spontan eine strukturierte, wirkungsvolle und überzeugende Rede zu halten.

Um Ihr Redeziel zu erreichen, müssen Sie von Ihrem Publikum akzeptiert und verstanden werden. Die Verständlichkeit eines Vortrags hängt wesentlich von der verwendeten Redestruktur ab. Viele Menschen kennen Redner oder Rednerinnen, die konzeptlos vortragen. Die Reden werden dann von den spontanen Assoziationen des Redners getragen. Vielleicht kennen Sie solche Beispiele. Da steht jemand auf, um eine flammende Rede für die neue Umgehungsstraße in seiner Stadt zu halten. Er beginnt dann vielleicht so: „Sehr verehrte Ratsmitglieder. Das Thema unserer Ratssitzung ist heute zum wiederholten Male die längst fällige Umgehungsstraße. Auch ich habe mich bei der letzten Besprechung vor zwei Wochen schon einmal zu Wort gemeldet. Dabei habe ich die wichtigsten Argumente für die Umgehungsstraße genannt. Auch die Ratsmitglieder der anderen Fraktionen haben damals ihre Standpunkte in die Diskussion eingebracht. Lassen Sie mich diese Gelegenheit nutzen, einmal kurz etwas über die Diskussionskultur in unserer Ratsversammlung zu sagen. Als der alte Bürgermeister noch die Sitzungen leitete, geschah einmal folgendes. Es war an einem schönen Herbsttag im späten Oktober, als plötzlich ..." Spätestens jetzt werden die Zuhörer dem Vortrag nicht mehr folgen. Durch die fehlende Struktur und das dadurch bedingte Abschweifen bleibt das Gesagte unverständlich. Der Redner verzettelt sich. Ein roter Faden ist nicht mehr zu erkennen. Das Ende der Ausführungen ist nicht mehr abzusehen. Um es Ihrem Publikum leicht zu machen, halten Sie sich an eine vorher festgelegte Struktur. Selbst wenn in unserem Beispiel im weiteren Verlauf vielleicht noch wichtige Argumente vorgetragen werden, so verhindert die schlechte Vortragsform, daß der Funke überspringt. Das Geschwätz verwässert die ganze Argumentation, und die flammende Rede erlischt.

In diesem Abschnitt stellen wir Ihnen eine Redestruktur vor, die sich sehr leicht in die Praxis umsetzen läßt. Teilnehmer und Teilnehmerinnen unserer Rhetorikseminare sind nach einem Seminartag in der Lage, Reden nach dieser Struktur überzeugend zu halten. Die Redestruktur ist in zwölf Teile gegliedert. Die einzelnen Strukturelemente werden in dem konkreten Vortrag auf das jeweilige Thema abgestimmt. Diese Redestruktur eignet sich auch hervorragend für Stegreifreden. Wenn Sie dieses Schema im Kopf haben, können Sie sehr leicht zu Ihren Themen strukturiert, schlagfertig und überzeugend Stellung nehmen, ohne sich vorbereiten zu müssen.

Zunächst erhalten Sie eine Übersicht über die Redestruktur. Die einzelnen Strukturelemente werden dann genau beschrieben.

Die Redestruktur

1) Begrüßung
2) Was war?
3) Was ist?
4) Was wird sein?
5) Autorität
6) Zielsetzung
7) Gründe
8) Beispiele
9) Zusammenfassung
10) Einwandvorwegnahme
11) Schlußfolgerung
12) Appell

115

1) Begrüßung

Die Begrüßung enthält ein paar Kontaktworte, das Thema, die Ansprache des Publikums und eine kurze Vorstellung des Redners oder der Rednerin. Sie gestaltet den Beginn Ihres Vortrags und ist damit der wichtigste Teil der Rede, weil durch sie der erste Eindruck bestimmt wird. Das Folgende wird in diesem Horizont wahrgenommen und beurteilt. Setzen Sie die vier Elemente der Begrüßung ungewöhnlich ein. Variieren Sie die Reihenfolge. Halten Sie die Einleitung kurz. Statt einschläfernder Floskeln, die jeder kennt, reißen Sie mit spritzigen Formulierungen aus dem Schlaf. Betonen Sie mit der ganzen Vielfalt, die Ihre Stimme zu bieten hat. Wecken Sie Ihr Publikum auf. Dadurch gestalten Sie den Anfang Ihrer Rede interessant und gewinnen Aufmerksamkeit.

Kontaktworte

Wie erfrischend ist es für Sie und Ihr Publikum, wenn Sie Ihre Rede abwechslungsreich, kurzweilig und humorvoll beginnen. Deshalb verlassen Sie die eingefahrenen Pfade. Gehen Sie von Anfang an ungewohnte Wege. Lassen Sie Ihrer Phantasie freien Lauf. Beginnen Sie Ihre Darstellung beispielsweise mit ein paar Kontaktworten, um das Eis zu brechen. Sprechen Sie Erlebnisse an, die Sie mit Ihrem Publikum gemeinsam haben. So stellen Sie eine Verbindung her und bauen Beziehung zu Ihrem Publikum auf. Fand zum Beispiel vor Ihrem Vortrag ein kleiner Empfang statt, so erwähnen Sie diesen am Anfang der Rede. Nutzen Sie die Örtlichkeit, die Tagespresse oder die Anfahrt für ein paar kontaktive Worte. Das sind ungewöhnliche Redeanfänge, die die Zuhörer in ihrer augenblicklichen Situation abholen.

Nennung des Themas

Zur Begrüßung gehört auch das Redethema. Da in der Regel das Thema bekannt ist, können Sie es kurz machen. Ein Satz reicht.

Nennen Sie erst das Thema, dann die Begrüßung des Publikums - das ist ein etwas ungewöhnlicherer Weg. Sie können einen Aussagesatz formulieren oder eine Frage daraus machen. Einige Beispiele dazu sind:

- „Unser Thema ist heute ... Guten Abend, meine ..."
- „Was bewegt uns seit zwei Wochen? Es geht hier heute um ... Herzlich willkommen..."
- „Politik in Deutschland - Machtspiel oder Marionettentheater? Ein provokantes Thema zu dem wir Sie in den Räumen der ... willkommen heißen. Meine Damen und Herren ..."

Ein konventioneller Weg ist folgende Formulierung:

- „Guten Tag .... Das Thema der Sitzung ist ..."
- „Herzlich willkommen ... Der Grund für unser heutiges Treffen ..."

Achten Sie auch bei der Nennung des Themas auf eine deutliche Modulation. Heben Sie zu Beginn der Rede Ihre Stimme etwas an.

Keinesfalls darf am Anfang schon das Überzeugungsziel des Vortrags genannt werden, etwa so: „'Sollte die Umsatzsteuer erhöht werden?' - Das ist das Thema des heutigen Vortrags, herzlich willkommen dazu. *Natürlich bin ich als namhafter Experte auf diesem Gebiet dagegen.*" Wenn Sie so beginnen, haben Sie es von Anfang an mit Befürwortern und Widersachern zu tun. Die Befürworter brauchen Sie nicht mehr zu überzeugen, da sie es bereits sind. Und die Widersacher werden Ihnen auch nicht mehr zuhören, da Ihre Ansicht aus deren Blickwinkel sowieso falsch ist. Wenn Ihnen Ihre Gegner zuhören, dann vielleicht mit negativen Hintergedanken.

Wollten Sie überzeugen, haben Sie mit den ersten paar Sätzen bereits ein schwerwiegendes Eigentor geschossen. Ihre eigene Einstellung zum Thema sollten Sie bei Meinungsreden anfangs zurückstellen.

Begrüßung des Publikums
Natürlich sollen die Zuhörerinnen und Zuhörer auch begrüßt werden. Wählen Sie hierbei möglichst individuelle Formulierungen. Einige konventionelle Einleitungen sind zum Beispiel:
- „Liebe Freunde der ..., einen schönen guten Abend."
- „Sehr geehrte Damen und Herren, willkommen zu diesem Vortrag."
- „Hallo liebe Freunde, schön, daß ihr gekommen seid."
- „Herzlich willkommen zu der Veranstaltung der IHK."
- „Liebe Waidgenossen, willkommen an diesem wunderschönen Jagdtag."

Unkonventionelle Einleitungen sind nur möglich, wenn der Anlaß und das Publikum den entsprechenden Spielraum gestatten. Einige Beispiele sind:
- „Liebe Verdauende ..." (nach dem Mittagessen)
- „Sehr geehrte Herrn aus den Chefsesseln, hoffentlich nimmt Ihr Rückgrat auf unseren ungepolsterten Stühlen keinen Schaden, liebe Kollegen ..." (sehr provokant)
- „Ein Hallo an das junge Gemüse und einen guten Tag an die ältere Generation ..."

Rednerinnen können die Reihenfolge in der Anrede des Publikums herumdrehen. Statt „Guten Abend, meine Damen und Herren" verwenden viele Frauen aus Politik und Wirtschaft heute die Formulierung „Guten Abend, meine Herren und Damen".
Gerade bei der Begrüßung ist viel Fingerspitzengefühl erforderlich. Hier stehen viele Fettnäpfchen. Sprechen Sie beispielsweise die Reihenfolge der Würdenträger mit dem Veranstalter ab, damit es kein böses Blut gibt.

Die Vorstellung des Redners

In die Begrüßung gehört häufig die eigene Vorstellung. In vielen Vorträgen wird dieser Teil vom Veranstalter übernommen. In dem Kapitel zur Redevorbereitung haben wir auf einige wichtigen Details hingewiesen, die bei Vortragseinführungen durch andere Menschen zu beachten sind. Stellen Sie sich selber vor, sagen Sie nur das, was für die Zuhörer von Interesse ist. Ihr genauer Lebenslauf ist für die meisten Vorträge unwichtig. Beschränken Sie sich auf Ihren Namen, Ihre Qualifikation bezüglich des Themas und einige persönliche Daten, sofern der Anlaß es passend erscheinen läßt. Um den Eindruck unnötiger Selbstdarstellung zu vermeiden, leiten Sie etwa in der folgenden Form ein: „Kurz zu meiner Person, ich bin ...".

Bei der Namensnennung sind folgende Einleitungsformulierungen gebräuchlich:

- „Ich bin ..."
- „Ich heiße ... „
- „Mein Name ist ... „

Wenn Sie sich diese drei Alternativen anschauen, so stellen Sie fest, daß sie unterschiedliche Nähe zur eigenen Person ausdrücken. Die Formulierung „Ich bin ..." ist näher am Redner dran als „Ich heiße ...". Die dritte Variante ist am weitesten entfernt. Wenn Sie in Ihrem Vortrag sich selber stärker hervorheben möchten, so können Sie die erste Möglichkeit wählen. Möchten Sie lieber das Thema in den Vordergrund stellen, wählen Sie die zweite oder die dritte Alternative.

Bei vielen Vorstellungen wird der Name des Vortragenden überhört oder nicht richtig verstanden. Sie können Ihren Namen durch einen kleinen rhetorischen Trick zweimal nennen. Sie nennen zunächst nur Ihren Nachnamen, um sich dann mit Ihrem vollständigen Vor- und Zunamen vorzustellen. Um Namen die gewünschte Wirkung zu geben, machen Sie kleine Pausen vor und nach den Namensnennungen.

Die James-Bond-Fans wissen, daß James diese Technik ständig bei seiner Vorstellung anwendet: „Mein Name ist Bond, James Bond."

Nach der Begrüßung wird das Thema der Rede in einen zeitlichen Zusammenhang gebracht. Hierbei handelt es sich um eine klassische Figur, die in vielen großen Reden Anwendung gefunden hat und findet. Nacheinander werden Vergangenheits-, Gegenwarts- und Zukunftsbezug hergestellt. Da Menschen ihr denken auch in zeitlichen Kategorien strukturieren, finden Sie schnell einen guten Draht zu Ihrem Publikum.

2) Was war?

Nehmen Sie Ihr Publikum mit auf eine spannende Reise in die Vergangenheit. Themenabhängig ist dabei, wie weit Sie den geschichtlichen Rahmen spannen. In manchen Reden ist es für das Redeziel günstig, die alten Ägypter zu bemühen, während zu anderen Themen der Blick auf die letzte Woche gerichtet werden kann. Schweifen Sie nicht ab. Bleiben Sie beim Thema. Ziel ist es hier, die weiteren Redeteile als logische Konsequenzen aus der Vergangenheit erscheinen zu lassen. Das gibt dem Redeaufbau ein gut nachvollziehbares Fundament. Besonders wirkungsvoll wird der Vergangenheitsbezug, wenn er aus dem Erfahrungsschatz des Publikums stammt.
Viele Menschen sind auch der Ansicht, daß man aus den Fehlern der Vergangenheit lernen müsse. Stellen Sie fehlerhaftes Verhalten in der Vergangenheit heraus, das Sie im Verlauf Ihrer Rede korrigieren. Als Weg dazu bietet sich dann Ihre Meinung an. Verwenden Sie eine bildhafte und sehr verständliche Sprache.

3) Was ist?

Jetzt gilt es, die täglichen Erfahrungen Ihrer Zuhörer anzusprechen. Dazu ist es notwendig, daß Sie sich eingehend
mit Ihrem Publikum auseinandergesetzt haben. Sie müssen
wissen, welche Erfahrungen die Zuhörer haben und welche
Vorurteile eventuell vorhanden sind. Sprechen Sie den Alltag der Menschen an, und beziehen Sie diesen auf Ihr Redethema. Da Sie für das Publikum sofort nachvollziehbare,
überprüfbare Aussagen machen, erhöht sich durch den Bezug auf die Gegenwart auch Ihre Glaubwürdigkeit. Sie legen dadurch eine gemeinsame Grundlage. Dies ist wichtig, damit Ihnen die Menschen auch bei Ihrer Darstellung
der Zukunft folgen.

4) Was wird sein?

Aussagen über die Zukunft sind immer Wahrscheinlichkeits-
aussagen. Daten aus der Vergangenheit werden in die Zukunft übertragen. Dieser Vorgang ist von Bedingungen abhängig und enthält natürlich auch Unsicherheiten. Darin liegt
Spielraum für die Interpretation der Fakten, den Sie nutzen
können.
Viele Redner und Rednerinnen nutzen diese Stelle, um den
Menschen ein erschreckendes Zukunftsbild zu malen. Die
Menschen sollen hier betroffen gemacht werden. Deshalb
zeichnen Sie mit düsteren Worten eine finstere Zukunft.
Diese Vision kann dann nur durch Ihre Lösungsvorschläge
verhindert werden. Ist das Schreckensbild genau auf das
Publikum abgestimmt, so gibt es später eine erhöhte Akzeptanz für Ihre Zielsetzungen. Übertreiben Sie nicht bei
der Darstellung des Negativen. Menschen neigen dazu, Bereiche, die ihnen zu große Angst machen, einfach zu ignorieren. Erzeugen Sie zu starke negative Gefühle, werden
Sie als Initiator des Unbehagens mitsamt dem Negativen

abgelehnt werden.

Viel schöner ist da eine zweite Variante der Zukunftsdarstellung. Beschreiben Sie einen Idealzustand, der von
den Zuhörern gewollt wird, der für die Angesprochenen
Vorteile hat. Im weiteren Verlauf der Rede zeigen Sie dann,
daß dieses Ziel nur auf einem Weg erreicht werden kann -
auf Ihrem. Dazu können Sie zunächst mögliche Alternativen auflisten. Stellen Sie Ihren Weg dann am Ende als leichtesten, unbeschwerlichsten, erfolgreichsten und sichersten
dar.

Sie brauchen sich nicht auf eine der beiden Vorgehensweisen beschränken. Sie können auch zunächst ein Schreckensbild malen und dann den Idealzustand gegenüberstellen.
Passen Sie Ihre Zukunftsdarstellung dem Redethema an.

5) Autorität

Ziel des Zitierens von Autoritäten ist, daß die Reputation und
der Einfluß der Autorität die vertretenen Thesen und Argumente glaubwürdiger werden läßt. Das Publikum rückt Sie und
Ihre Aussagen gedanklich in die Nähe der Autorität.

Autoritäten können zum Beispiel Personen, Institute, Uni-
versitäten, Vereinigungen oder Zeitungen sein. Entscheidend ist immer, daß die Autorität vom Publikum anerkannt
sein muß.

Viele Redner und Rednerinnen verwenden an dieser Stelle
Statistiken. Das Zitieren von Zahlen beeindruckt. Zahlen
klingen so vermeintlich wissenschaftlich und abgesichert.
Deshalb können Sie durchaus manchmal passende Zahlen
nennen. Das Wort Statistik hat inzwischen jedoch einen negativen Beigeschmack. Das zeigt sich in spöttischen Aussagen wie: „Traue keiner Statistik, die Du nicht selbst ge-
fälscht hast." Richtig ist, daß Zahlenmaterial immer interpretiert werden muß. Daraus folgt, daß verschiedene Inter-
pretationen möglich sind. Halten Sie sich deshalb mit dem

Zitieren von Statistiken zurück. Vermeiden Sie das Wort Statistik.

Der Konzeptpunkt „Autorität" kommt nach der zeitlichen Einordnung des Themas, weil dadurch die Möglichkeit besteht, ihn auf zweierlei Arten zu nutzen. Erstens können Sie durch das Zitieren einer Autorität das bereits Gesagte unterstützen. Häufiger wird die Autorität jedoch genutzt, um die folgende Zielsetzung vorzubereiten. Der Grund dafür ist, daß die Zielsetzung der wichtigste Punkt der Darstellung ist. Überzeugt die Zielsetzung, ist das Redeziel erreicht.

6)   Zielsetzung

Teilen Sie an dieser Stelle mit, welche Meinungsänderung Sie beim Publikum bewirken wollen. Verwenden Sie bei der Zielformulierung kurze, präzise und starke Formulierungen. Füllwörter wie beispielsweise „eigentlich, natürlich, wirklich" haben hier genauso wenig verloren wie Möglichkeitsformen. Vermeiden Sie also Einleitungen wie:
- „Unser Ziel könnte vielleicht sein ..."
- „Eigentlich sollten wir ..."
- „Man müßte sobald wie möglich ..."
- „Eigentlich sollten wir an dieser Stelle fordern ..."
- „Es wäre natürlich richtig ..."

Um ein Vielfaches stärker und überzeugender sind da folgende Formulierungen:
- „Das Ziel ist ..."
- „Wir werden ..."
- „Meine Meinung ist ..."
- „Die angestrebte Veränderung ist ..."
- „Unser Ziel ist ..."

Manchmal, wenn Sie Ihr Publikum besonders stark ansprechen möchten, können Sie bei der Zielformulierung auch die Wir-Ansprache wählen. Verwenden Sie das „Wir" allerdings nur dann, wenn Sie auch tatsächlich „Wir" meinen. Sonst fühlt sich das Publikum nicht ernst genommen und versagt die Zusammenarbeit.

7) Gründe

Nachdem Sie Ihre Ziele genannt haben, gilt es, diese zu untermauern. Dabei ist der Publikumsbezug besonders wichtig. Sie werden nur dann überzeugen, wenn Sie Ihre Zielsetzung vorteilhaft für die Zuhörer darstellen. Menschen ändern ihre Ansicht nur, wenn sie etwas davon haben. Das ist Grundlage allen Überzeugens. Stellen Sie in diesem Teil der Rede den Nutzen für Ihre Zuhörer heraus.

Ihr Publikum hat bestimmte Bedürfnisse. Die wichtigsten Bedürfnisse sind Sicherheit, Anerkennung, Gesundheit, Sozialkontakt, Nachahmung, ewige Jugend, materieller Gewinn, Bequemlichkeit und Zeitersparnis. Sie sollten wissen, welche Bedürfnisse Ihren Zuhörern wichtig sind. Sprechen Sie diese Bedürfnisse in der Argumentation an. Als Begründung suchen Sie Eigenschaften Ihrer Zielsetzung, die genau die Bedürfnisse des Publikums befriedigen.

In unseren Seminaren machen wir häufig die Erfahrung, daß die Teilnehmer und Teilnehmerinnen diejenigen Gründe für besonders wichtig halten, die sie selbst einmal überzeugt haben. Das führt dann zu Reden, die der Redner zwar überzeugend findet, die das Publikum jedoch nicht richtig ansprechen, weil sie an den Bedürfnissen des Publikums vorbeigehen. Um andere Menschen zu überzeugen, sind die eigenen Überzeugungsmotive in der Regel kaum entscheidend. Diejenigen Eigenschaften Ihres Themas sind die bedeutendsten, die für Ihr Publikum den größten Nutzen spenden. In dem Buch „Die Magie der Schlagfertigkeit" ist das Überzeugungsmodell, das diesen Gedanken zugrunde liegt, ausführlich dargestellt.

8) Beispiele

Die Aufgabe der Beispiele besteht darin, die Inhalte der Argumentation plastisch zu machen. Auch hier bieten die Erfahrungen des Publikums hervorragende Anknüpfungspunkte. Die Überzeugungskraft von Beispielen hat jedoch seine Grenzen. Seien Sie sich bewußt, daß Beispiele keine Allgemeingültigkeit beweisen können. Beispielsweise die Aussage, daß alle Häuser grau sind, kann selbst durch tausend Beispiele nicht bewiesen werden. Um allgemeingültige Aussagen zu widerlegen, reicht hingegen ein Gegenbeispiel aus. Beispiele sind häufig leicht angreifbar. Der Grund dafür liegt darin, daß in Reden verwendete Beispiele meistens keine Experimente mit eindeutigen, wiederholbaren Versuchsbedingungen sind, sondern mehr oder weniger zufällige Erscheinungen des Lebens. Beispielsweise könnte ein Redner, der das Ziel verfolgt, die Kernkraftwerke abzuschaffen, das Beispiel des Reaktorunfalls in T. anführen. Andere könnten dieses Beispiel ablehnen, weil es sich dabei um einen einmaligen Sonderfall handelt, der so niemals mehr eintreten kann, da an anderen Orten und in anderen Kernkraftwerken ganz andere Bedingungen herrschen. Daraus folgt, daß die Zufälligkeit und fehlende Wiederholbarkeit in den meisten Beispielen diese leicht angreifbar macht.
In wissenschaftlichen Vorträgen ist das manchmal anders. Wenn ein Experimentalphysiker seine Theorien durch Experimente zu belegen versucht, so kann er das wesentlich überzeugender tun, da er klar definierte Versuchsbedingungen hat und seine Beispiele wiederholbar sind. Diese überzeugende Anwendung der Beispielformulierungen wird dort allerdings erkauft durch einen eingeschränkten Anwendungsbereich der jeweiligen Theorien.
Das Beispiel soll ein sehr eingängiges Bild vermitteln. Verwenden Sie deshalb Beispiele aus der Lebenswelt der Zu-

hörer. Dazu ist es notwendig, daß das Publikum dieses Bild vor seinen inneren Augen tatsächlich sieht. Am leichtesten gelingt das, wenn die Menschen mit Ihrem Beispiel eigene Erfahrungen verbinden können. Jeder einzelne Zuhörer sollte sich selbst in Ihr Bild projizieren können. Nicht nachvollziehbare Beispiele schaden hingegen Ihrer Überzeugungskraft. Die Menschen fühlen sich dann nicht angesprochen. Die Ansicht des Vortragenden wird als praxisfern abgetan. Gute Beispiele hingegen bleiben lange in den Köpfen des Publikums haften. Sie gehören zu dem, was die Zuhörer aus einer Rede mitnehmen und verarbeiten.

Verstärken können Sie die Wirkung Ihrer Beispiele dadurch, daß Sie die verschiedenen Sinneskanäle ansprechen. Malen Sie das Bild in klaren Farben. Verwenden Sie ansprechende Worte. Lassen Sie die Menschen greifbare Gefühle erleben. Nutzen Sie die Beispiele, damit Ihr Publikum auf den Geschmack kommt. Geben Sie ihnen die Möglichkeit, mal ins Thema hinein zu schnuppern. So sprechen Sie alle Sinneskanäle an.

Dazu an dieser Stelle ein Beispiel. Nehmen wir an, Sie möchten eine Rede gegen die friedliche Nutzung von Kernenergie halten und haben sich dazu entschieden, als Beispiel die Katastrophe von T. anzuführen. Eine schlechte Darstellung dieses Beispiels ist:

„Als Beispiel möchte ich T. nennen. Wir alle kennen den Fall T. mit seinen Auswirkungen auf uns. Deshalb brauchen wir an dieser Stelle nicht näher darauf einzugehen."

Der Redner überläßt es dem Publikum, dieses Beispiel plastisch zu machen. Viele Menschen im Publikum bleiben unbeteiligt. Die Chance, durch das Beispiel zu überzeugen, ist kaum genutzt worden. Besser ist die etwas ausführlichere Beschreibung:

„Das Beispiel hierzu ist die Reaktorkatastrophe von T. im Jahre 1986. Sie erinnern sich vielleicht noch an die Bilder flüchtender Menschen und an die Tränen in den Augen der-

jenigen, die durch die Kernkraft alles verloren haben. Ein Aufschrei ging durch die Welt, der auch heute noch nicht verhallt ist. Kinder, die im weiten Umkreis von T. lebten, schreien heute noch vor Schmerzen in den Krankenhäusern. Trauer und Mitgefühl erfassen nach wie vor die Menschen. Hinzu kommt ein großes Gefühl der Unsicherheit bei vielen von uns. Unmittelbar nach der Katastrophe wußten wir nicht, was wir unseren Körpern zumuteten, wenn wir bestimmte Lebensmittel verzehrten. Heute steckt den meisten Menschen die Angst vor dem nächsten Unglück in den Knochen. Zähneknirschend müssen wir noch hinnehmen, daß weiter Kernkraftwerke in Betrieb sind oder zusätzliche gebaut werden. Das schmeckt vielen von uns nicht. Wir wollen nie wieder strahlendes Gemüse, radioaktiv verseuchtes Fleisch und mit gefährlichen Stoffen belastetes Obst essen. Die Rauchwolke über dem Unglücksreaktor hat die tödlichen Stoffe auf der ganzen Welt verteilt. Auch in unseren Gärten und auf unseren Feldern. Und der Geruch von Tod und Verderben, den wir in den Tagen nach der Reaktorkatastrophe einatmeten, liegt auch jetzt in diesem Moment in der Luft. Überall auf der Welt sind die tödlichen Moleküle in der Luft, und wir alle atmen - ständig."
Diese Beschreibung hat eine wesentlich stärkere Suggestivkraft als die bloße Nennung des Beispiels. Die Sinneskanäle werden angesprochen und die Lebenswelt des Publikums berücksichtigt. Das sind plastische Schilderungen, die haftenbleiben.

Nachdem Sie bis zu dieser Stelle eine Reihe wichtiger Punkte genannt haben, ist das nächste Element der Redestruktur die Zusammenfassung.

9) Zusammenfassung

Die kurze Wiederholung der wichtigsten Aussagen in der Zusammenfassung hat verschiedene Vorteile.

Erstens prägen sich mehrmals genannte Zusammenhänge besser ein. Aus der Lerntheorie ist die Funktion der Wiederholung bekannt. Sie wissen vielleicht aus eigener Erfahrung, daß sich Namen, Zahlen und andere Lerninhalte dann leichter merken lassen, wenn sie häufig gebraucht werden. Durch die Zusammenfassung führen Sie Ihrem Publikum noch einmal die zentralen Elemente Ihrer Rede vor Augen. Die Zuhörer merken sich diese Dinge dann besser.

Der zweite Vorteil ist, daß Ihre Aussagen durch Wiederholen glaubwürdiger werden. Manche Menschen behaupten, daß Thesen zur Wahrheit werden, wenn sie nur oft genug wiederholt werden. Diese Behauptung ist falsch. Richtig ist, daß Vertrautes glaubwürdiger wirkt. Ein Ziel von Werbung ist es zum Beispiel, die Zielgruppe mit dem Produkt vertrauter zu machen. Vertrautes wird bevorzugt, gibt Sicherheit und wird eher „gekauft". Durch das Wiederholen Ihrer Thesen machen Sie die Menschen mit diesen vertrauter. Deshalb werden Sie glaubwürdiger, und Ihr Publikum wird eher überzeugt werden.

Der dritte Vorteil liegt in der Stellung, die die Zusammenfassung in dem Redekonzept hat. Die Wiederholung kommt direkt nach der Argumentation. Deshalb wird diese noch einmal verstärkt. Gleichzeitig bereitet die Zusammenfassung das nächste Strukturelement des Redekonzeptes hervorragend vor.

10) Einwandvorwegnahme

Mit der Einwandvorwegnahme wird ein Gegenargument, das das Publikum vielleicht im Kopf hat, von Ihnen entkräftet, wobei der Einwand von Ihnen selber genannt wird. Dies ist dann sinnvoll, wenn Sie eine skeptische Stimmung im Publikum wahrnehmen oder wenn Sie zu einem ohnehin umstrittenen Thema Stellung nehmen.

Bevorzugen Sie den stärksten Einwand gegen Ihre Thesen. Wählen Sie eine Einwandvorwegnahme, die auf der Hand liegt. Unklug ist es, schlafende Hunde zu wecken. Sie nehmen so Ihren Gegnern im argumentativen Spiel den Wind aus den Segeln. Ferner zeigen Sie dadurch, daß Sie sich auch intensiv mit der Gegenargumentation auseinandergesetzt haben und nach genauer Betrachtung und Gewichtung zu Ihrer Ansicht gekommen sind. Sie wirken kompetent und objektiv.

Die Einwandvorwegnahme gliedert sich in die zwei Teile: *Nennung* und *Behandlung* des Einwandes.

Nennung des Einwands

Verharmlosen Sie den Einwand leicht. Das glättet die Wogen. Manchmal passiert es bei der Behandlung des Einwands, daß Gegner angegriffen werden. Beispiele für solche recht aggressiven Einwandvorwegnahmen sind:

- „Mancher sogenannte Fachmann ist tatsächlich der Ansicht, daß ..."
- „Es gibt sogar unwissende Mitbürger, die hier fälschlicherweise behaupten, daß ..."
- „Jetzt habe ich letztens Dummköpfe gehört, die ..."

Hier ist allerdings Vorsicht geboten. Greifen Sie mit der Einleitungsformulierung Teile Ihres Publikums übertrieben hart an, so werden Sie im weiteren Verlauf mit heftigen Reaktionen rechnen müssen. Durch die Verwendung derartiger Formulierungen stören Sie die Beziehungsebene zum Publikum so sehr, daß dieses Sie ablehnen wird. An die Überzeugung derjenigen, die Sie ja gerade ansprechen wollten, ist dann nicht mehr zu denken. Ihr Redeziel ist gefährdet. Deshalb vermeiden Sie Angriffe gegen diejenigen, die anderer Meinung sind.

Bewährt haben sich folgende Einleitungen für die Einwandvorwegnahme:

- „Einige könnten an dieser Stelle bemerken, daß ..."

- „Der eine oder andere von Ihnen denkt jetzt vielleicht daran, daß ..."
- „Manchmal hört man hierzu auch ..."
- „Es gibt vielleicht Menschen, die glauben, daß ..."

Alle diese Einleitungsformulierungen schwächen den Einwand selbst etwas ab. Ziel ist es, den Einwand als Behauptung einer kleinen Gruppe darzustellen, die noch nicht über die entscheidenden Informationen verfügt.

Wichtig ist Ihr körperlicher Ausdruck, nicht nur, was Sie sagen. Achten Sie auf Ihre Modulation. Vermeiden Sie Ironie, um ungewollte Angriffslust zu vermeiden.

Einwandbehandlung
Bleiben Sie gerade in dieser Situation ruhig, selbstbewußt und sachlich. Ausschweifige oder polemische Widerlegungen sind hier fehl am Platz. Behandeln Sie den Einwand in wenigen Sätzen, indem Sie Ihrem Publikum einen neuen Blickwinkel eröffnen.

Zwei Techniken, die Sie noch genauer kennenlernen werden, sind als Behandlungsstrategien sehr gut geeignet. Auf der einen Seite läßt sich die Einwandvorwegnahme argumentativ lösen. Alle Argumentationsfiguren können Sie kurz und prägnant einsetzen. Außerdem bietet sich neben anderen Einwandtechniken die Technik „Einwand gleich Fundament" zur Behandlung des genannten Einwands an.

Wenn Sie bei der Vorbereitung Ihrer Rede weitere Argumente erkannt haben, die Sie in der Rede zunächst nicht brauchen, halten Sie diese Trümpfe zurück. Es gibt eventuell noch eine Diskussion oder Zwischenfragen. Sie sind dann bei der Behandlung schlagfertiger.

11) Schlußfolgerung

Aus dem bisher Gesagten wird nun ein plausibler Schluß gefolgert. Eingeleitet wird die Schlußfolgerung beispielsweise mit folgenden Formulierungen:
- „Daraus folgt ...”
- „Daraus ergibt sich ...”
- „Die Schlußfolgerung ist ...”
- „Also ...”

In Seminaren taucht manchmal die Schwierigkeit der Abgrenzung von Zielsetzung und Schlußfolgerung auf. In der Zielsetzung vertreten Sie Ihre Meinung. Aus der Schlußfolgerung soll sich nach der Darstellung von Gründen und Beispielen ergeben, daß Ihre Meinung die richtige ist. Formulieren Sie die Schlußfolgerung durch die Verwendung der obigen Einleitungen und einer Wiederholung des Standpunktes mit anderen Worten.

Bereiten Sie Ihre Schlußfolgerung so vor, daß sich Ihre Folge ganz natürlich ergibt. Es dürfen keine thematischen Brüche oder gar logische Widersprüche deutlich werden. Die Überzeugungsarbeit ist vor der Schlußfolgerung zu leisten.

12) Appell

Die wichtigste Eigenschaft des Appells ist seine Kürze. Viele Handlungsaufforderungen verfehlen ihren Sinn, weil sie hinterher zerredet werden. So meinen manche Redner, den Appell noch mit Gründen untermauern zu müssen. Diese Ansicht ist unserer Meinung nach falsch. Jedes unnötige Wort bei der Appellformulierung schwächt die Handlungsaufforderung ab. Formulieren Sie kurz und knapp. Bewährt haben sich als Appelle kurze Sätze mit circa fünf Wörtern. Aus der Geschichte sind einige Fünf-Wort-Sätze bekannt, die eine nachhaltige Wirkung besaßen. „Und sie bewegt sich doch" soll Galilei Galileo gesagt haben, als er beim Prozeß abschwören mußte. Ein anderer berühmter Satz mit fünf Wörtern ist die Aussage „De mortuis nil nisi bene!" (Diog. Laer 1,3,70) Über die Toten nur Gutes! Vielfach finden Sie Appelle mit fünf Wörtern auch in der Werbung. Arbeiten Sie mit kurzen Appellen. Nutzen Sie die starke Suggestivkraft. Verwenden Sie Fünf-Wort-Sätze. Eine zweite wichtige Eigenschaft des Appells ist seine handlungsorientierte Konkretheit. Manche Redner und Rednerinnen fordern Menschen auf, über das Gesagte einmal nachzudenken. Das sind Forderungen, aus denen keine konkreten Handlungen folgen. Fordern Sie zu konkreten Handlungen auf. Sagen Sie Ihren Zuhörerinnen und Zuhörern genau, was sie tun sollen. Dann verändern Sie bei den Menschen mit größerer Wahrscheinlichkeit etwas. Dadurch haben Sie Aussicht darauf, Ihr Redeziel zu erreichen. Gerade am Ende Ihrer Ausführungen kommt es darauf an, daß die Menschen etwas mitnehmen. Der Appell ist der letzte und haftende Eindruck. Appellieren Sie zielorientiert ans Publikum.

Häufig schließen sich an die Vorträge Diskussionen an. Für eine Diskussion legt die Rede den Grundstein. Ist das Publikum aufgewühlt, müssen Sie mit heftigen Attacken und schwierigen Diskussionen rechnen. In solchen Situationen ist es taktisch klug, eine kleine Pause zwischen Vortrag und Diskussion einzulegen, damit sich die erhitzten Gemüter etwas beruhigen. Trotzdem wird die gesamte Palette der Schlagfertigkeitstechniken von Ihnen bei der Beantwortung von Einwänden und Fragen gefordert. Machen Sie es sich leicht. In Ihrem Monolog stellen Sie die Weichen. Beugen Sie durch überzeugendes Auftreten harten Angriffen vor. Formulieren Sie treffend und stark. So werden Sie in anschließenden Diskussionen leicht die kommenden Fragen, Einwände und Angriffe schlagfertig beantworten können.

Bei der Beschreibung der einzelnen Strukturelemente des Redekonzeptes haben wir bisher bewußt auf Aussagen zum Umfang der einzelnen Teile verzichtet. Beispielsweise ist der Appell in einem Satz abzuhandeln. Andere Elemente dieses Redekonzepts gilt es ausführlicher darzustellen. Die Gründe und Beispiele erfordern mehr Zeit. Passen Sie die Zeiteinteilung Ihrem Redethema und der zur Verfügung stehenden Zeit an. Meinungsreden, Vorträge und Stellungnahmen von zwei Minuten bis zwei Stunden Länge lassen sich mit diesem Redekonzept leicht strukturieren.

Kapitel VI: 5 Beispielreden

Wir stellen Ihnen fünf Beispielreden zu Themen beruflicher oder privater Art vor. Sie bekommen so eine Anleitung, wie Sie das Redekonzept in Ihrer Praxis anwenden können. Die eben vorgegebene Redestruktur aus zwölf Elementen wird dabei genau eingehalten. Wenn Sie selbst Reden vorbereiten, ist es nicht zwingend notwendig, sich so genau an diese Strukturvorgaben zu halten. Lassen Sie einige Strukturelemente weg, andere können hinzugenommen werden. Nutzen Sie Ihren gestalterischen Spielraum, seien Sie kreativ. Bieten Sie Ihren Zuhörerinnen und Zuhörern Abwechslung. Wichtig ist, daß Sie strukturiert sprechen. Dadurch kann Ihr Publikum leichter folgen, verstehen und behalten. Der Erfolg Ihrer Rede mißt sich nicht an dem, was Sie gesagt haben, sondern an dem, was vom Publikum behalten wurde. Halten Sie die Struktur ein, und Sie werden erfolgreich Reden halten.

Folgende Beispielreden werden hier aufgeführt:

- Der achtzigste Geburtstag
- Die Umgehungsstraße
- Der Pensionär
- Die Kindergarteneröffnung
- Das Feuerwehrjubiläum

Beispiel 1: Der achtzigste Geburtstag

Tischrede zum achtzigsten Geburtstag der Großmutter. Einer der Enkel ergreift beim gemeinsamen Abendessen das Wort.

1) Begrüßung
Liebe Großmutter, liebe Verwandte und Freunde. Herr Pfarrer.

2) Was war?
Unsere Großmutter ist in schwierigen Zeiten aufgewachsen. Zwei Kriege und Inflationen hat sie mitgemacht. Damals hat sie es sich wohl nicht träumen lassen, einen solchen Geburtstag zu feiern. In jungen Jahren schon traf sie den Mann ihres Lebens, unseren lieben Opa, mit dem sie sechs stramme Buben großgezogen hat.

3) Was ist?
Alle sechs sind mit ihren Ehefrauen zu Deinem Geburtstag angereist. Und auch die nächste, die Enkelgeneration, feiert heute mit Dir Deinen Ehrentag. Wir kommen alle gerne zu Dir in die Sonnenstraße.

4) Was wird sein?
Und demnächst wird sich unser Kreis vergrößern, denn Susanne wird Mutter, ich werde Onkel und aus unserer Oma wird eine Uroma. Wir hoffen alle, daß Du noch lange Freude an Deinen Urenkeln haben wirst und auch uns noch viele Jahre bei bester Gesundheit erhalten bleibst.

5) Autorität
Wenn wir auch über die ganze Republik verstreut leben, so sagen wir doch alle: „Oma Herzog ist mehr als eine Reise wert."

6) Zielsetzung

Liebe Oma, wir freuen uns alle sehr, bei Dir zusammengekommen zu sein und wollen Deinen Geburtstag gebührend feiern.

7) Gründe

Wir sind dankbar, eine Großmutter in unserer Mitte zu haben, die für uns immer ein offenes Ohr und ein tröstliches Wort hat. Oma Herzog ist aber auch eine Frau der Tat, die ihre Liebsten immer dann unterstützt, wenn sie in Not sind.

8) Beispiele

Ich darf nur einmal daran erinnern, wie tatkräftig Oma bei der Erziehung von uns Enkeln beteiligt war. Viele von uns haben die Ferien hier verlebt. Michael und Susanne haben sogar einige Jahre bei Oma gewohnt, als Tante Gisela sich von Onkel Wolf getrennt hatte.

9) Zusammenfassung

Zusammenfassend möchte ich Dir, liebe Oma, sagen, wie froh wir heute sind, Deinen achtzigsten Geburtstag mit Dir zusammen feiern zu können.

10) Einwandvorwegnahme

Wenn die Nachbarn nachher bei uns klopfen, so werden wir sie einladen und die Gelegenheit nutzen, mit unserer Oma ausgiebig die Sektkorken knallen zu lassen.

11) Schlußfolgerung

Deshalb erhebt Euch nun von Euren Plätzen und stoßt mit mir gemeinsam auf die Gesundheit unserer Jubilarin an.

12) Appell

Zum Wohl. Auf Oma Herzog.

Beispiel 2: Die Umgehungsstraße

Rede für die neue Umgehungsstraße, die sich seit einigen Jahren in der Planungsphase befindet. Diese Rede wird in einer Bürgerversammlung zum Thema gehalten. Die Befürworter und Gegner dieser neuen Baumaßnahme sind anwesend. Ein Befürworter hält die kurze Eröffnungsrede.

1) Begrüßung

Unser Thema heute abend ist die neue Umgehungsstraße für Ampelskirchen. Guten Abend, meine Damen und Herren.

2) Was war?

Wie war es früher? In der Zeit nach dem Krieg ist unsere kleine Stadt deutlich gewachsen. 1950 hatten wir lediglich 30.000 Einwohner.

3) Was ist?

Heute strebt die Einwohnerzahl von Ampelskirchen dank kluger kommunalpolitischer Arbeit aller Parteien und dank der wachsenden Unternehmen im Stadtgebiet den 45.000 zu. Doch dieses Wachstum hat auch Probleme mit sich gebracht. Die Straßenführung hat sich gegenüber 1950 kaum verändert. Dem gewachsenen Verkehrsaufkommen ist unsere Innenstadt nicht mehr gewachsen.

4) Was wird sein?

In Zukunft wird das Stadtzentrum durch unzumutbare Lärm- und Geruchsbelästigung seine Anziehungskraft verlieren. Die Menschen werden in die Nachbarstädte fahren, um dort in Ruhe einzukaufen. Überall in den Nachbarstädten entstehen große attraktive Einkaufspassagen, die unserem Einzelhandel die Käufer wegnehmen.

5) Autorität

Die von der Stadt und dem Einzelhandel in Auftrag gegebenen Studien bestätigen, daß wir ohne Umgehungsstraße im Autoverkehr ersticken werden. Es wird ferner belegt, daß Menschen schon heute lieber eine etwas größere Fahrtstrecke in Kauf nehmen und in die Nachbarstädte fahren, als sich in unserer verstopften Innenstadt in den Stau zu stellen.

6) Zielsetzung

Meiner Meinung nach ist es deshalb notwendig, eine Umgehungsstraße zu bauen.

7) Gründe

Folgende zwei Gründe werde ich an dieser Stelle nennen. Erstens wird unsere Stadt durch die Entlastung des Zentrums vom Durchgangsverkehr attraktiver werden. Einkauf ist heute zur Freizeitbeschäftigung geworden. Leider ist das Einkaufserlebnis in unserer Stadt mit Frust im Stau und gesundheitsschädlichen Abgasen verbunden. Statt Bummeln in einer entspannten Atmosphäre bedeutet Einkauf in Ampelskirchen Streß bei der Parkplatzsuche und gereizte Stimmung. Die gute Laune ist weg. Es wird das Notwendigste in den Einkaufswagen geschmissen und beschlossen das nächste Mal in Wüsseldorf einkaufen zu gehen. Mit frustrierten Meinungen wie „Ampelskirchen ist eine Zumutung, von Wüsseldorf habe ich dagegen schon viele Kollegen erzählen hören" wird der Ruf unserer Kleinstadt ruiniert.

Zweitens wird durch die Umgehungsstraße die Lebensqualität für alle Einwohner erhöht werden. Saubere Luft ist eine Wohltat für die Lungen. Ruhige Straßen laden Kinder wieder zum Spielen ein.

8) Beispiele

Das Beispiel der Stadt Wüsseldorf hat gezeigt, welche positiven Auswirkungen eine Verkehrsberuhigung der Innenstadt hat. Dort wurde nach drei Jahren Bauzeit eine Umgehungsstraße fertiggestellt. Dadurch konnte das Stadtzentrum attraktiver gestaltet werden. Es gibt dort jetzt zusammenhängende Fußgängerzonen, die nur zu Lieferzwecken befahren werden dürfen. Bänke wurden aufgestellt. Die Menschen genießen die Stadt, während sie einkaufen. Das Zentrum hat sich zu einem beliebten Treffpunkt gemausert. Hinzu kommt in Wüsseldorf, daß die Cafés und Restaurants Konzessionen erhielten, im Sommer die Bereiche vor den Ladenlokalen zu nutzen. Es entstanden einladende Straßencafés. Ergänzt wurde diese Umgestaltung durch viel Grün. Im Innenstadtbereich wurden 1500 Bäume angepflanzt. Pflegeleichte Grünflächen wurden angelegt. Der Besucher hat teilweise den Eindruck, durch eine Parkanlage zu gehen. Durch dieses Vorgehen hat sich das innerstädtische Kleinklima sehr positiv verändert. Diese Effekte konnten unter Nutzung von Fördermaßnahmen des Staates und des Arbeitsamtes und der Hilfe vieler engagierter Bürger mit geringem Aufwand erreicht werden.

9) Zusammenfassung

Zusammenfassend ist also zu sagen, daß wir die Attraktivität von Ampelskirchen durch eine Umgehungsstraße stark steigern können. Die Geschäfte steigern ihren Umsatz durch mehr Erlebniskäufe. Für die Anwohner trägt die Umgehungsstraße zur Erhaltung und Erhöhung der Lebensqualität bei. Der Innenstadtbereich braucht die Umgehungsstraße.

10) Einwandvorwegnahme

Manche mögen jetzt vielleicht bemerken, daß wir uns die Kosten für derartige Baumaßnahmen nicht leisten können. Gerade deswegen ist eine genaue Planung und Berechnung aller Aufwendungen erstellt worden. Der Stadtkämmerer stellt in seiner Analyse fest, daß die Stadt mit der Nutzung von Fördergeldern des Landes und von Bundeszuschüssen diese Projekte finanzieren kann, ohne in anderen wichtigen Bereichen Abstriche zu machen. Langfristig werden die Bauvorhaben sogar gewinnbringend sein, weil sich die größere Lebensqualität auch im erhöhten Steueraufkommen bemerkbar machen wird.

11) Schlußfolgerung

Das Wohnen und Arbeiten wird in Ampelskirchen durch die Umgehungsstraße wesentlich attraktiver. Deshalb ist der Bau der neuen Umgehungsstraße für uns alle lohnend.

12) Appell

Laßt uns die Umgehungsstraße bauen. Stimmen Sie für die Umgehungsstraße.

Beispiel 3: Der Pensionär

Rede zur Verabschiedung des Abteilungsleiters Herrn Alt, der in den wohlverdienten Ruhestand geht. Diese Rede wird von der Chefin vor der versammelten Abteilung gehalten, die sich nach Feierabend zu einer kleinen Feier zusammengefunden hat.

1) Begrüßung

Sehr geehrte Mitarbeiter und Mitarbeiterinnen. Lieber Herr Alt. Es gibt heute einen wichtigen Grund zu feiern - und der sind Sie, Herr Alt.

2) Was war?

Als Sie damals als Lehrling in unser Unternehmen eintraten, hatten wir 8 Mitarbeiter. Sie haben hier den Beruf des Tischlers gelernt und dann sechs Jahre als Geselle gearbeitet. Danach haben Sie einige Zeit in einer anderen Firma gewirkt. Als Sie vor nunmehr 19 Jahren als Tischlermeister wieder bei uns anfingen, haben Sie sofort die Leitung der Fenstermontage übernommen. Sie haben sich immer durch Schulungen weitergebildet und sind dadurch ein Vorbild für die Jüngeren unter uns. Herr Alt, mit dem Wachstum unseres Unternehmens wurde Ihr Verantwortungsbereich immer größer. Seit fünf Jahren haben Sie diese Fertigung mit 49 Mitarbeitern geleitet.

3) Was ist?

Heute ist nun der Tag, auf den Sie lange hingearbeitet haben. Alle Mitarbeiter dieses Standortes sind anwesend, und viele sind extra von der Bachstraße gekommen. Das zeigt, wie beliebt Sie als Vorgesetzter, als Mitarbeiter und als Mensch sind.

4) Was wird sein?

Wir werden Ihre ruhige bestimmte Art vermissen, mit der Sie diese Abteilung geführt haben. Auch die Firmenleitung wird in den Besprechungen nun ohne Ihre kompetente Stimme auskommen müssen. Sie werden sich nun voll und ganz Ihren vielfältigen Hobbys zuwenden. Außerdem hat mir Ihre Frau gesagt, das Sie gemeinsam noch einen großen Traum realisieren wollen.

5) Autorität

Ihre Frau ist der Meinung, daß Sie sich jetzt auch für Ihre Familie mehr Zeit nehmen sollten. Sie haben Kinder und Enkel, die sich schon auf einen Vater und Opa mit viel Zeit freuen.

6) Zielsetzung

Sie haben bisher bewiesen, daß Ihr Ziel ein aktives Leben ist, in dem Sie vieles gestalten möchten. Sie werden nun die Zeit und Muße haben, all dasjenige fortzuführen, daß Ihnen auch bisher schon am Herzen lag.

7) Gründe

Der Grund hierfür liegt darin, daß Sie jetzt deutlich mehr Freizeit zur Verfügung haben. Damit stehen Ihnen viele Möglichkeiten offen, die es jetzt zu nutzen gilt.

8) Beispiele

Zum Beispiel gehören Sie schon lange dem hiesigen Hegering an. Sie haben sich für den Schutz der Umwelt in unserer Stadt stark gemacht, als das noch kein Modethema war. Wie oft schlagen wir die Zeitung auf, und Sie begegnen uns, wenn Sie zu kommunalpolitischen Ereignissen Stellung nehmen.

9) Zusammenfassung

Zusammenfassend ist zu sagen, daß wir durch Ihr Ausscheiden aus unserem Unternehmen einen hervorragenden Abteilungsleiter und kritischen Begleiter der Geschäftsführung verlieren. Als Mitarbeiter sind Sie vielleicht nach einiger Zeit zu ersetzen, als Mensch jedoch werden Sie in unserem Unternehmen eine bleibende Lücke hinterlassen.

10) Einwandvorwegnahme

Für manche Menschen mag das Ausscheiden aus dem Arbeitsleben ein Problem darstellen. Bei Ihnen, Herr Alt, bin ich sehr zuversichtlich, daß Sie den gewonnenen Freiraum gut zu nutzen wissen.

11) Schlußfolgerung

Daraus folgt, daß Sie die besten Voraussetzungen mitbringen, um ein aktives Rentnerleben zu führen. Sie sind körperlich fit, geistig sind Sie auf der Höhe, Sie haben viele Interessen und die Zeit, sich diesen zu widmen. Vielfältige Aktivitäten führen dazu, daß Sie kaum Zeit haben werden, älter zu werden.

12) Appell

Herr Alt, bleiben Sie aktiv.

Beispiel 4: Die Kindergarteneröffnung

Rede der Bürgermeisterin einer Kleinstadt zur Einweihung des neuen Kindergartens vor geladenen Gästen.

1) Begrüßung

Schön, daß wir nun heute den städtischen Kindergarten seiner Bestimmung übergeben können. Frau Bundestagsabgeordnete, Herr Landrat, meine sehr geehrten Damen und Herren, es freut uns sehr, daß Sie diese kleine Feierstunde mit uns gemeinsam begehen.

2) Was war?

Zahlreiche bürokratische Hürden mußten genommen werden. Zwei Jahre Bauzeit waren erforderlich. Von der Entscheidung, hier einen Kindergarten zu bauen, bis zur Fertigstellung vergingen insgesamt fünf Jahre. Viele Ratssitzungen waren erforderlich, und es gab ein großes Gerangel um den genauen Standort. Einsprüche von Anwohnern, die die Wiese unbebaut lassen wollten, mußten bedacht werden. Einige von uns erinnern sich vielleicht noch an die unrühmlichen Presseberichte über den Fortgang der Planung.

3) Was ist?

Doch heute sind alle diese Mühen vergessen. Vor uns steht ein Neubau, der sich schön in die Landschaft eingliedert. Ein moderner Kindergarten für circa 45 Kinder aus der näheren Umgebung ist bereit, seine Aufgaben zu erfüllen. Er steht vor allem den Familien dieses Viertels zur Verfügung. Manche Familien warten schon seit zwei Jahren auf einen Kindergartenplatz.

Jede Bildungseinrichtung benötigt auch Personal. Die Mitarbeiter und Mitarbeiterinnen dieses Kindergartens sind weitgehend schon eingestellt. Das Anmeldeverfahren der Kinder ist fast abgeschlossen. Alle, die einen Platz beantragt hatten, haben auch einen bekommen. Bisher sind 42 Kinder angemeldet.

4) Was wird sein?

Wie geht es nun weiter? Am 1. September wird der Kindergartenbetrieb beginnen. Dann wird hier jeden Morgen eine Menge los sein. Väter und Mütter werden ihre Kleinen bringen. Und viele der etwas älteren Jungen und Mädchen werden auch schon alleine in den Kindergarten kommen. Die Verkehrsberuhigungen in diesem Viertel werden dafür sorgen, daß die Kinder sicher in den Kindergarten gehen können.

5) Autorität

Auch Frau Prof. Dr. Kluge, die in unserem Lande für Bildungspolitik mitverantwortlich ist und dieses Kindergartenprojekt mit betreut hat, ist der Ansicht, daß dieser Kindergarten hier Beispielfunktion hat.

6) Zielsetzung

Unser Ziel ist es daher, diese Einrichtung weiterhin zu fördern. Es werden weitere moderne Lernmittel angeschafft werden. Durch verschiedene Entscheidungen werden wir unserer Trägerschaft beispielhaft gerecht werden.

7) Gründe
Der Grund dafür liegt darin, daß wir gegenüber unseren Bürgern eine große Verantwortung als Stadt tragen. Auch die jüngsten Einwohner unserer Stadt haben das Recht auf öffentliche Förderung. Mit diesem Kindergarten leisten wir dazu einen großen Beitrag.

8) Beispiele
Beispielsweise haben wir großen Wert darauf gelegt, unsere Aufgaben in der Bildungspolitik vorbildlich wahrzunehmen. Das zeigt neben diesem Kindergarten auch der zweite Neubau einer Bildungseinrichtung in unserer Stadt. Der Erweiterungsbau des Gymnasiums an der Goethestraße macht sehr gute Fortschritte. Auch dort werden neueste Erkenntnisse umgesetzt.

9) Zusammenfassung
Zusammenfassend ist zu sagen, daß unsere Bildungspolitik in diesem Kindergarten eine beispielhafte Fortsetzung findet. Wir haben gemeinsam etwas geschaffen, was den Kindern und den Eltern viele Jahre lang nutzen wird.
.
10) Einwandvorwegnahme
Manche mögen einwenden, daß diese Einrichtung für viele Jahre eine zusätzliche Kostenquelle sein wird. Ich sage jedoch, hier wird Geld an der richtigen Stelle ausgegeben - für die liebevolle Betreuung der nächsten Generation.

11) Schlußfolgerung
Daraus folgt, daß wir durch gemeinsame Anstrengung aller Beteiligten eine wertvolle Leistung erbracht haben. Deshalb werden wir diese Kindergarteneröffnung heute ausgiebig feiern. Ich werde jetzt mit dem Herrn Landrat her-

übergehen und als symbolischen Akt das Band am Eingang zerschneiden. Die Herren und Damen von der Presse können schon mal herübergehen. In der Eingangshalle ist danach für uns alle ein kleiner Imbiß vorbereitet.

12) Appell
Kommen Sie mit, Herr Landrat. Gehen wir in den Kindergarten.

Beispiel 5: Das Feuerwehrjubiläum

Rede des stellvertretenden Wehrführers zum hundertjährigen Bestehen der Freiwilligen Feuerwehr Leichling. Diese Rede findet im großen Festzelt statt. Vertreter der Freiwilligen Feuerwehren der Nachbarstädte sind anwesend. Hochrangige Politiker der Bundes-, Landes-, und Kommunalebene sind als Ehrengäste der Einladung gefolgt. Vertreter der Berufsfeuerwehren und der Feuerwehrverbände sind gekommen.

1) Begrüßung
Hundert Jahre Freiwillige Feuerwehr der Stadt Leichling - herzlich willkommen zu unserem Fest. Stellvertretend für alle Ehrengäste möchte ich den dienstältesten Kameraden im Saal, Herrn Waldemar Flame, besonders begrüßen.

2) Was war?
Im Jahre 1896 wurde die Feuerwehr in Leichling gegründet. Sie wurde damals aus der Not heraus geboren. Damals gab es im Brandfall nur Nachbarschaftshilfe. Die Einwohner waren dem Feuer fast schutzlos ausgeliefert. Alte Zeitungsberichte beweisen, daß es damals häufiger zu großen Bränden kam. Besonders gefährdet waren die außerhalb gelegenen Gehöfte und Dorfgemeinschaften. Jedes Jahr gab

es Scheunenbrände. Deshalb schlossen sich mutige Männer unter Förderung der Stadt zusammen und gründeten den ersten Löschzug. Ausbildung und Technik durch Mut ersetzend, konnten damals schon größere Schäden verhindert werden. Was noch wichtiger ist, es konnten Leben gerettet werden. Seit dieser Zeit gibt es in unserer Stadt eine kontinuierliche Feuerwehrtradition.

3) Was ist?

Heute blicken wir auf hundert Jahre Feuerwehrgeschichte in Leichling zurück. Was hat sich nicht alles verändert? Insgesamt gibt es jetzt 6 Löschzüge, die an verschiedenen Standorten stationiert sind. Die Ausbildung der mutigen Freiwilligen ist heute sehr professionell. Die Ausrüstung ist, wenn auch nicht auf dem neuesten, so doch auf einem recht guten Stand. Gerade letzte Woche konnte ein neues Tanklöschfahrzeug seiner Bestimmung übergeben werden. Die Aufgaben der Feuerwehr haben sich stark gewandelt. Heute werden wir nicht nur eingesetzt wenn's brennt. Neben dieser wichtigen Aufgabe übernehmen wir die Krankentransporte in unserer Stadt. Wir werden angefordert bei Umweltgefährdungen und sind beratend tätig, wenn die Brandsicherheit in Gebäuden zur Diskussion steht.

4) Was wird sein?

In Zukunft werden noch weitere Aufgabenbereiche im Umweltschutz hinzukommen. Durch unser Stadtgebiet führt eine Autobahn, auf der viele gefährliche Stoffe transportiert werden. Deshalb werden wir unser Wissen durch Lehrgänge gemeinsam mit den Nachbarfeuerwehren erweitern. Der Einsatz modernster Technik ist hier, auch zum Schutz der Lebens und der Gesundheit der Kamaradinnen und Kameraden, unerläßlich. Gleichzeitig werden unsere Kameraden Umweltschäden bei Unfällen auf der Autobahn einzudämmen wissen. Viele von Ihnen wissen, daß es hierzu

erneut finanzieller Anstrengungen bedarf.
Außerdem gilt es, die Öffentlichkeitsarbeit zu verbessern.
Aufgeklärte Bürger sind der verlängerte Arm der Freiwilligen Feuerwehr. Wir alle spüren das in der täglichen Zusammenarbeit mit den Bürgern unserer Stadt. Die Kameraden werden intensiv im Umgang mit dem Bürger geschult. Wir sind hier bahnbrechend für viele Kommunen. Der richtige Umgang mit dem Bürger im Einsatz ist reine Trainingssache und hilft sehr, unsere Aufgaben zum Wohle der Menschen und der Stadt wahrzunehmen. Als zusätzlichen Vorteil hat unser besseres Auftreten in der Öffentlichkeit neue Impulse in die Jugendfeuerwehr gebracht. So stellt zahlreicher Nachwuchs die Erfüllung der interessanten Aufgaben auch in Zukunft sicher.

5) Autorität
Auch Professor Phönix ist der Ansicht, daß die nützliche Arbeit der vielen engagierten Freiwilligen bekannter gemacht werden soll.

6) Zielsetzung
Unser Ziel ist es daher, dem Bürger die ehrenamtliche Arbeit der Freiwilligen Feuerwehr näherzubringen.

7) Gründe
Der Grund dafür liegt darin, daß die Kameradinnen und Kameraden einen unverzichtbaren Beitrag zur Sicherheit in unserer Stadt leisten. Tausende Stunden Freizeit werden hier von Idealisten unentgeltlich investiert. Wir fühlen uns den Idealen unserer Gründungsväter verpflichtet. Wir werden weiterhin selbstlos das Leben und das Eigentum von Menschen schützen. Wir alle wissen, wie wichtig die aktive und passive Unterstützung für die Freiwillige Feuerwehr in unserer tägliche Arbeit ist.

8) Beispiele

Zum Beispiel hat es in der letzten Woche einen Einsatz des Löschzuges 2 gegeben. In einem Schuppen war ein Feuer ausgebrochen und drohte auf das Wohnhaus überzugreifen. Durch die sachgerechte Information eines Bürgers konnte die Feuerwehr sofort mit den richtigen Rettungsmitteln ausrücken. Damit wurde wertvolle Zeit gespart. Durch den schnellen Einsatz und das geschickte Eingreifen der Wehr konnte größerer Schaden abgewendet werden. Dieses ist kein besonderes, sondern ein alltägliches Beispiel der hervorragenden Zusammenarbeit zwischen Bürger und Feuerwehr in unserer Stadt.

An dieser Stelle möchte ich auch den Arbeitgebern unserer Kameraden danken. Ohne die großzügige Freistellung für die Einsätze wäre eine so zuverlässige Feuerwehrarbeit nicht zu leisten. Auch von der Arbeitgeberseite werden hier Opfer für das Gemeinwohl gebracht, die es zu würdigen gilt. Die Arbeit der Feuerwehr ist nur dann erfolgreich, wenn die Kameraden sich auf die Zusammenarbeit mit den Bürgern und den Arbeitgebern verlassen können. Bei uns in Leichling funktioniert das beispielhaft. Ein Verdienst von uns allen. Herzlichen Dank für die vielfach erfahrene Unterstützung.

9) Zusammenfassung

Zusammenfassend zeigt sich, daß die Feuerwehren hier eine große und unterstützungswürdige Aufgabe haben. Diese Aufgabe hat seit hundert Jahren Tradition in unserer Stadt. Sie wird auch in den nächsten hundert Jahren ein wesentlicher Bestandteil des Lebens in Leichling sein. Sowohl für die aktiven und passiven Mitglieder als auch für alle Bürger. Sie können sehr sicher sein, daß wir auch weiterhin Feuer und Flamme für unsere Aufgaben sein werden.

10) Einwandvorwegnahme

Mancher könnte jetzt bemerken, daß die Feuerwehren eine Menge Kapital binden, das an anderer Stelle fehlt. Wer bei der Freiwilligen Feuerwehr spart, spielt mit dem Feuer. Meist jedoch nur solange, bis die Flammen eigenes Hab und Gut gefährden. Eins-eins-zwo und wir sind da, - schnell und zuverlässig. Wie gut, daß es beherzte Männer und Frauen gibt, die ihre Aufgabe ernst nehmen und die gut ausgerüstet sind.

11) Schlußfolgerung

Daraus folgt, daß die Feuerwehren einen unverzichtbaren Beitrag für das Gemeinwohl leisten. Allen, die uns zur Seite standen, stehen und stehen werden, herzlichen Dank.

12) Appell

Gott zur Ehr', dem Nächsten zur Wehr.
St. Florian schütze uns alle.

Zweiter Teil
Der Dialog

Einleitung

Viele Menschen haben das Gefühl, daß häufig aneinander vorbeigeredet wird. Es mangelt am Zuhören und an dem notwendigen Fingerspitzengefühl für den anderen. Oft herrscht nicht die nötige Klarheit über das Ziel der Verhandlung. Dadurch fällt es schwer, beim Thema zu bleiben, zeitliche Ressourcen effizient zu nutzen, zu überzeugen und Teamgeist zu wecken. Gerade im Dialog kommt es darauf an, Sprache zielorientiert einzusetzen.

Im ersten Kapitel werden wir Ihnen Techniken vorstellen, die für überzeugendes Argumentieren, geschicktes Behandeln von Fragen und Einwänden und den forcierten Abschluß wesentlich sind.

Das zweite Kapitel setzt sich mit dem Aufbau von Dialogen auseinander. Vier Gesprächsformen werden behandelt. Verkaufs-, Kritik-, Kontakt- und Streitgespräch werden zum Gegenstand der Betrachtung gemacht. Außerdem wird das Verhalten in Diskussionen beleuchtet.

Kapitel I: Techniken der Verhandlungsführung

Aus der Seminarerfahrung heraus hat es sich als zweckmäßig erwiesen, die Strategien der Verhandlungsführung in einzelne Technikpakete zu zerlegen. Damit können wir den Inhalt strukturiert darstellen. Die Techniken, Ratschläge und Verhaltensweisen können leichter in die berufliche und private Praxis eingegliedert werden.

1) Argumentationstechniken

Die Argumentation verknüpft die Bedürfnisse des Gesprächspartners mit Ihren Zielen. Sie befriedigen die Bedürfnisse des Gesprächspartners durch die Eigenschaften der Sache, von der Sie überzeugen wollen.
Dazu brauchen Sie

- Fachwissen über die Sache, von der Sie überzeugen wollen, um die Eigenschaften der Sache an den Bedürfnissen des Gegenübers orientiert erläutern zu können;
- Menschenkenntnis über den Gesprächspartner, um seine vorherrschenden Bedürfnisse erkennen zu können;
- Kenntnis der Argumentationstechniken, um den Nutzen in nachvollziehbarer Form darstellen zu können.

Wird Menschen ein persönlicher Nutzen in Aussicht gestellt, ändern sie leicht ihre Meinung. Sie praktizieren gerne neue Verhaltensweisen. Stellen Sie deshalb den Nutzen für den Gesprächspartner mittels der Argumentationsfiguren in den Vordergrund des Gesprächs. Der Nutzen der Sache ist das entscheidende Überzeugungsmotiv.

a) Argumentationsfiguren

Im ersten Teil dieses Abschnittes werden Sie die verschiedenen Argumentationsfiguren und ihre Anwendungsbereiche kennenlernen.

Argumente sollen die Bedürfnisse des Gegenübers genau treffen. Als Struktur bieten sich hierzu die Argumentationsfiguren an, die im folgenden genauer beschrieben werden. Wir werden sechs Figuren mit entsprechenden Einleitungsformulierungen vorstellen.
Wichtig für Ihre Umsetzung ist, daß Sie die Strukturen trainieren, um sie spontan einsetzen zu können. Nur so wer-

154

den Ihre Argumente schlagfertig wirken. Aus diesem Grund haben wir innerhalb des Textes mit den Figuren praxisnah argumentiert. Bitte finden Sie zu Trainingszwecken bei den mit „(Argumentationsfigur?)" gekennzeichneten Abschnitten heraus, um welche Figur es sich jeweils handelt. In den Fußnoten sind die jeweiligen Lösungen angegeben.

Argumentationsfigur 1: „Logik"

Die erste Argumentationsfigur besteht, wie alle anderen Argumentationsstrukturen auch, aus fünf Elementen. Das Argumentationsmodell „Logik" hat folgende Struktur:

Standpunkt:	„Meiner Meinung nach ..."
	„Es ist eine Tatsache ..."
	„Die Behauptung ist ..."
Grund/Vorteil:	„... weil ..."
	„Der Grund liegt in ..."
Beispiel:	„Zum Beispiel ..."
	„Beispielsweise ..."
	„Das Beispiel ist ..."
Schlußfolgerung:	„Daraus folgt ..."
	„Daraus ergibt sich ..."
	„Also ..."
Appell/Kontrollfrage:	„Laßt uns ..."
	„Ist das deutlich geworden?"
	„Welche Fragen gibt es dazu?"

Diese Argumentationsfigur ist unserer Meinung nach in der Praxis am häufigsten anwendbar. Der Grund hierfür liegt darin, daß die Argumentationsfigur „Logik" eine einfach zu beherrschende Struktur hat. Sie können mit dieser Argumentationsfigur einen Standpunkt auch ohne Vorbereitung leicht und schlüssig vertreten. Daraus folgt, daß Sie die Argumentationsfigur „Logik" oft einsetzen können.

Machen Sie diese Figur zu Ihrem argumentativen Basiswerkzeug. (Argumentationsfigur?)[1]

Argumentationsfigur 2: „Dialektik"

Hier werden zwei Extrempositionen genannt und dann aus beiden eine Synthese geschmiedet. Die Figur Dialektik hat folgenden Aufbau:

Einführung:	„Wir wollen alle ..."
	„Ein gemeinsames Motiv ist ..."
These:	„Auf der einen Seite ..."
	„Eine Gruppe ist der Ansicht ..."
Antithese:	„Auf der anderen Seite ..."
	„Andere meinen ..."
Synthese:	„Wenn wir beide Möglichkeiten betrachten ..."
	„Als Ziel, das die Vorteile von beiden Lösungen sichert ..."
Schluß:	„Deshalb laßt uns ..."

Es ist eine Tatsache, daß diese Struktur von Ihnen auch häufig eingesetzt werden kann. Der Grund dafür liegt darin, daß viele Sachlagen einer dialektischen Struktur entsprechen. Zum Beispiel können so unterschiedliche politische Ansichten gegenübergestellt werden. Daraus folgt, daß gerade das Argumentationsmodell „Dialektik" in vielen Bereichen einsetzbar ist. Verwenden Sie diese Argumentationsfigur häufig. (Argumentationsfigur?)[2]

---

[1] Argumentationsfigur „Logik"

[2] Argumentationsfigur „Logik"

Argumentationsfigur 3: „Distanzgegensatz"

Zwei konträre Ansichten werden im „Distanzgegensatz". gegenübergestellt und einzeln begründet. Dann werden beide Positionen abgelehnt und ein Schluß aus dem bisher Gesagten gezogen. Dieses Argumentationsmodell hat durch die Begründungen einen sehr hohen Informationswert. Die Figur „Distanzgegensatz" ist folgendermaßen aufgebaut:

Standpunkt 1:	„Ein Standpunkt ist ..."
	„Eine Tatsache, die häufig genannt wird, ist ..."
Grund 1:	„Das wird begründet mit ..."
Standpunkt 2:	„Eine gegensätzliche Ansicht dazu ist ..."
	„Andere sind der Ansicht ..."
Grund 2:	„Sie begründen es mit ..."
	„Der Grund für diese Behauptung ist ..."
Schluß:	„Beide Extrempositionen sind problematisch, wir können ..."

Diese Argumentationsfigur wird zur Abgrenzung des eigenen Standpunktes von zwei anderen begründeten Meinungen eingesetzt. Auf der einen Seite wird diese Figur häufig in Diskussionen eingesetzt. Auf der anderen Seite hat sie sich in Streitgesprächen bewährt. Wenn wir diese beiden Einsatzmöglichkeiten betrachten, wird der variable Einsatz deutlich. Deshalb lassen Sie uns diese Argumentationsfigur uneingeschränkt verwenden. (Argumentationsfigur?)[3]

---

[3] Argumentationsfigur „Dialektik"

Argumentationsfigur 4: „Kreisel"

Die vierte Argumentationsfigur ist der „Kreisel". Mit folgendem Aufbau wird diese Argumentation realisiert.

Einführung:	„Allgemein ..."
Vergangenheit:	„Aus der Erfahrung heraus ..."
	„Früher ..."
Vorteil 1:	„Erstens ..."
	„Der erste Vorteil für uns ist ..."
	„Ein Nutzen ist ..."
Vorteil 2:	„Zweitens ..."
	„Als zweiter Nutzen ..."
Schluß:	„Deshalb lassen Sie uns ..."

Einige meinen, der „Kreisel" wirke in der Hauptsache durch den zeitlichen Bezug, weil aus der Vergangenheit Schlüsse für die Gegenwart und die Zukunft zu ziehen seien. Andere meinen, daß die Aufzählung zweier Vorteile der entscheidende Faktor für die Suggestivkraft sei, da so der Nutzen betont werde. Beide Auffassungen sind einseitig und damit problematisch. Die besondere Wirkung dieser Argumentationsfigur liegt in beiden Positionen begründet. Setzen Sie diese Argumentationsfigur bevorzugt dann ein, wenn Sie Ihren Standpunkt besonders stark betonen und mehrere Vorteile in einem Argument nennen möchten. (Argumentationsfigur?)[4]

---

[4] Argumentationsfigur „Distanzgegensatz"

Argumentationsfigur 5: „Kompromiß"

Der „Kompromiß" ist die fünfte Argumentationsfigur. In der Praxis wird sie eingesetzt, um den Konsens zwischen unterschiedlichen Meinungen zu suchen. Aufgebaut ist die Argumentationsstruktur „Kompromiß" nach folgendem Schema:

These:	„Ihr seid der Ansicht ..."
	„Du meinst ..."
Antithese:	„Die anderen Teilnehmer unserer Gruppe meinen ..."
	„Ich bin der Ansicht ..."
Übereinstimmung:	„Der gemeinsame Punkt ist ..."
	„Eine Kompromißlösung liegt ..."
	„Gemeinsam ist es möglich ..."
Argument:	„Weil ..."
	„Das Argument hierfür ist ..."
	„Der Grund liegt in ..."
	„Unser Vorteil liegt in ..."
Schluß:	„Folglich ..."
	„Daraus folgt ..."
	„Laßt uns deshalb ..."

Aus der Erfahrung heraus haben kompromißbereite Menschen vielfach leichteres Spiel, einen gemeinsamen Weg zu finden. Erstens haben sie den Vorteil, daß so die besten Lösungen unter Berücksichtigung verschiedener Lösungsansätze gefunden werden. Zweitens ist ein kompromißbereites Klima für alle Beteiligten angenehm. Deshalb seien Sie kompromißbereit, ohne die eigenen Zielsetzungen leichtfertig aufs Spiel zu setzen. (Argumentationsfigur?)[5]

---

[5] Argumentationsfigur „Kreisel"

Dieses Modell kann auch so eingesetzt werden, daß zunächst überhöhte Forderungen genannt werden. Von denen läßt man sich anschließend auf die eigenen Ziele zähneknirschend herunterhandeln.

Wir sind der Ansicht, daß es für Sie immer vorteilhaft ist, in der Sache kompromißbereit zu sein, da damit die Beziehung zum Gesprächspartner unbelastet bleibt und sich vielleicht verbessert. Andere meinen, daß in der Sache kompromißlos verhandelt werden muß, damit der Gesprächspartner weiß, woran er ist. Eine Kompromißlösung liegt im auf die Situation und die Person abgestimmten Verhalten. Der Grund hierfür liegt in dem Verständnis für die gegenseitigen Verhaltensweisen. Daraus folgt, daß ein auf die Situation und die Person abgestimmtes kompromißbereites Verhalten in Gesprächen und Verhandlungen praktiziert werden sollte. (Argumentationsfigur?)[6]

Argumentationsfigur 6: „Drache"

Das sechste Argumentationsmodell ist der „Drache". Bei dieser Argumentationsfigur werden drei Begründungen genannt. Folgendermaßen wird die Argumentation aufgebaut:

Einführung:	„Drei wichtige Punkte müssen wir in die Entscheidung einbeziehen."
Argument 1:	„Erstens ..."
Argument 2:	„Zweitens ..."
Argument 3:	„Drittens ..."
	„Außerdem ..."
Schluß:	„Deshalb sollten wir ..."
	„Laßt uns deshalb gemeinsam ..."

---

[6] Argumentationsfigur „Kompromiß"

160

Die einen sagen, daß die Aufzählung von mehreren Argumenten große Nachteile hat, weil dann das Pulver zu schnell verschossen wird. Andere widersprechen und behaupten, daß gerade die Aufzählung möglichst vieler Argumente erfolgreich überzeugt. Entscheidend ist, daß der Nutzen des Partners im Vordergrund steht. Der Grund liegt darin, daß Entscheidungen auch nach Nutzenüberlegungen getroffen werden. Folglich kommt es darauf an, den Nutzen am Partner orientiert darzustellen. (Argumentationsfigur?)[7]

Der gelungene Einsatz der Argumentationsfiguren ist entscheidend von der Struktur abhängig. Verwenden Sie die vorgegebenen Einleitungsformulierungen. Dadurch haben Sie gleich mehrere Vorteile. Erstens werden Sie durch die Einleitungen besser von Ihrem Gegenüber verstanden. Zweitens kommen Sie besser in die Struktur der Figuren hinein. Gerade in der Trainingsphase können Sie sich mit diesen Formulierungshilfen innerhalb der Figuren leicht orientieren.

Üben Sie die Argumentation anfänglich ein, werden Ihnen die einleitenden Formulierungen vielleicht etwas schematisch vorkommen, weil für Sie die Strukturen noch ungewohnt sein werden. Das ist ein typischer Effekt in der Trainingsphase. Während der Trainingsphase kommt es zu einer Anpassung der Vorgaben an Ihren eigenen Sprachgebrauch. Ihr persönlicher Stil im Umgang mit der Sprache und mit anderen Menschen wird sich positiv verändern. Sie werden strukturierter sprechen und überzeugender sein. Es wird Ihnen leichter fallen, Ihre Ziele und Meinungen durchzusetzen.

Die Figuren können Sie als Rahmenkonzepte einsetzen. Lassen Sie einzelne Elemente aus, wenn es der Partner und das Thema gestatten.

---

[7] Argumentationsfigur „Kompromiß"

- Sie können bei der Argumentationsfigur „Logik" die Kontrollfrage vermeiden, wenn der Partner auch ohne sie antworten wird.
- Verzichten Sie auf Beispiele, wenn Sie das Argument bereits plastisch genug dargestellt haben.
- Den „Drachen" können Sie statt mit drei nur mit zwei Argumenten konstruieren.
- Sie können durch eigene Einleitungen die Figuren variieren, damit Sie einprägsam formulieren, und es dem Gesprächspartner leichtfällt, aufmerksam zuzuhören.

Mit etwas Kreativität können Sie die Argumentation sehr abwechslungsreich gestalten, obwohl Sie strukturiert sprechen.

b) argumentative Einwandbehandlung

Im zweiten Teil werden die verschiedenen Techniken zur Behandlung von Einwänden und Angriffen eingesetzt. Spontanere Reaktionen sollten Ihnen situationsadäquat und partnerorientiert möglich werden.

Die beschriebenen Argumentationsfiguren eignen sich auch hervorragend zur Behandlung von Einwänden und Angriffen. Sie können durch die Argumentation Ihre Einwandbehandlungen deutlich schlagkräftiger machen.

Jede Argumentationsfigur wird mit drei Angriffen durchgespielt, welche von Teilnehmerinnen und Teilnehmern stammen und von ihnen als besonders schwierig eingestuft wurden. Wenn Menschen in solcher Form am Arbeitsplatz oder im privaten Bereich angegriffen werden, fehlen ihnen häufig die Worte. Die Argumentation schafft hier Abhilfe. In den Beispielen werden die Angriffe verschieden scharf behandelt. Passen Sie die Schärfe Ihrer Einwandbehandlungen der Gesprächssituation an, um treffend zu formulieren, ohne verletzend zu sein.

Argumentationsfigur 1: „Logik"

Angriff 1:	„Sie sind nicht in der Lage, sich durchzusetzen."
Argumentation:	„Es ist eine Tatsache, daß die Mitarbeiter auf mich hören. Der Grund liegt in meiner fachlichen Kompetenz. Zum Beispiel hat Herr Kotter bei dem Projekt genau meinen Vorschlag umgesetzt. Daraus folgt, daß ich mich durchsetzen kann. Wie sehen Sie das?"

Angriff 2:	„Ihre Fachkompetenz ist unzureichend."
Argumentation:	„Es ist eine Tatsache, daß ich über ein sehr großes Fachwissen verfüge, weil ich mich ständig weiterbilde. Zum Beispiel lese ich Fachzeitschriften. Deshalb bin ich auf dem neuesten Stand. Wann waren Sie auf Ihrer letzten Fortbildung?"

Angriff 3:	„Du bist unberechenbar."
Argumentation:	„Es ist eine Tatsache, daß ich häufig spontan entscheiden muß. Der Grund dafür liegt in den schnellen Veränderungen des Marktes. Zum Beispiel hat sich durch die Stellungnahme des Bundesbankpräsidenten eine völlig neue Situation ergeben. Daraus folgt, daß ich sehr schnell entscheide. Was meinst Du dazu?"

Argumentationsfigur 2: „Dialektik"

Angriff 1:	„Sie sind nicht in der Lage, sich durchzusetzen."
Argumentation:	„Wir wollen alle engagierte Mitarbeiter haben. Auf der einen Seite wird versucht, durch Teamarbeit zu motivieren. Auf der anderen Seite wird der Druck von oben erhöht. Wenn wir beide Wege betrachten, vereint ein kooperativer Umgang mit gelegentlicher Nutzung des Direktionsrechts die Vorteile beider Möglichkeiten. Deshalb lassen Sie uns so weitermachen."

Angriff 2:	„Ihre Fachkompetenz ist unzureichend."
Argumentation:	„Die Lösung der Aufgaben ist eine gemeinsame Herausforderung. Auf der einen Seite brauchen wir dazu Fachwissen, auf der anderen bedarf es sozialer Kompetenz. Das Ziel ist die Verbindung beider Elemente. Deshalb lassen Sie uns entsprechend ausbilden."

Angriff 3:	„Du bist unberechenbar."
Argumentation:	„Mir steht das Wasser bis zum Hals. Auf der einen Seite möchte ich mir Zeit für Dich nehmen können. Auf der anderen Seite drängen die Termine. Um beides unter einen Hut zu bringen, laß´ uns beim Mittagessen darüber sprechen. Ist das o.k.?"

Argumentationsfigur 3: „Distanzgegensatz"

Angriff 1:	„Sie sind nicht in der Lage, sich durchzusetzen."
Argumentation:	„Ein Standpunkt ist, daß Kinder ganz klare Grenzen brauchen. Damit haben Generationen gute Erfahrungen bei der Erziehung gemacht. Andere sagen, daß Kinder antiautoritär erzogen werden sollten, weil Kinder dadurch viel schneller selbständig werden. Ich halte nichts von Extrempositionen. Meine Kinder bekommen die notwendigen Grenzen aufgezeigt, und sie werden zu Selbständigkeit und Eigenverantwortung erzogen."

Angriff 2:	„Ihre Fachkompetenz ist unzureichend."
Argumentation:	„Eine Tatsache ist, daß ich über eine universitäre Ausbildung verfüge, weil ich damals geglaubt habe, daß nur mit dem neuesten Universitätswissen erfolgreich ein Unternehmen geleitet werden kann. Heute weiß ich, daß jahrelange Praxis die Grundlage für richtiges Entscheiden liefert. Praxis und Theorie haben ihren Wert. Bei der Führung dieses Unternehmens beeinflussen mich wissenschaftliche Erkenntnisse und langjährige Erfahrung."

Angriff 3:	„Du bist unberechenbar."
Argumen- tation:	„Du sagst, daß Du öfter mal etwas Verrück- tes machen möchtest und begründest das mit Deiner Vorliebe für Abwechslung. Im Gegen- satz dazu bestehst Du auf genauen Abspra- chen, weil Du Zuverlässigkeit wünschst. Bei- des bringe ich schwer unter einen Hut. Was möchtest Du jetzt?"

Argumentationsfigur 4: „Kreisel"

Angriff 1:	„Sie sind nicht in der Lage, sich durchzusetzen."
Argumen- tation:	„Es ist wichtig, die gesteckten Ziele zu errei- chen. Wir wissen, daß autoritäres Führen zu Unzufriedenheit führt und deshalb Team- orientierung gefragt ist. Der erste Vorteil ist die gesteigerte Motivation in unserer Abtei- lung. Als zweiter Nutzen zeigt sich ein ge- ringerer Krankenstand als in vergleichba- ren Bereichen. Deshalb lassen Sie uns unse- ren Weg so weitergehen."

Angriff 2:	„Ihre Fachkompetenz ist unzureichend."
Argumen- tation:	„Aus der Erfahrung heraus wissen wir, daß wir unsere Sachkompetenz ständig weiterent- wickeln müssen. Erstens sorgt das für besse- re Entscheidungen, und zweitens wird da- durch auch das Ansehen unserer Einrichtung

	erhöht. Deshalb lassen Sie uns gemeinsam ein Weiterbildungskonzept erarbeiten."
Angriff 3:	„Du bist unberechenbar."
Argumen-tation:	„Wir wollen beide Persönlichkeit entfalten. Früher war es so, daß die Menschen großen Wert auf Zuverlässigkeit und Berechenbarkeit legten, während heute auch schnelles intuitives Handeln gefragt ist. Erstens wird die Arbeit so abwechslungsreicher, und zweitens kann ich mich so wechselnden Bedingungen leichter anpassen. Deshalb werde ich weiter spontan sein."

Argumentationsfigur 5: „Kompromiß"

Angriff 1:	„Sie sind nicht in der Lage, sich durchzusetzen."
Argumen-tation:	„Sie sind der Ansicht, daß wir härter durchgreifen sollten. Ich sage, daß wir die Dinge in die Verantwortung der Mitarbeiter legen sollten. Wie wäre es mit einer Besprechung der Thematik im nächsten Arbeitskreis? So können wir die Unternehmensziele besser durchsetzen. Lassen Sie uns deshalb das Thema ansprechen."

Angriff 2:	„Ihre Fachkompetenz ist unzureichend."
Argumen-tation:	„Sie sind der Ansicht, daß ich Fortbildungen intensiver nutzen sollte. Bisher sah ich dafür keine Notwendigkeit. Eine Kompromißlösung liegt darin, daß ich auf Lehrgänge gehe, wenn sie wichtig für meine Arbeit sind. So ist eine themenorientierte Weiterbildung möglich. Folglich werde ich das Seminarprogramm anfordern."

Angriff 3:	„Du bist unberechenbar."
Argumen-tation:	„Ihr seid der Ansicht, daß meine Entscheidung noch diskutiert werden könnte. Die anderen Teilnehmer sind froh, daß dieses Thema endlich vom Tisch ist. Eine Lösung liegt in mehr Diskussionsdisziplin. Laßt uns deshalb verstärkt aufeinander eingehen."

Argumentationsfigur 6: „Drache"

Angriff 1:	„Sie sind nicht in der Lage, sich durchzusetzen."
Argumen-tation:	„Drei wichtige Punkte müssen wir in die Bewertung von Führungsverhalten einbeziehen. Erstens sollen die Abteilungsziele erreicht werden. Zweitens wollen wir die Teamarbeit fördern. Und drittens wollen wir die Beziehung der Mitarbeiter untereinander verbessern. Deshalb sollten Sie mich so weiter machen lassen."

Angriff 2:	„Ihre Fachkompetenz ist unzureichend."
Argumen-tation:	„Drei Dinge sollten beachtet werden. Erstens hängt Fachwissen nicht direkt mit Abschlüssen zusammen. Zweitens habe ich einen großen Erfahrungsschatz bezüglich der Abläufe in unserem Unternehmen. Drittens kommt es auf den Willen und die Fähigkeit zur Weiterentwicklung an. Deshalb bin ich für diesen Arbeitsplatz mehr als hinreichend qualifiziert."

Angriff 3:	„Du bist unberechenbar."
Argumen-tation:	„Drei wichtige Punkte solltest Du berücksichtigen. Erstens halte ich mich an unsere Vereinbarungen. Zweitens ist etwas Spontanität sehr wichtig. Drittens führt auch Dein Verhalten dazu, daß ich häufig unvorbereitet wichtige Entscheidungen schnell treffen muß. Deshalb akzeptiere mich so, wie ich bin."

Diese Beispiele machen erstens deutlich, daß sich auf die meisten Einwände mit mehreren Figuren reagieren läßt. Zweitens sind deutliche Unterschiede in der Schärfe der Argumentationen zu erkennen. Auch wenn zum Beispiel die Argumentationsfigur „Kompromiß" in der Regel eine sanfte Reaktionsweise ist, kann mit dieser Struktur auch durchaus hart ausgeteilt werden. Nehmen wir als Beispiel den Angriff 3.

169

Angriff 3:	„Du bist unberechenbar."
Argumentation:	„Ihr seid *tatsächlich* der Ansicht, daß meine Entscheidung noch diskutiert werden könnte. Die anderen Teilnehmer sind froh, daß dieses Thema, *das Ihr zerreden wolltet*, endlich vom Tisch ist. Eine Lösung liegt in einer *strengeren* Diskussionsdisziplin. Laßt uns deshalb verstärkt aufeinander eingehen."

Durch kleine Änderungen ist ein wesentlich schärferer Unterton entstanden. Häufig ist es sinnvoll, die Härte aus Diskussionen herauszunehmen, auch wenn die eigenen Emotionen ausbrechen wollen.

c) Argumentation und Bedürfnisbefriedigung

> Lernen Sie im dritten Teil, wie Sie die bekannten Argumentationsfiguren durch die Berücksichtigung der Bedürfnisse des Partners noch überzeugender machen.

Die Argumentation dient dazu, die Bedürfnisse des Gegenübers durch die Eigenschaften der Sache, von der überzeugt werden soll, zu befriedigen.

Mit der genauen Ansprache des Bedürfnisses steht und fällt die gesamte Argumentation. Wird ein Bedürfnis verfehlt, wird die Argumentation als unwesentlich abgetan, wird ein Bedürfnis getroffen, trägt ein stichhaltiges Argument zu Verhaltens- oder Meinungsänderungen bei.

Um die Bedeutung zu verdeutlichen, sollen zwei Beispiele der Ansprache der Bedürfnisse dargestellt werden. Nehmen wir als erstes an, Sie möchten von einem bestimmten Auto überzeugen. Die folgende Tabelle zeigt, welche Bedürfnisse mit Produkteigenschaften angesprochen werden können.

Bedürfnis	Eigenschaft 'Auto'
Gewinn	Preisnachlaß beim Kauf; geringe Unterhaltungskosten;
Zeitersparnis	schnelles Fahrzeug; lange Wartungsintervalle;
Bequemlichkeit	elektrische Scheibenheber; lange Wartungsintervalle; körpergerechte Sitze;
Sicherheit	ABS; Airbag; Knautschzone; sehr zuverlässig; Garantie;
Gesundheit	anatomisch angepaßte Sitze; Pollenfilter; keine gesundheitsschädlichen Ausdampfungen aus Kunststoffteilen; Sicherheitseinrichtungen zur Vergrößerung des aktiven Unfallschutzes; Sicherheitseinrichtungen zur Schadensverringerung bei Unfällen;
Anerkennung	Der Nachbar wird Augen machen; das Produktimage steht für Sportlichkeit, Ökologie oder Vernunft.
Nachahmung	Herr Becker und Frau Graf fahren auch so ein Auto.
Emotionsmotiv	macht Spaß; Freude am Fahren;

ewige Jugend	Schein von Mobilität; sportliches Image; Attraktivität;
Ökologiemotiv	recyclingfähige Teile; geringer Verbrauch; umweltfreundliche Produktion;
Sozialkontakt	gemeinsam etwas unternehmen; Automobilclub;

Die beschriebenen Bedürfnisse können alle durch die vorhandenen Produkteigenschaften befriedigt werden. Manche Eigenschaften befriedigen auch mehrere Bedürfnisse. Wichtig ist, daß die in Aussicht gestellte Bedürfnisbefriedigung dem Gesprächspartner entspricht.

Als zweites Beispiel soll es um eine Meinung gehen. Ein Vorgesetzter soll seinen Mitarbeiter von mehr Überstunden überzeugen.

Bedürfnis	**Eigenschaft 'Überstunden'**
Gewinn	Die Überstunden werden bezahlt. Die Aussichten auf Beförderung nehmen zu.
Zeitersparnis	Wir werden schneller fertig, wenn viele mitanfassen. Wenn wir jetzt Schluß machen, kostet es uns viel Zeit, bis wir wieder drin sind. Sie können Freizeitausgleich bekommen.
Bequemlichkeit	Ihre Frau/ Ihr Mann kann Sie abholen,

	dann brauchen Sie nicht den Bus nehmen. Während der Überstunden werden Sie nicht durch Anrufe gestört. Ich koche auch etwas Kaffee und besorge was zum Essen.
Sicherheit	Ihre Einsatzbereitschaft sichert den Arbeitsplatz.
Gesundheit	Wenn Sie den Freizeitausgleich nehmen, können Sie sich dann gut erholen. Die Überstunden verringern jetzt Ihren Streß.
Anerkennung	Ihr Einsatz für unser Unternehmen ist eine tolle Sache. Sie sind eine hervorragende Mitarbeiterin / ein hervorragender Mitarbeiter.
Nachahmung	Die anderen in unserer Abteilung machen auch Überstunden.
Emotionsmotiv	Es wird uns viel Spaß machen.
ewige Jugend	Das hält Sie fit.
Ökologiemotiv	Sie brauchen dann auch nicht noch zusätzlich mit dem Auto zu kommen.
Sozialkontakt	Viele werden mitmachen.

Dieses Beispiel zeigt, daß auch Meinungen der Bedürfnisbefriedigung dienen. In Seminaren werden wir bei der Darstellung dieser Beeinflussungsmöglichkeiten manchmal gefragt, ob sich denn in allen Situationen entsprechende Eigenschaften finden lassen. Es kann schon mal vorkommen, daß zu einzelnen Bedürfnissen nur schwer Eigenschaften gefunden werden können oder die gefundenen Möglichkeiten nicht im Erwartungshorizont des Beeinflußten liegen. Doch das sind Ausnahmen. Auch in schwierigen Situationen können meist alle Bedürfnisse angesprochen werden.

Die Argumentationstechnik ist eine der Basistechniken der Gesprächs- und Verhandlungsführung. Es kommt darauf an, die Argumentationsfiguren mit viel Fingerspitzengefühl auf das Gegenüber und die Situation abzustimmen. Als Voraussetzungen sind dazu Fachwissen und Menschenkenntnis erforderlich. Selbst hervorragend beherrschte Argumentationstechnik kann fehlende Partner- und Sachkenntnis nicht ersetzen.

2) Fragetechniken

Lernziel ist, Fragen zielgerichtet einzusetzen. Lernen Sie die verschiedenen Fragetechniken mit ihren typischen Einsatzbereichen kennen.

Die Fragetechniken dienen dazu, Informationen vom Gesprächspartner zu bekommen. Fragen können Sie sehr häufig eingesetzen. Es gibt kaum ein Gespräch, eine Diskussion oder Debatte ohne Fragen. Der gekonnte Einsatz der Fragetechniken ist ein wesentliches Mittel der Schlagfertigkeit.

Wir stellen Ihnen vier Fragetypen vor. Neben einer kurzen Erklärung gehen wir auf die Anwendungsbereiche ein. Außerdem geben wir Beispiele für die Abwehr von Angriffen und Einwänden mittels Fragetechniken.

a) Die offenen Fragen

Bei offenen Fragen fängt das Fragepronomen mit einem „W" an. Deshalb werden sie in der Literatur auch häufig als „W-Fragen" bezeichnet.

Beispiele sind:

- *Wieviel* wissen Sie bereits über offenen Fragen?
- *Warum* wird dieser Fragetyp so häufig eingesetzt?
- *Wann* haben Sie zuletzt so gefragt?

Dieser Fragetyp fördert die Beziehung zwischen Ihnen und Ihrem Partner, weil er seine Gedanken darstellen kann. Gerade am Anfang von Gesprächen ist dies sehr nützlich. Durch offene Fragen können Sie ein Gespräch in Gang bringen und halten. Ihr Gesprächspartner fühlt sich verstanden und spürt Ihr freundliches Interesse an seinen Standpunkten und an seiner Person. Nachteilig kann sich dieses Interesse auswirken, wenn Sie offene Fragen gegenüber Menschen einsetzen, die sich selbst gerne reden hören. Damit geben Sie dem Redeschwall neue Nahrung. Es entsteht zunehmender Zeitdruck für Sie, weil Ihr Gegenüber deutlich mehr Zeit beansprucht, als Sie ihm ursprünglich zugestehen wollten. Ein anderer Anwendungsbereich dieses Fragetyps ist die Abwehr unfairer Angriffe. Beantworten Sie einen Einwand durch eine offene Gegenfrage, geben Sie die Gesprächsinitiative an den Einwender zurück. Sie entwerten den Angriff und den Angreifer, da Sie den Einwender unter Druck setzen und den Angriff unbeantwortet lassen. Sie drehen damit den Spieß um. In der Regel ist der Angreifer in der stärkeren Position. Mit einer Gegenfrage diktieren Sie dem Angreifer Ihre Bedingungen. Wer fragt, ist in der stärkeren Position. Gerade bei unfairen Angriffen ist dieses überzeugende Auftreten gewollt.

Hierzu lesen Sie einige Beispiele. (Um die offenen Fragen zu trainieren, versuchen Sie, alternative Reaktionen zu finden.)

Angriff 1:	„Du bist ein kleines Dummchen."
Offene Frage:	„Was veranlaßt Sie, so überheblich zu sein?"
Angriff 2:	„Du bist dran mit dem Abwasch."
Offene Frage:	„Wer bestimmt das?"
Angriff 3:	„Als Frau verstehst Du davon nichts."
Offene Frage:	„Weshalb hast Du Vorurteile?"
Angriff 4:	„Du wiederholst Deine Fehler."
Offene Frage:	„Wie können wir das gemeinsam abstellen?"
Angriff 5:	„Das haben wir schon immer so gemacht."
Offene Frage:	„Was hindert Sie daran, sich zu entwickeln?"

Manche der Fragen in den Einwandbeispielen schlagen einen verbindlicheren Ton an. Andere wirken recht aggressiv. Unbedachter aggressiver Einsatz kann Ihre Ziele gefährden.

Durch die Reaktion mit offenen Fragen wird Zeit gewonnen. Der Angreifer ist aufgefordert, Stellung zu nehmen und die Frage zu beantworten. Das gibt Ihnen Gelegenheit zum Nachdenken und liefert wertvolle Informationen.

Seien Sie vorsichtig mit zu häufigem Einsatz der offenen Fragen. Gerade bei diesen Fragen besteht die Gefahr, daß sich der Gesprächspartner verhört oder in die Ecke gedrängt fühlt. Das belastet dann in größerem Maße die Beziehung.

b) Die geschlossenen Fragen

Die geschlossenen Fragen sind diejenigen, die nur mit „ja" oder „nein" beantwortet werden brauchen. Beispiele dazu sind:

- Haben Sie dazu noch Fragen?
- Sind Ihnen die geschlossenen Fragen schon häufig begegnet?
- Denken Sie über die Anwendungsmöglichkeiten nach?

Das Ziel der geschlossenen Fragen ist die Festlegung des Gesprächspartners. Deshalb finden diese Fragen verstärkt Anwendung am Ende von Gesprächen. Im Anschluß an den argumentativen Teil des Gesprächs können Sie mit diesem Fragetyp den Überzeugungserfolg abfragen.

Werden die geschlossenen Fragen zu früh gestellt, legt sich der Gesprächspartner vielleicht auf einen unerwünschten Standpunkt fest. Eine Meinungsänderung in Ihrem Sinne wird dann schwierig, weil die Änderung einmal geäußerter Standpunkte bei vielen Menschen mit dem Gefühl des Gesichtsverlustes verbunden ist. Setzen Sie diesen Fragetyp nur ein, wenn Sie sicher sind, eine Festlegung in der für Sie geeigneten Weise zu erzielen.

Auch dieser Fragetyp kann als Reaktion auf Angriffe oder Einwände eingesetzt werden. Anwendungsmöglichkeiten bieten sich besonders in Streitgesprächen. Hierzu wieder einige Beispiele:

Angriff 1:	„Dein Vortrag ist langweilig."
Geschlossene Frage:	„Kannst Du mir nicht folgen?"
Angriff 2:	„Sie sind unfähig."
Geschlossene Frage:	„Kennen Sie mich so wenig?"
Angriff 3:	„Sie Emanze."

Geschlossene Frage:	„Halten Sie erfolgreiche Frauen für gefährlich?"
Angriff 4:	„Als Frau verstehst Du davon nichts."
Geschlossene Frage:	„Glaubst Du, als Mann leichter damit fertig zu werden?"
Angriff 5:	„Du bist ein kleines Dummchen."
Geschlossene Frage:	„Bist Du größer?"

Die Einwandbehandlung mit den geschlossenen Fragen gibt in der Regel keinen so großen Zeitgewinn wie die Verwendung offener Fragen. Durch die kurze Antwortmöglichkeit werden auch keine zusätzlichen freien Informationen gegeben. Dennoch zeigen unsere Beispiele, daß auch mit diesem Fragetyp freche und provozierende Reaktionen möglich sind.

c) Die Suggestivfragen
Die Suggestivfragen sind nach unserer bisherigen Klassifizierung eine Teilmenge der geschlossenen Fragen. Bei den Suggestivfragen wird dem Gesprächspartner schon eine Antwortmöglichkeit in den Mund gelegt. Beispiele zu Suggestivfragen sind:

- Denkst Du nicht auch, daß wir heute ins Kino gehen sollten?
- Bist Du etwa nicht der Meinung, daß dieser Fragetyp manchmal Gefahren birgt?
- Sind Sie als erfahrener Redner nicht auch der Ansicht, daß wir das üben müssen?
- Teilen Sie als Mitarbeiterin, die in unserem Hause weiterkommen will, meine Meinung?

Dieser Fragetyp ist mit äußerster Vorsicht einzusetzen. Reagiert der Gesprächspartner in der durch die Frage favorisierten Weise, haben Sie zwar eine Beeinflussung in Ihrem Sinne erreicht. Die Suggestivfragen können jedoch sehr belastend für die Beziehung zum Gesprächspartner sein. Menschen lassen sich ungern in eine vorgegebene Richtung drängen. Eine weitere Schwierigkeit ist das Risiko nicht authentischer Antworten. Eventuell beantwortet Ihr Gesprächspartner die Frage in Ihrem Sinne, weil ihn der Fragedruck dazu zwingt. Er handelt aber anders, um gegen die Art des Umgangs mit ihm zu rebellieren. Eine Konfrontation ist vorprogrammiert.

Bewährt hat sich die Suggestivfrage bei der Abwehr von Einwänden oder Angriffen, falls Druck auf den Einwender ausgeübt werden soll. Auch hier geben wir Ihnen einige Beispiele.

Angriff 1:	„Sie sind zu überheblich."
Suggestivfrage:	„Sind Sie nicht auch der Ansicht, daß Ihre Aussage bereits überheblicher ist als alles, was ich bisher gesagt habe?"
Angriff 2:	„Dein Vortrag ist langweilig."
Suggestivfrage:	„Bist Du nicht auch der Ansicht, daß das Thema auch eine intensivere Vorbereitung von Dir erfordert?"
Angriff 3:	„Als Frau verstehst Du davon nichts."
Suggestivfrage:	„Ist es denn nicht so, daß gerade das gefühlsorientierte Handeln von Frauen sich in solchen Situationen bewährt hat?"
Angriff 4:	„Das haben wir schon immer so gemacht."

Suggestivfrage:	„Ist es denn nicht so, daß wir uns gerade deswegen mal etwas bewegen müssen?"
Angriff 5:	„Du Emanze."
Suggestivfrage:	„Meinst Du nicht auch, daß Deine Frauenfeindlichkeit Dich disqualifiziert?"

Häufig wiegt der schlagfertige Eindruck der Suggestivfrage die Belastung der Beziehungsebene nicht auf. Deshalb ist der Verzicht auf suggestive Äußerungen eine gute Wahl. Es gibt nichts Wichtigeres in der Kommunikation als langfristig gute Beziehungen zu Menschen.

d) Die Alternativfragen
Der letzte Fragetyp ist die „Alternativfrage". Bei diesem Fragetyp verbinden sich suggestive Elemente mit beziehungsfördernden Anteilen. Sie geben dem Gesprächspartner zwei Möglichkeiten zur Auswahl. Beispiele zu diesem Fragetyp sind:
- Möchten Sie gleich Tee oder lieber Kaffee?
- Wollen Sie am Dienstag oder lieber am Donnerstag kommen?
- Willst Du heute ins Kino oder, weil wir etwas zu feiern haben, lieber in das französische Restaurant gehen?

Stellen Sie in Ihren Alternativfragen nur Möglichkeiten zur Wahl, die Ihnen gefallen. Diejenige Alternative, die Ihnen am besten gefällt, gehört an den Schluß. Der Grund dafür liegt darin, daß unentschlossene Menschen bevorzugt die letzte Möglichkeit wählen. Sie verstärken die Chance, daß sich der Gesprächspartner für die zweite Wahlmöglichkeit entscheidet, wenn Sie die zweite Alternative positiv hervorheben.

Suggestiv ist diese Fragetechnik, weil sie dem Gesprächs-partner nur zwei Alternativen läßt und von der Unterlassungsalternative, keine der gebotenen Alternativen zu wählen, ablenkt. Förderlich für die Beziehungsebene ist die Alternativfrage, weil der Partner die Wahlmöglichkeit hat. Dieser Effekt ist allerdings nur so lange vorherrschend, wie der Gesprächspartner diese Technik und ihren beein-flussenden Charakter nicht durchschaut.
Zur Abwehr von Angriffen und Einwänden ist auch diese Fragetechnik geeignet. Hierzu wieder Beispiele:

Angriff 1:	„Sie Emanze."
Alternativfrage:	„Haben Sie Angst vor starken Frauen, oder ist das nur ein Versuch, sich durch Beschimpfungen zu rechtferti-gen?"
Angriff 2:	„Als Frau verstehst Du davon nichts."
Alternativfrage:	„Glaubst Du, daß Deine Einstellung vorurteilsbedingt ist, oder hat Dir schon einmal eine Frau auf die Füße getreten?"
Angriff 3:	„Das haben wir schon immer so ge-macht."
Alternativfrage:	„Denken Sie, daß wir da geschlafen haben, oder bei uns nicht die richti-gen Menschen entscheiden?"
Angriff 4:	„Du bist dran mit dem Abwasch."
Alternativfrage:	„Möchtest Du die Einkäufe erledigen oder Dich um das Essen kümmern?"

Angriff 5:	„Du wiederholst Deine Fehler."
Alternativfrage:	„Möchtest Du sie gleich selber korrigieren, oder soll ich die Verantwortung für die Beseitigung wieder übernehmen?"

Auch hier handelt es sich um verschieden scharfe Erwiderungen. Insgesamt wirkt die Einwandbehandlung durch Alternativfragen etwas sanfter.

Zusammenfassend lassen sich alle Fragetechniken wirkungsvoll in Gesprächen einsetzen. Jeder Fragetyp und jede Frage hat Stärken und Schwächen. Setzen Sie die Fragetechniken daher situativ ein. Das gilt besonders bei der Abwehr von Angriffen und Einwänden.

3) Einwandbehandlungen

Dieser Abschnitt gibt Ihnen weitere Möglichkeiten zur Behandlung von Einwänden und Angriffen.

Neben den bereits dargestellten Argumentations- und Fragetechniken lassen sich weitere Möglichkeiten zur Behandlung von Einwänden nutzen. In vielen Überzeugungssituationen hängt die Zielerreichung häufig von der Geschicklichkeit im Umgang mit Einwänden ab. Die eigene Einstellung zu Einwänden ist für gelungene Einwandbehandlungen ganz wichtig. Einwände sind die wichtigsten Wegweiser zu den Bedürfnissen des Kunden. Ihr Gesprächspartner zeigt Ihnen damit die Bereiche, in denen Sie noch Überzeugungsarbeit leisten können. Drückt der Kunde durch Einwände seine Schwierigkeiten aus, haben Sie die Chance, dem Kunden Steine aus dem Weg zu räumen. Einwände sind die Chancen für Könner. Können Sie alle Einwände überzeugend behandeln, so ziehen Sie Ihren Gesprächspartner auf Ihre Seite. Menschen, die viel einwenden, sind für Sie viel leichter zu beraten als Schweiger, die nicht sagen, was sie denken.

Der Angriff des Gesprächspartners sagt viel mehr über den Angreifer aus als über Sie. Deshalb beziehen Sie Einwände und Angriffe nicht immer gleich auf sich. Ein etwas dickeres Fell schafft häufig den emotionalen Spielraum, um geschickt mit Einwänden umzugehen. Wenn Sie diese Einstellung zu Einwänden und Angriffen praktisch machen, können Sie sich auf Einwender und Angreifer freuen.

Beschäftigen Sie sich also nun intensiv mit den Verfahren zur Behandlung von Einwänden, und nutzen Sie jede Gelegenheit, die erworbenen Erkenntnisse praktisch zu machen.

a) Einwandtechniken

Wir werden vierzehn Einwandtechniken darstellen. Jeder Mensch hat im Laufe seines Lebens Strategien entwickelt, um mit gegensätzlichen Meinungen und Verhaltensweisen umzugehen. Deshalb sind vielleicht einige Techniken enthalten, die Sie schon unbewußt anwenden. Die intensive Auseinandersetzung mit diesem Teil des Buches wird zu einem bewußten Umgang mit Einwänden führen.

Wir behandeln die Einwandtechniken zwar im Dialogteil dieses Buches, sie lassen sich aber auch hervorragend in Redesituationen verwenden, wenn das Publikum Einwände, Zwischenrufe oder Fragen formuliert. Es werden folgende Techniken behandelt:

- **Ähnliches Verhalten aufzeigen**
- **Verschieben**
- **Beteiligung**
- **Einwand gleich Fundament**
- **Teilung**
- **Pause**
- **Echosignal**
- **Spiegeln**
- **Hypothese**
- **Umdefinition**
- **Vorwegnahme**
- **Rückzug**
- **Übergehen**
- **Ablehnen**

Ähnliches Verhalten aufzeigen

Bei dieser Technik weisen Sie auf frühere Verhaltensweisen oder Argumente Ihres Gesprächspartners hin, die Ihnen in der augenblicklichen Situation nützlich sind. Vorausgesetzt wird dabei, daß Sie Ihren Partner gut kennen. Beispiele für die Anwendung der Technik sind:

- „Damals haben Sie sich auch für die hochwertige Qualität entschieden."
- „Bei Ihrem letzten Fahrzeug haben Sie auch eine Klimaanlage einbauen lassen."
- „Im letzten Jahr sind wir auch in das beste Hotel am Platz gefahren."
- „Sonst hat Dir das immer gefallen."
- „Früher hast Du Dich mehr darum gekümmert."

184

Sie nutzen, daß einmal getroffene Entscheidungen durch widersprüchliches Verhalten ungern in Frage gestellt wird. Ist Ihr Gesprächspartner der Ansicht, daß Menschen an ihren Überzeugungen festhalten sollten, können Sie diese Technik überzeugend einsetzen.

Wenn andere Menschen diese Technik bei Ihnen versuchen, können Sie durch Hinweis auf geänderte Einstellungen oder Unvergleichbarkeit der Situationen abwehren. Das sind die Abwehrstrategien dieser Einwandbehandlung. Die Beispiele zur Abwehr beziehen sich auf den obigen Technikeinsatz:

• „Jetzt legen wir den Schwerpunkt auf Praxistauglichkeit."
• „Nur dumme Menschen wiederholen ihre Fehler."
• „Der Grund dafür war nicht mein Luxusbedürfnis, sondern die Belegungssituation der anderen Hotels."
• „Ich habe meine Vorlieben weiterentwickelt."
• „Die Situation war eine ganz andere."

Setzen Sie die Einwandtechnik gefühlvoll ein. Sie üben sonst Druck auf Ihren Gesprächspartner aus. Ihr Gegenüber könnte sich bei widersprüchlichem Verhalten ertappt fühlen. Deshalb verwenden Sie diese Technik bevorzugt, wenn die Beziehungsebene besonders gut ist und kleinere Belastungen vertragen kann.

Sie können auch durch Verwendung weicherer Formulierungen etwas Schärfe herausnehmen. Statt der Einführungsformulierung „Sie hatten doch damals ..." ist die Frage „Hatten Sie nicht damals auch gewünscht ... ?" deutlich weicher. Versuchen Sie unsere Beispielformulierungen zu Trainingszwecken in eine sanftere Form zu bringen.

Verschieben

Durch das Verschieben der Einwandbehandlung können Sie etwas Zeit gewinnen. Eine nützliche Denkpause erleichtert eine schlagfertige Reaktion.
Sie haben zwei Ansatzpunkte beim Verschieben einer Einwandbehandlung. Sie können auf einen späteren Zeitpunkt oder auf eine andere Person verschieben. In der Praxis gebräuchliche Formulierungen für den zeitlichen Aufschub sind:

- „Lassen Sie uns darauf später zu sprechen kommen."
- „Diese wichtigen Punkte können wir bei der Diskussion der Lieferbedingungen besser behandeln."
- „Lassen Sie uns das nachher genauer besprechen."
- „Diesen wichtigen Punkt werden wir nach der Kaffeepause detailliert diskutieren."
- „Darauf gehen wir in der nächsten Sitzung ein."

Um das Verschieben noch glaubwürdiger einzusetzen, verbinden Sie diese Technik mit einem Grund, der einen Vorteil für Ihren Gesprächspartner enthält. Weil sie so wertfreier verstanden werden kann, stellen Sie die Begründung an den Anfang der Aussage.
Wenn Sie die folgenden, um die Begründung ergänzten Beispiele, mit den ursprünglichen vergleichen, werden Sie feststellen, daß die Ergänzung die Einwandtechnik erheblich überzeugender werden läßt.

- „Weil wir dazu erst über die Liefermenge sprechen sollten, lassen Sie uns darauf später zu sprechen kommen."
- „Weil das alles eher abwicklungstechnische Fragen sind, können wir diese wichtigen Punkte bei der Diskussion der Lieferbedingungen besser behandeln."
- „Weil unser kaufmännischer Leiter Herr Schmidt gleich

186

an dem Gespräch teilnehmen will, lassen Sie uns das nachher genauer besprechen."

- „Weil wir beide eine kurze Pause brauchen können, werden wir diesen wichtigen Punkt nach der Kaffeepause detailliert diskutieren."
- „Da wir die vorher veranschlagte Zeit bereits überschritten haben, schlage ich vor, daß wir darauf in der nächsten Sitzung eingehen."

Verschieben Sie die abschließende Einwandbehandlung auf andere Menschen, haben Sie den Vorteil, den Einwand endgültig vom Hals zu haben. Beispielsweise könnten Sie das folgendermaßen formulieren, diesmal direkt in der glaubwürdigeren Variante:

- „Weil Frau Dr. Müller da mehr in der Praxis steckt, wird sie Ihnen diese Frage gerne beantworten."
- „Damit der Vortrag für Sie übersichtlich bleibt, erhalten Sie darüber Informationen in dem Referat von unserem leitenden Konstruktionsingenieur."
- „Da ich in diesem Bereich keine Entscheidungen treffe, verbinde ich Sie mal mit der zuständigen Abteilung."
- „Ich werde zu unserem nächsten Gespräch den Fachmann unseres Unternehmens hinzuziehen. Sie haben dann die Möglichkeit, diese Fragen zu diskutieren."
- „Da ich über die genaue Abwicklung in Ihrem Fall nicht informiert bin, besprechen Sie das bitte mit einem meiner Mitarbeiter."

Bei zu häufigem Einsatz des Verschiebens auf andere Personen leidet das Vertrauen in Ihre fachliche Eignung. Einwandbehandlungen sollten Sie als Chancen nutzen, sich als kompetent darzustellen. Wenden Sie deshalb diese Technik nur an, wenn Sie den Autoritätsverlust verschmerzen können.

Manche Menschen setzen Verschieben ein, um die lästige Einwandbehandlung zu vermeiden. Wird das Vergessen des Einwands als Technik erkannt, fühlt sich der Einwender nicht ernst genommen und wird sauer werden. Achten Sie in jedem Fall darauf, daß die verschobenen Einwände später tatsächlich behandelt werden. Weisen Sie ausdrücklich auf die Behandlung des verschobenen Einwands hin, wenn Sie ihn ansprechen. Halten Sie bei diesem Hinweis Blickkontakt zum Einwender. Dieses Vorgehen fördert langfristig Ihre Glaubwürdigkeit.

Beteiligung
Eine sehr geschickte Möglichkeit, mit Einwänden konstruktiv umzugehen, ist die Beteiligung des Gesprächspartners an der Lösung. Fragen Sie ihn, was er tun würde, um den Einwand aus der Welt zu schaffen. Damit binden Sie Ihr Gegenüber als Fachmann oder Fachfrau in den Lösungsprozeß ein. Das verschafft positive Gefühle. Besonders bewährt hat sich die Beteiligung bei Menschen, die gerne ihre Sachkompetenz zur Schau stellen.
Schnell abbrechen sollten Sie die Anwendung dieser Technik, wenn Sie feststellen, daß Ihr Gegenüber keinen Lösungsvorschlag machen kann. Sonst fühlt sich der andere überfordert.
Ein weiteres Risiko in der Technik liegt in Lösungsvorschlägen, die für Sie nachteilig sind. Hat Ihr Gesprächspartner erst einmal eine ungünstige Lösung vorgeschlagen, ist es aufwendig, ihn von einer anderen Lösungsvariante zu überzeugen. Dazu soll ein Beispiel kurz kommentiert werden.

In einem Verkaufsgespräch findet folgender Dialog statt:

Käufer:	„Der Preis ist mir zu hoch."
Verkäufer:	„Was würden Sie an unserer Stelle tun, um den Nachteil des hohen Preises zu beheben?"
Käufer:	„Geben Sie mir fünfundzwanzig Prozent Rabatt."

Der Käufer legt sich hier auf eine Forderung fest. Das kann die Beziehung belasten, sofern der Verkäufer dieser Forderung nicht nachkommen kann oder will. Besser wäre es, wenn der Verkäufer auf die erste Aussage des Käufers folgendermaßen reagieren würde:

Verkäufer:	„Um Ihnen entgegen zu kommen, lassen Sie uns über eine geringfügige Verlängerung des Zahlungsziels sprechen. Welche Zahlungskonditionen haben Sie sich vorgestellt?"

Auch in diesem Fall wird der Käufer an der Lösung beteiligt. Allerdings gibt ihm der Verkäufer längst nicht soviel Spielraum wie im ersten Beispiel. Dennoch besteht auch hier die Gefahr, daß der Käufer ein Zahlungsziel nennt, das der Verkäufer nicht akzeptieren kann. Setzen Sie deshalb diese Technik ein, wenn Sie gemeinsam mit Ihrem Gesprächspartner schon ein gutes Stück auf dem Verhandlungsweg zurückgelegt haben. Der Spielraum Ihres Verhandlungspartners ist geringer, wenn Sie bereits Teilbereiche vereinbart haben.

Wer andere beteiligt, räumt Fremden Gestaltungsspielraum ein und baut eigene Steuerungsmöglichkeiten ab. Ist diese Tatsache erwünscht, so ist die Beteiligung eine hervorragende Möglichkeit, um die Akzeptanz der Lösungen durch die Beteiligten zu steigern.

Einwand gleich Fundament

Diese Technik baut auf dem Einwand des Gesprächspartners auf. Damit verliert die Einwandbehandlung Ihren widersprechenden Charakter und wird leichter vom Einwender akzeptiert. Eingeleitet wird diese Technik beispielsweise mit:

- „Deshalb ...”
- „Deswegen ...”
- „Gerade deshalb ...”
- „Genau das ist der Grund ...”
- „Genau deswegen ...”

Vielfach wird dieses Verfahren als moderne Weiterentwicklung der alten „Ja, aber ...-Technik” bezeichnet. Die „Ja, aber ...-Technik” reagiert auf einen Einwand mit der einleitenden Formulierung „Ja, aber...”. Das „Ja ...” beinhaltet eine *scheinbare* Zustimmung, das „...aber...” ist ein offener Widerspruch. Deshalb wird der Gesprächspartner bei häufigem Einsatz frustriert. Die Behandlung von Einwänden mündet dann oft in einen belastenden Schlagabtausch. Trotz dieser negativen Eigenschaften wird die „Ja, aber ...-Technik” leider noch gelehrt. Sie sollten diese Technik nur dann verwenden, wenn Ihnen eine gute Beziehung zum Gegenüber unwichtig ist! Auf jeden Fall sollten Sie auf die „Ja, aber ...-Technik” verzichten, wenn Sie überzeugen wollen.

Um die Technik „Einwand gleich Fundament” zu verdeutlichen, werden einige Einwandbeispiele behandelt.

Einwand 1:	„Die Küche ist nicht aufgeräumt.”
Einwand gleich Fundament:	„Deshalb fang schon mal mit dem Abwasch an.”

Einwand 2:	„Du gehst überhaupt nicht auf mich ein."
Einwand gleich Fundament:	„Genau das ist der Grund, weshalb wir uns mehr Zeit für uns nehmen sollten."
Einwand 3:	„Deine Arbeit ist fehlerhaft."
Einwand gleich Fundament:	„Gerade deshalb möchte ich mit Dir über Verbesserungen sprechen."
Einwand 4:	„Ihre Stellungnahme berücksichtigt wesentliche Faktoren nicht."
Einwand gleich Fundament:	„Deswegen werden wir auf einer abschließenden Folie die wesentlichen Fakten nochmals zusammenfassen und anschließend diskutieren."
Einwand 5:	„Das ist sehr teuer."
Einwand gleich Fundament:	„Gerade deshalb ist es besonders hochwertig."

Wir erleben es in unseren Videoanalysen sehr häufig, daß „Einwand gleich Fundament" sehr positiv vom Gegenüber aufgenommen wird. Die Technik „Einwand gleich Fundament" ist eine sehr wirksame Technik im Umgang mit Einwänden.

Teilung
Die Teilung ist eine vielfach angewandte Technik, um quantifizierbare Größen kleiner erscheinen zu lassen. Sie können diese Technik immer dann einsetzen, wenn große Zahlen abstoßen, und sie ins Verhältnis zu anderen Größen gesetzt werden können.

Beispielsweise rechnen Vertreter die Jahresbeiträge auf Monats-, Wochen- oder Tagesbeiträge um. Gärtner wenden diese Technik an, wenn sie nicht den Gesamtpreis der Pflanzen angeben, die zur Bepflanzung eines Beetes notwendig sind, sondern den Stückpreis. Oder sie geben die Kosten einer Hecke pro Meter an. Eigentumswohnungen werden zu Quadratmeterpreisen verkauft. In den genannten Beispielen werden Preise durch Teilung anders dargestellt. Ähnliches können Sie auch mit anderen Größen tun. So wird vielfach auch bei dem Faktor Zeit von dieser Möglichkeit Gebrauch gemacht. Häufig hört man Aussagen wie: „Das kostet Sie nur fünf Minuten pro Tag." Hier wird der Gesamtzeitaufwand mit der Anzahl der Tage in Beziehung gesetzt.

Sie können die Teilung auch dazu benutzen, um Menschen den Gesamtaufwand vor Augen zu führen. Wenn jemand zum Beispiel sagt, daß er pro Tag nur eine Stunde Fernsehen schaut, so können Sie ihm einmal den Gesamtaufwand in Lebensjahren vor Augen führen.

Wenn Aufwand kleingerechnet werden kann, so lassen sich Erträge umfangreicher darstellen. Wenn ein Sparvertrag im Monat nur 50,- DM Zinsertrag bringt, so ist das im Jahr schon eine größere Summe. Auf die Gesamtlaufzeit von mehreren Jahren gerechnet, entstehen leicht größere Beträge.

Mit der Teilung setzen Sie Größen ungewöhnlich in Beziehung, um sie in einem günstigeren Licht erscheinen zu lassen. Außerdem können Menschen ungewöhnliche Relationen nur schwer bewerten. Dadurch ist die Kontrollmöglichkeit des Gegenübers eingeschränkt. Auf der Aufwandseite rechnen Sie die Belastung für den Gesprächspartner durch die Betrachtung kleiner Zeiträume herunter. Auf der Ertragsseite addieren Sie so lange, bis sich große Beträge ergeben.

Pause

Die Pausentechnik ist eine der wichtigsten Möglichkeiten, um weitere Informationen vom Gesprächspartner zu erhalten und dadurch auch Zeit zu gewinnen. Es ist eine Technik, die den Anwender sehr selbstbewußt und stark wirken läßt.

Die Pausentechnik funktioniert folgendermaßen: Wenn Ihr Gesprächspartner seinen Einwand formuliert hat, schauen Sie ihn weiterhin erwartungsvoll an. Damit drücken Sie erhöhten Informationsbedarf aus. Halten Sie diese Pause circa drei Sekunden aus. Spricht Ihr Gegenüber dann noch nicht, können Sie einen auffordernden Urlaut in Form eines „mmmhs" senden. Danach schauen Sie Ihn nochmals mit einem erwartungsfrohen Ausdruck in den Augen ungefähr drei Sekunden an. Falls Ihr Gegenüber dann noch nicht spricht, hat er vielleicht wirklich nichts mehr zu sagen. Dann fangen Sie an zu sprechen. Durch eigenes Sprechen in diesem Fall vermeiden Sie den unangenehmen Beigeschmack von zu langen Pausen.

Die Pausentechnik ist in ihrer Wirkung ähnlich den Fragetechniken. Sie hat allerdings längst nicht deren direktive Wirkung. Das fördert vorteilhaft die Beziehungsebene. Die Pausentechnik bettet sich ganz harmonisch in den Gesprächsverlauf ein. Setzen Sie die Pausentechnik bevorzugt in Situationen ein, in denen Sie sich selbst etwas zurücknehmen möchten und gleichzeitig das Heft in der Hand halten wollen.

Nachdem Sie auf einen Einwand mit der Pausentechnik reagiert und die notwendigen Informationen erhalten haben, ist es dann meistens erforderlich, den Einwand mit einem Argument zum Beispiel sachlich zu entkräften.

Setzen Sie Pausen ein, um Ruhe in ein Gespräch zu bringen. Dadurch schaffen Sie Raum für überlegtes Verhandeln und Eingehen auf Einwände und Zwischenfragen.

Echosignal

Das Echosignal ist die Wiederholung eines Wortes aus der Aussage des Gesprächspartners in Frageform. Sie gewinnen dadurch Zeit und zusätzliche Informationen von Ihrem Gesprächspartner. Sie können über Echosignale Gespräche steuern, da der Gesprächspartner auf das Echo eingeht. In dem folgenden Beispiel haben wir die gesprächssteuernde Wirkung skizziert. Der Basiseinwand, der durch Echos behandelt werden soll, lautet: „Um diese Aufgabe zu lösen, fehlt Dir die notwendige Fachkompetenz."

Echosignal:	Gesprächsverlauf:
„Diese?"	In dem Gespräch wird durch dieses Echosignal in Frage gestellt, ob sich die fehlende Fachkompetenz nur auf *diese* Aufgabe bezieht. Reaktion: „Ja, mit *dieser* Aufgabe haben wir Frau Meyer betraut. Sonst sind wir mit Deiner Arbeit sehr zufrieden. Aber für *diese* Aufgabe ist sie besser qualifiziert."
„Aufgabe?"	Jetzt kann der Gesprächspartner zur *Aufgabe* Stellung nehmen. Reaktion: „Ja, diese *Aufgabe* ist wirklich zuviel für Dich. Du besitzt doch kaum Erfahrungen im Nahen Osten."
„Zu lösen?"	Das Thema wird auf die *Lösungsmöglichkeit* der Aufgabe gelenkt. Reaktion: „Einige *Lösungsmöglichkeiten* hat Frau Meyer schon vorschlagen.

„Fehlen?"	Das *Fehlen von Kompetenz* wird im weiteren Verlauf des Gesprächs erörtert werden. Reaktion: „Ja Dir fehlen einige Jahre Naher Osten!"
„Notwendige?"	Die *Notwendigkeit dieser Kenntnisse* wird zum Streitpunkt gemacht. Reaktion: „Es ist *notwendig*, für die Lösung des Problems arabisch sprechen zu können."

An diesem Beispiel ist zu sehen, wie der Gesprächsverlauf durch das Echosignal zielgerichtet beeinflußt werden kann. Sie haben um so mehr Anknüpfungspunkte, je mehr Ihr Gesprächspartner sagt. Suchen Sie sich den für Sie günstigsten Gesprächsverlauf heraus, und steuern Sie dann mit Echosignalen. Trotz der großen Vorteile dieser Technik sollten Sie sie sparsam nutzen. Ihr Gesprächspartner kann das Echosignal leicht durchschauen, und es besteht die Gefahr, daß Sie wie ein nachplappernder Papagei wirken. Deshalb setzen Sie diese Technik nur gezielt ein, auch wenn sie nahezu universell einsetzbar ist.

Spiegeln

Das Spiegeln umfaßt eine ganze Reihe von Varianten. Eine ausführliche Darstellung der Spiegeltechniken mit ihren Anwendungsmöglichkeiten würde den Rahmen der Einführung in die Einwandtechniken sprengen. Deshalb sollen hier nur zwei Grundtechniken, der Emotionsspiegel und der Informationsspiegel, vorgestellt werden.

195

Emotionsspiegel

Beim Emotionsspiegel geben Sie das vom Gesprächspartner wahrgenommene Gefühl zurück. Eingeleitet wird der Emotionsspiegel mit:

- „Du bist ... (Emotion)" oder
- „Sie sind ... (Emotion)"

Dazu einige Beispiele aus emotional geladenen Situationen.

Einwand:	„Du bist überhaupt nicht kooperativ."
Emotionsspiegel:	„Du bist aufgebracht."

Einwand:	„Sie sind vollkommen unflexibel."
Emotionsspiegel:	„Sie sind wütend."

Kein Hauch von Ironie darf in der Stimme liegen. Sonst wird die gewünschte Wirkung nicht erzielt, und es kommt zur Eskalation.

Sie verringern durch den Spiegel die negativen Emotionen des Gesprächspartners. Dem Gesprächspartner werden seine Empfindungen bewußt. Sie holen die Emotionen aus dem Bauch in den Kopf. Die Beziehungsebene wird gestärkt.

Durch das Ansprechen der Emotion kann es auch zu einem emotionalen Ausbruch kommen, der als reinigendes Gewitter auf der Beziehungsebene wirkt.

Durch den Einsatz dieser Technik gewinnen Sie außerdem zusätzliche Informationen. Ihr Gesprächspartner kann Ihnen erzählen, warum er gerade jetzt so empfindet. Verwenden Sie diese Technik also in emotionsgeladenen Situationen.

Setzen Sie den Emotionsspiegel nur bei negativen Gefühlen ein. Wenn Sie sie auf positive Gefühle anwenden, wird Ihr Gesprächspartner die positiven Gefühle bedenken und nicht mehr so intensiv fühlen. Möchten Sie positive Gefühle verstärken, so setzen Sie körpersprachliche Mittel ein. Teilen Sie das Gefühl Ihres Gegenübers besser durch Lächeln oder In-den-Arm-nehmen. Lassen Sie sich von positiven Emotionen anstecken.

Informationsspiegel
Der Informationsspiegel ist die Wiederholung der Aussage des Gesprächspartners mit eigenen Wörtern. Wichtig ist es, die Spiegel möglichst kurz und knapp zu formulieren. Diese Technik wird eingeleitet durch die Formulierungen:
- „Sie sagen ...”
- „Du sagst ...”
- „Sie fragen sich ...”
- „Du fragst Dich ...”
Der Informationsspiegel ist ein Aussagesatz. Deshalb senken Sie am Ende der Spiegelformulierung leicht Ihre Stimme. Falls Sie die Stimme heben, machen Sie aus dieser Spiegeltechnik eine geschlossene Frage. Ihr Gesprächspartner wird dann häufig nur mit „ja” oder „nein” antworten. Den möglichen Zeit- und Informationsgewinn verspielen Sie dadurch. Zum Informationsspiegel einige Beispiele:

Einwand:	„Deine Leistung ist zu gering.”
Informations-spiegel:	„Du sagst, daß ich zuwenig Arbeiten pro Woche fertigstelle.”
Einwand:	„Das Essen schmeckt nicht.”
Informations-spiegel:	„Du sagst, daß Dir nicht zusagt, was auf dem Tisch steht.”
Einwand:	„Ihre Kinder sind sehr frech.”
Informations-spiegel:	„Sie sagen, daß meine Kleinen schlagfertig sind.”

Einwand:	„Warum sind Sie nicht bereit, die Überstunden zu machen?"
Informations-spiegel:	„Sie fragen sich, ob ich Ihnen eine Begründung gebe?"
Einwand:	„Warum ist das noch nicht fertig?"
Informations-spiegel:	„Sie fragen sich, woran es liegt, daß ich mit der Sache noch beschäftigt bin."

Auch beim Informationsspiegel hat der Gesprächspartner mehrere Abwehrmöglichkeiten.

• Er kann nur mit „ja" oder „nein" reagieren.
• Er kann die Pausentechnik einsetzen.
• Er kann die Fragetypen einsetzen.

Dann sind die Vorteile des Zeit- und Informationsgewinns kaum vorhanden. Meist wird Ihr Gesprächspartner jedoch weitersprechen, weil Sie seine Assoziationen stark reizen.

Das Spiegeln ist eine sehr vorteilhafte Technik in der Verhandlungsführung. Sie können die Spiegeltechniken nutzen, um:

• eine gute Beziehung zum Gesprächspartner aufzubauen, da Sie Ihrem Gesprächspartner Möglichkeiten zur Selbstdarstellung geben.
• mehr Informationen zur Person und zur Sache zu bekommen, damit Ihre Argumentation besser auf den Partner abgestimmt werden kann.
• Ihren Gesprächspartner über seine Gefühle sprechen zu lassen und dadurch ein besseres Verständnis für die Situation des anderen zu bekommen.
• das eigene Zuhören zu kontrollieren und gegebenenfalls zu korrigieren.

- sich Zeit zum Nachdenken zu verschaffen, damit treffender formuliert und überlegter gehandelt werden kann.
- dem Gesprächspartner die Möglichkeit zu geben, Mißverständnisse zu korrigieren.
- Gespräche in eine gewollte Richtung zu lenken, damit beim Thema geblieben werden kann.
- Angriffe und Einwände zu behandeln und abzuwehren.

Alle diese Möglichkeiten sind für die Praxis der Gesprächsführung von großer Bedeutung. Mit etwas Übung können Sie die volle Variationsbreite dieser Technikgruppe ausschöpfen. In den Grundlagenseminaren zum Thema Schlagfertigkeit sind die Menschen schon nach kurzer Anleitung in der Lage, diese Techniken wirkungsvoll zu nutzen. In dem Buch „Die Magie der Schlagfertigkeit" sind die verschiedenen Spiegelvarianten ausführlicher dargestellt. Gerade das in Zusammenarbeit mit Teilnehmerinnen und Teilnehmern entstandene Trainingsprogramm zur Schlagfertigkeit legen wir Ihnen ans Herz.

Hypothese
Die Hypothese dient dazu, die Anzahl der Gegenargumente einzugrenzen.
Mit der Formulierung „*Nehmen wir an, daß* wir die Sache zu Ihrer Zufriedenheit lösen können, *können wir dann* die Papiere ausstellen?" machen Sie von der nächsten positiven Einwandbehandlung den Abschluß abhängig.
Ihr Gesprächspartner kann Ihrer Vorgehensweise zustimmen oder sie ablehnen. Stimmt er zu, behandeln Sie den Einwand mit allen Ihren Ressourcen und sorgen für die vorteilhafte Einwandbehandlung. Gelingt die Einwandbehandlung, können Sie in die Abschlußphase überleiten.
Lehnt Ihr Partner die Hypothese ab, reagieren Sie darauf mit einer offenen Frage wie zum Beispiel: „Welche Fragen

können wir außerdem gemeinsam klären?" Sie erreichen auch bei Ablehnung der Hypothese eine Begrenzung der Einwände, denn Sie machen es Ihrem Gegenüber durch die Frage schwerer, zahlreiche Gegenargumente zu nennen. Um die Anwendung anschaulicher zu gestalten, geben wir zwei Beispiele:

1. Beispiel
Es wird über ein neu einzuführendes Produktionsverfahren verhandelt.

Einwand:	„Das ist nicht wirtschaftlich."
Hypothese:	„Nehmen wir an, bei den monatlichen Unterhaltskosten bleiben wir unter der von Ihnen jetzt praktizierten Lösung. - Würden Sie dann auf das Verfahren umsteigen?"

Jetzt hat der Gesprächspartner die beschriebenen zwei Möglichkeiten.

1. Möglichkeit:	„Ja."

Nun haben Sie das Gegenargument der Wirtschaftlichkeit zu behandeln. Das Nennen weiterer Einwände wird erschwert, weil der Einwender sich auf diesen einen Einwand festgelegt hat.

2. Möglichkeit:	„Nein."

In diesem Fall möchte Ihr Gegenüber noch weitere Einwände formulieren. Deshalb geben Sie ihm an dieser Stelle durch eine offene Frage Gelegenheit dazu.

Ihre Reaktion:	„Welche weiteren Fragen können wir außerdem gemeinsam klären?"

Antwortet Ihr Gegenüber jetzt im Sinne der Frage, wird er Ihnen die anderen Gegenargumente nennen.

Weitere Gegen-argumente:	„Neben der Wirtschaftlichkeit des neuen Verfahrens bin ich mir in bezug auf die Arbeitssicherheit der verwendeten Maschine unsicher. Außerdem möchte ich eine Umweltbilanz für dieses Verfahren sehen."

Jetzt sind die Karten auf dem Tisch, und Sie können sie einzeln aufnehmen und Ihre Trümpfe ausspielen.

Beispiel 2
Ein Ehepartner beschwert sich über die Haushaltsorganisation.

Einwand:	„Deine Haushaltsorganisation ist schlecht."
Hypothese:	„Nehmen wir an, die Organisation des Haushalts könnte zu unserer beider Zufriedenheit verändert werden. Gibt es dann noch weitere Kritik?"
1. Möglichkeit:	„Nein."

Jetzt folgt die Diskussion der Haushaltsorganisation.

2. Möglichkeit:	„Ja."
Ihre Reaktion:	„Welche weiteren Kritikpunkte liegen Dir noch am Herzen?"
Weitere Kritikpunkte:	„Bei der Erziehung unserer Kinder könntest Du Dich auch etwas sensibler zeigen. Außerdem hat Deine Mutter schon wieder in unserer Dokumentenschublade geschnüffelt. So geht das nicht mehr weiter."

Es wird deutlich, daß eine ausführliche Diskussion des Zusammenlebens notwendig ist.

Die Hypothese bietet auch die Möglichkeit, langwierige Diskussionen abzukürzen. Manchmal werden Argumente immer wieder formuliert, bereits abgeschlossen gewähnte Einwände werden wieder genannt, und alles läuft in einer gereizten Atmosphäre ab. Die Hypothese bringt mehr Sachlichkeit und Struktur in den Diskussionsablauf. Auch hierzu ein kurzes Beispiel:

Diskussionsbeitrag:	„Wir sind zwar schon bei Punkt acht der Tagesordnung, aber ich habe da noch einmal eine Frage zu Punkt fünf. Bei der Einrichtung der Büros haben wir noch nicht über die Farbe der Papierkörbe diskutiert. Was halten Sie von einem schönen Schwarz? Oder sind Sie mehr für rot?"
Hypothese:	„Nehmen wir an, wir erledigen die Farbwahl fix - ist der Punkt dann endlich vom Tisch?"

Reaktion:	„Ja."
Lösung:	„Ist schwarz für Sie o.k.?"
Reaktion:	„Ja."
Abschluß:	„Gilt als beschlossen. Bei Punkt acht der Tagesordnung ging es um die Finanz- planung 1997 ..."

Die Beispiele zeigen die Wirkung dieser Einwandtechnik. Sie schränken die Anzahl möglicher Einwände ein und bestimmen damit die Richtung, in der das Gespräch weiterläuft.

Umdefinition

Diese Technik interpretiert einen Teil der Aussage des Ge- sprächspartners im eigenen Sinne um. Verwendet wird da- bei folgende Formulierung:

• „Wenn Sie unter ... verstehen, daß ..., dann ...."

In die erste Lücke gehört der Teil der Aussage des Ge- sprächspartners, der umdefiniert werden soll. Die zweite Lücke steht für Ihre Definition, und in die letzte Lücke ge- hört eine für Sie positive Darstellung.

Wir geben wieder einige Beispiele, die Sie mit dem Einsatz der Einwandtechnik vertrauter machen. In allen Fällen wird die negative Aussage des Gesprächspartners in eine positi- vere Form umdefiniert.

Einwand:	„Sie schaffen Ihre Arbeit nicht rechtzei- tig."
Umdefinition:	„Wenn Sie unter 'nicht rechtzeitig schaffen' verstehen, daß mir bei die- ser Aufgabe wichtig war, fehlerfrei zu arbeiten, auch auf die Gefahr hin, daß ich die vorgegebene Bear-

	beitungszeit geringfügig überschrei-te, dann stimme ich Ihnen zu."
Einwand:	„Ein wichtiger Kunde, der Herr Kohl, hat sich über Sie beschwert."
Umdefinition:	„Wenn Sie unter 'beschwert' verstehen, daß Herr Kohl ein paar wichtige Tips gegeben hat, dann sollten wir dieses Feedback nutzen."
Einwand:	„Sie Buddha."
Umdefinition:	„Wenn Sie unter 'Buddha' einen wei-sen Mann verstehen, dessen Ruf weit über die Grenzen seines eigenen Lan-des hinaus bekanntgeworden ist, dann bedanke ich mich für dieses Kompli-ment."
Einwand:	„Dein Vortrag ist zu weitschweifig."
Umdefinition:	„Wenn Du unter 'zu weitschweifig' verstehst, daß ich das Thema sehr ge-nau darstelle, dann hast Du recht."
Einwand:	„Du hast die Küche noch nicht aufge räumt."
Umdefinition:	„Wenn Du unter 'nicht aufgeräumt' verstehst, daß ich dabei bin zu ko-chen, dann siehst Du vor Dir jeman-den, der die Küchenarbeit voll im Griff hat."

Falls Ihr Gegenüber die Bedeutungsverschiebung akzep-tiert, haben Sie den Einwand für sich positiv umgestaltet.

Überspannen Sie den Bogen nicht, denn die Umdefinition ist eine Gratwanderung. Auf der einen Seite ist nur soweit umzudefinieren, daß der Gesprächspartner dem Gesagten noch zustimmen kann, auf der anderen Seite wird der volle Nutzen dieser Technik nur dadurch erreicht, daß der Einwand ins Positive gedreht wird. Wieweit Sie dabei gehen können, hängt von der Situation und Ihrem Gesprächspartner ab.

Die Umdefinition findet vielfache Anwendung in öffentlichen Darstellungen. Wenn Sie sich Interviews, Debatten und Gespräche anhören, werden Sie in vielen Fällen den Einsatz der Umdefinition nachweisen können. Nutzen Sie solche Beispiele, um die Anwendung der Umdefinition in der Praxis zu trainieren.

Achten Sie im betrieblichen und privaten Umfeld auf die Verwendung dieser Technik. Das Erkennen der Umdefinition bei anderen schützt Sie davor, durch die Umdefinition überrumpelt zu werden.

Damit Sie diese Technik sicher zu Ihrem Vorteil einsetzen können, ist Training wichtig. Üben Sie deshalb zunächst in Situationen, in denen Sie sich auch einmal einen sprachlichen Ausrutscher leisten können. Besonders nützlich sind da Trainingssituationen im privaten Umfeld, in denen die Beziehung zum Gesprächspartner sehr gut ist.

Vorwegnahme

Bei der Einwandvorwegnahme warten Sie nicht, bis Ihr Gegenüber den Einwand formuliert, sondern bringen Sie den Einwand selbst ins Spiel, um ihn dann direkt zu entkräften.

Durch diese Vorgehensweise wirken Sie besonders objektiv und offen. Bei rationalen Gesprächspartnern wird die Beziehungsebene dadurch günstig beeinflußt. Nehmen Sie nur Einwände vorweg, die Ihrem Gesprächspartner schon bekannt sind. Andernfalls wecken Sie schlafende Hunde.

In der Formulierung achten Sie darauf, daß Sie die Einwände einleitend etwas abschwächen. Dazu geben wir Ihnen einige einführende Formulierungen an:

- „Manche Menschen sagen hierzu ...”
- „Manchmal höre ich an dieser Stelle ...”
- „Einige Kunden vermuten hier ...”
- „Viele würden hier vielleicht auch sagen ...”
- „An dieser Stelle wird manchmal gesagt ...”

Nach der vorwegnehmenden Nennung des Einwandes wird er durch präzise Argumentation entkräftet. Sie können aber auch andere Verfahren zur Einwandbehandlung einsetzen. Bewährt hat sich zum Beispiel die Technik 'Einwand gleich Fundament'.

Rückzug

Aus gesprächstaktischen Gründen ist es von Ihnen manchmal klug, in kleinen Dingen nachzugeben, um in großen dann Ihr Anliegen durchzusetzen. Der Rückzug ist genau dieses Verfahren.

Beim Rückzug geben Sie bei einem kleinen Gegenargument nach. Sie geben zu, daß an der betreffenden Stelle tatsächlich ein Nachteil steckt. Sie wirken objektiv, und Ihr Gesprächspartner fühlt sich sehr wohl, wenn er sich mit seiner Sichtweise durchsetzen kann. Danach können Sie dann das Gewicht Ihrer Argumentation in die Waagschale werfen, um wichtige andere Bereiche durchzusetzen. Die meisten Menschen lassen sich von großen Vorteilen überzeugen, auch wenn diese positiven Seiten durch negative erkauft werden.

Die Einwandtechnik 'Rückzug' können Sie also dann besonders gut anwenden, wenn es um eine sachliche Abwägung der Vor- und Nachteile geht. Menschen, die von sich glauben, selbst gut verhandeln zu können, sind besonders dankbar, wenn auf vorgebrachte Einwände zurückziehend reagiert wird.

Gestehen Sie Nachteile nur zögerlich ein. Ihr Gesprächspartner wird weniger Erfolgsgefühle entwickeln, wenn Sie beim geringsten Anzeichen von Widerstand sofort nachgeben. Es ist eine bekannte Tatsache, daß Menschen, die zu schnell nachgeben, schnell als Opportunisten eingestuft werden. Deshalb wenden Sie die Technik 'Rückzug' zähneknirschend an.

Übergehen
Eine sehr beliebte Möglichkeit, mit unangenehmen Gegenargumenten umzugehen, ist das Ignorieren oder Übergehen. Sie haben bei jeder Formulierung Ihres Gesprächspartners die Wahl, ob Sie darauf eingehen möchten oder nicht. Ist eine Reaktion auf eine Aussage oder Frage nur nachteilig, unterlassen Sie sie.
Doch Vorsicht ist geboten. 'Übergehen' kann die Beziehung zu Ihrem Gesprächspartner belasten. Menschen wollen ernst genommen werden. Falls Sie einen Gesprächsbeitrag links liegenlassen, strafen Sie Ihren Gesprächspartner mit Ignoranz. Das wird ihm negative Gefühle bereiten. Deshalb wenden Sie diese Technik nur dann an, wenn die Beziehung zum Gesprächspartner diese Belastung aushält.
Vorteilhaft ist, daß Sie den Einwand tatsächlich vom Tisch haben, wenn Sie mit dem Übergehen durchkommen. Manchmal bemerken Menschen erst im nachhinein, daß sie übergangen wurden. Der Überzeugungserfolg kann dadurch nach dem Gespräch gefährdet werden. Nutzen Sie deshalb diese Technik nur sehr vorsichtig in Dialogen. Seinen Platz hat das Übergehen in stabilen guten Beziehungen, die langfristig angelegt sind. Dort verkraftet die Beziehung die unangenehmen Gefühle, die mit dem Einsatz für den Gesprächspartner verbunden sind.

Ablehnen

Stärker als das Übergehen ist das offene Ablehnen der Antwort. Es gibt viele Gründe, die ein sofortiges Reagieren als nicht empfehlenswert erscheinen lassen:

- Es fehlen noch zusätzliche Informationen.
- Sie wollen Zeit gewinnen.
- Sie wollen über andere Punkte sprechen.
- Der Gesprächspartner ist zu neugierig.
- Eine Antwort gibt Vertraulichkeiten preis.
- Die Aussage des Gesprächspartners ist unsachlich.
- Der Angriff ist so beleidigend und niveaulos, daß eine Behandlung unwürdig ist.

Falls Sie sich zum Ablehnen entscheiden, ist es zur Erhaltung einer möglichst guten Beziehung zum Gegenüber nützlich, wenn Sie das Ablehnen begründen. Zumindest verkleinern Sie dadurch den auf der Beziehungsebene entstehenden Schaden. Auch zur Technik 'Ablehnen' erhalten Sie wieder einige Beispiele, die aus unserer eigenen Praxis oder von Seminarteilnehmern stammen.

- „Weil diese Stellungnahme vom Thema wegführt, werde ich darauf nicht eingehen."
- „Da Ihre Aussage unter dem Niveau dieser Konferenz ist, brauchen wir das wohl nicht zu behandeln."
- „Das ist mir zu persönlich. Deshalb sage ich dazu nichts."
- „Ich bin an dieser Stelle zur Verschwiegenheit verpflichtet. Deshalb werde ich nicht dazu Stellung nehmen."

Beachten Sie, daß in den Beispielen die Begründung für die Ablehnung immer vor der Ablehnung selbst steht. Dadurch lehnen Sie überzeugender ab.

Achten Sie darauf, daß Sie mit starken Worten sprechen.

Vermeiden Sie also beispielsweise 'sollte', 'könnte', 'eigentlich' und 'möchte'. Ein Negativbeispiel für eine derartig schwammige Formulierung ist: „Weil mir das eigentlich zu persönlich ist, möchte ich dazu vielleicht lieber nichts sagen." Diese Formulierung lädt förmlich zur Diskussion ein. Die Chance, eine scharfe Grenze zu ziehen, ist vertan. Sie geraten in Rechtfertigungsdruck. Wenn Sie sich einmal entschieden haben, die Ablehnung anzuwenden, dann setzen Sie diese Technik auch mit der gebotenen Härte ein.

Manchmal erleben wir in Seminaren, daß Menschen diese Technik als sehr belastend für die Beziehung empfinden und sie deshalb nur ungern einsetzen. Es ist richtig, daß das Ziehen scharfer Grenzen Beziehungen belasten kann. Dennoch ist es häufig notwendig. Menschen, die klare Grenzziehungen unterlassen, werden häufig gegen ihren Willen ausgehorcht oder ausgenutzt.

Am Ende des Abschnitts über Einwandtechniken wollen wir Einwände von Vorwänden unterscheiden.

Einwände sind sachlich motivierte Reaktionen. Einwände zeigen direkt auf, was den Gesprächspartner stört. Sie werden im Gespräch immer vorrangig behandelt. Durch geschickte Argumentation wird der Grund des Einwandes für den Gesprächspartner behandelt. Sind alle Einwände zur Zufriedenheit des Gesprächspartners behandelt, gibt es keinen Grund mehr, sich nicht überzeugen zu lassen.

Vorwände verschleiern hingegen die tatsächlichen Gründe. Beispielsweise kann ein Käufer, dem der Verkäufer unsympathisch ist, scheinbar sachlich reagieren, um nicht kaufen zu müssen. Oder in Partnerschaften wird das „Nein" zum Kinobesuch maskiert durch das schlechte Wetter. Ehe ein Vorwand von Ihnen behandelt werden kann, finden Sie den wirklichen Grund heraus. Ist er ausfindig gemacht, wird ein Vorwand genau wie ein Einwand behandelt.

Die Unterscheidung von Einwänden und Vorwänden ist in der Praxis knifflig. Durch welche Kriterien lassen sich Einwände von Vorwänden unterscheiden, auch wenn sie gleich formuliert sind?

- Manchmal lassen sich Erkenntnisse gewinnen, indem die Körpersprache des Gesprächspartners genau beobachtet wird. Ein ausweichender Blick nach oben oder unten und eine abwehrende Geste sagen manchmal mehr als Worte.
- Auch die Hartnäckigkeit des Einwenders liefert Anhaltspunkte. So sind viele Aussagen zu ganz verschiedenen Eigenschaften der Sache, von der überzeugt werden soll, ein guter Hinweis darauf, daß hier sachliche Gegenargumente nur die tatsächliche Ablehnung auf einer anderen Ebene verschleiern sollen.

Liegt ein Vorwand vor, vermeiden Sie sachliche Behandlungsversuche.

Notwendige Voraussetzung guter Einwandbehandlung ist natürlich die sachliche Korrektheit. Ohne umfangreiche sachliche Kompetenz ist überzeugende Einwandbehandlung kaum möglich. Umgekehrt sind mit Fachkompetenz alleine Überzeugungserfolge nur schwer zu erzielen. Beherrschte Einwandbehandlungen und fachliches Wissen müssen zusammenkommen.

Sie haben in diesem Kapitel eine ganze Reihe verschiedener Strategien zur Einwandbehandlung kennengelernt. Da Ihre Reaktion auf Einwände immer von der jeweiligen Situation und vom Gegenüber abhängig sein sollte, gibt es keine Königstechnik, die immer und überall die beste wäre. Deshalb ist es für schlagfertiges Verhalten in Gesprächen wichtig, alle Techniken intuitiv zu beherrschen.

Sie haben in der Dialogsituation viele Aufgaben zu erfüllen. Sie müssen gleichzeitig zuhören, nachdenken, argumentieren und Gruppenprozesse steuern. Sie sind in jedem Augenblick des Gesprächs gefordert, diese Aufgaben gleichzeitig bewußt zu koordinieren. Damit ist das Bewußte oft überfordert. Doch es hat einen starken Partner - das Unbewußte. Trauen Sie Ihrem Unbewußten die Koordination der ganzen Abläufe zu. Sie werden überrascht sein, wie leicht sich Verhaltensänderungen herbeiführen lassen.

In der Anwendung der Einwandtechniken ist dieses unbewußte Beherrschen erstrebenswert. Ihr Unbewußtes ist in der Lage, die jeweils beste Formulierung innerhalb von Bruchteilen einer Sekunde zu konstruieren und dabei all die Vor- und Nachteile der einzelnen Techniken abzuwägen. Notwendig für diese große Leistung des Unbewußten ist Training. Durch intensives Training gehen die Techniken mehr und mehr in Fleisch und Blut über, so daß sie unbewußt richtig eingesetzt werden.

In einigen Abschnitten dieses Kapitels haben wir schon Trainingshinweise gegeben. Am effektivsten trainieren Sie durch bewußten Einsatz zunächst weniger Techniken. Die Palette der eingesetzten Techniken läßt sich dann nach und nach erweitern. Sie können in jedem Dialog trainieren. Vielfach brauchen Sie nicht einmal auf Einwände zu warten, sondern können auch auf ganz harmlose Aussagen Ihres Gesprächspartners mit den Techniken reagieren.

Sie sehen, Einwandtechnik ist kein Buch mit sieben Siegeln. Durch tägliches Training sind die angeführten Techniken leicht lernbar. Es wird Ihnen großen Spaß machen, wenn Sie sehen, wie schnell sich Erfolge einstellen.

b) Einwandkartei

Eine effektive Möglichkeit, seine Einwandbehandlung zu verbessern, bietet die Einwandkartei. Dazu sammeln Sie Einwände und Angriffe aus Ihrer Praxis. Notieren Sie diese Einwände auf Karteikarten. Wenden Sie dann mündlich auf jeden Einwand Ihrer Sammlung zunächst eine Technik an. Dann nehmen Sie eine andere Technik und verfahren genauso. So trainieren Sie die verschiedenen Techniken an

Beispielen aus Ihrem Alltag. Das macht Sie immer gewandter in der Behandlung von Einwänden und Angriffen.

Wenn Sie noch weiteres Trainingsmaterial für die Techniken besonders für Angriffssituationen brauchen, können Sie im DAHMS-Erfolgsprogramm zur Schlagfertigkeit in „Die Magie der Schlagfertigkeit" weitere Übungen finden.

c) Zwanzig Einwände aus der Praxis

Im folgenden sind zwanzig Einwandbeispiele aus der beruflichen und privaten Praxis zusammengestellt. Diese werden jeweils mit einigen der beschriebenen Techniken behandelt. Versuchen Sie zu Übungszwecken, andere Lösungsmöglichkeiten zu finden. Einige Techniken, die in der Anwendung recht einfach sind oder bei allen Einwänden ähnlich sind, werden nicht verwendet. Die Pausentechnik, die Einwandvorwegnahme, der Rückzug und das Übergehen werden nicht genutzt.

Einwände, die eher im beruflichen Umfeld anzusiedeln sind:

1. Einwand: „Das Sofa kostet zu viel."

Ähnliches Verhalten aufzeigen	„Beim Kauf Ihres Eßzimmers haben Sie auch das hochwertigere Produkt bevorzugt."
Verschieben	„Über die Finanzierungsmöglichkeiten können wir uns gleich noch unterhalten."
Einwand gleich Fundament	„Gerade deswegen ist es ein besonders haltbares Stück."
Teilung	„Sie erhalten hier eine bequeme Sitzgelegenheit, die pro Sitzplatz nur DM 830,00 kostet. Ein

	Sessel würde DM 1.340,00 ko-sten."
Echosignal	„Viel?"
Spiegeln	„Sie sagen, daß wir über den Preis noch sprechen müssen."
Hypothese	„Nehmen wir an, ich kann für Sie bei meinem Chef noch ei-nen Rabatt von 10 % herunter-handeln, ist dieses zeitlose Sofa dann für Sie das richtige?"
Umdefinition	„Wenn Sie unter 'viel' verstehen, daß Sie ein besonderes Qualitäts-produkt erhalten, dann stimmt's."

2. Einwand: „Die Ware brauche ich aber früher."

Ähnliches Verhalten aufzeigen	„Das letzte Mal war eine Liefer-zeit von drei Wochen in Ordnung."
Verschieben	„Ich werde mit dem Leiter der Versandabteilung sprechen, ob wir Ihren Auftrag vorziehen können."
Beteiligung	„Wie können wir Ihren Engpaß überbrücken?"
Einwand gleich Fundament	„Gerade deswegen werden wir einen schnellen Lieferweg wäh-len."
Spiegeln	„Sie sagen, daß wir neue Liefer-fristen aushandeln sollen."

Hypothese	„Nehmen wir an, wir können Ihnen bei den Lieferfristen entgegenkommen. Ist Ihre Bestellung dann verbindlich?"
Umdefinition	„Wenn Sie unter 'früher' verstehen, daß wir drei Tage vor dem vereinbarten Zeitpunkt die Teile ausliefern, dann haben Sie recht."

3. Einwand: „Der Herr Müller hat sich über Sie beschwert."

Ähnliches Verhalten aufzeigen	„Früher haben Sie sich auf Ihr eigenes Urteil verlassen."
Verschieben	„Über diesen Vorgang sollten wir uns einmal in Ruhe unterhalten. Ich schlage vor, daß ich später in Ihr Büro komme."
Beteiligung	„Wie soll ich jetzt mit Herrn Müller umgehen?"
Einwand gleich Fundament	„Gerade deswegen sollten wir einen Termin zu dritt machen."
Echosignal	„Herr Müller?"
Spiegeln	„Sie sagen, daß es zu einem Mißverständnis gekommen sei."
Hypothese	„Nehmen wir an, es gibt für mein

	Verhalten eine plausible Erklä-rung. Wäre mein Verhalten dann für Sie akzeptabel?"
Umdefinition	„Wenn Sie unter 'beschweren' verstehen, daß er mit unseren Konditionen nicht ganz zufrie-den ist, dann stimme ich Ihnen zu."
Ablehnen	„Weil ich das nicht hier vor den anderen diskutieren werde, sage ich dazu nichts."

4. Einwand: „Mit der Firma Mayer sind wir sehr zufrieden."

Ähnliches Verhalten aufzeigen	„Früher haben Sie sich auch an-dere Angebote schicken lassen, um die günstigste Alternative zu wählen."
Verschieben	„Lassen Sie uns über die Firma Mayer zu einem späteren Zeit-punkt sprechen."
Einwand gleich Fundament	„Gerade deswegen möchte ich Ihnen unser neues Verfahren vorstellen."
Echosignal	„Sehr?"
Spiegeln	„Sie fragen, ob die Firma Mayer die optimale Lösung ist."
Hypothese	„Nehmen wir an, ich könnte deutlich unter den Preisen der

	Firma Mayer bleiben. Ist das dann interessant für Sie?"
Umdefinition	„Wenn Sie unter 'sehr zufrieden' verstehen, daß Sie schon lange mit der Firma Mayer zusammenarbeiten, dann haben Sie recht."

5. Einwand: „Soviel wollte ich nicht ausgeben."

Ähnliches Verhalten aufzeigen	„Früher haben Sie sich auch für die beste Alternative entschieden."
Beteiligung	„Welche Lösung schwebt Ihnen denn vor?"
Einwand gleich Fundament	„Gerade deswegen ist es notwendig, noch einmal die wichtigsten Eigenschaften zusammenzufassen."
Echosignal	„So viel?"
Spiegeln	„Sie sagen, daß Sie sich noch nicht genau entschieden haben."
Hypothese	„Nehmen wir an, ich räume Ihnen Skonto ein. Ist es dann in Ordnung?"

6. Einwand: „Bei Mayer & Co. haben wir uns für die nächsten drei Monate eingedeckt."

Verschieben	„Lassen Sie uns dann in zwei Monaten noch einmal darüber reden. Wann soll ich vorbeikommen?"
Beteiligung	„Wann soll ich mich wieder melden?"
Einwand gleich Fundament	„Gerade deswegen haben wir Zeit, Ihnen ein ausführliches Angebot zu machen."
Echosignal	„Drei Monate?"
Spiegeln	„Sie sagen, daß Sie in drei Monaten wieder Bedarf haben."
Hypothese	„Nehmen wir an, ich kann Ihnen ein besonders gutes Angebot machen. Kommen wir dann ins Geschäft?"

7. Einwand: „Die von Ihnen vorgeschlagene Planungsphase ist um zwei Monate zu lang."

Ähnliches Verhalten aufzeigen	„Bei unserer letzten Zusammenarbeit bestanden Sie auch auf einer genauen Vorbereitung."
Verschieben	„Über den genauen Zeitbedarf können wir in der nächsten Woche sprechen."
Beteiligung	„Wie sollen wir die Planungsarbeiten beschleunigen?"

Einwand gleich Fundament	„Gerade deswegen müssen wir noch einen zweiten Ingenieur hinzuziehen."
Teilung	„Wenn wir das gesamte Projekt betrachten, ist das eine Erhöhung des Zeitbedarfs um gerade mal 4%."
Spiegeln	„Sie sagen, daß wir unter Termindruck stehen."
Hypothese	„Nehmen wir an, ich könnte die Planungsphase verkürzen. Können wir den Rest des Zeitplans dann festlegen?"
Umdefinition	„Wenn Sie unter 'zu lang' verstehen, daß wir alle Berechnungen sehr genau durchführen werden, dann stimme ich Ihnen zu."
Ablehnen	„Weil sich daran nichts ändern läßt, werde ich das nicht mehr diskutieren."

8. Einwand: „Bieten Sie kostenlose Serviceleistungen an?"

Verschieben	„Über den Service vor Ort können wir später sprechen."
Beteiligung	„Welche zusätzlichen Leistungen erwarten Sie?"
Spiegeln	„Sie sagen, daß wir noch einen zusätzlichen Kontrollservice anbieten sollen."

Hypothese	„Nehmen wir an, die Serviceleistungen entsprechen Ihren Erwartungen. Unterschreiben Sie dann?"

9. Einwand: „Wir möchten das erst in drei Monaten bezahlen."

Ähnliches Verhalten aufzeigen	„Früher wollten Sie andere Zahlungsbedingungen haben."
Verschieben	„Über die Abwicklungsfragen können wir zum Schluß sprechen."
Beteiligung	„Wie stellen Sie sich das vor?"
Einwand gleich Fundament	„Gerade deswegen müssen wir noch einmal über den Preis sprechen."
Echosignal	„In drei Monaten?"
Spiegeln	„Sie sagen, daß wir die Zahlungsbedingungen noch einmal diskutieren sollen."
Hypothese	„Nehmen wir an, ich kann Ihnen da entgegen kommen. Werden Sie dann unser Angebot annehmen?"

10. Einwand: „Ihre Qualität können wir unseren Kunden nicht anbieten."

Ähnliches Verhalten aufzeigen	„Früher hat Ihnen dieser Qualitätsstandard für die gewünschten Anwendungen genügt."
Verschieben	„Über eine Erhöhung der Haltbarkeit können wir später sprechen."
Beteiligung	„Wie sollen wir noch größere Qualität zu gleichen Preisen anbieten? Was schlagen Sie vor?"
Einwand gleich Fundament	„Gerade deswegen müssen wir verbindliche Produkteigenschaften festlegen."
Echosignal	„Nicht?"
Spiegeln	„Sie sagen, daß Sie die Materialstandards verändern möchten."
Hypothese	„Nehmen wir an, die Qualitätskontrollen könnten verbessert werden. Ist dieses Produkt dann für Sie geeignet?"

Einwände, die eher im privaten Umfeld anzusiedeln sind:

11. Einwand: „Du hast zu wenig Zeit für mich."

Ähnliches Verhalten aufzeigen	„Früher hast Du Dich nie beklagt."
Verschieben	„Laß uns darüber morgen reden."

Beteiligung	„Wie sollen wir Zeit einsparen?"
Einwand gleich Fundament	„Gerade deswegen fahre ich ja mit Dir in Urlaub."
Teilung	„Ich verbringe pro Tag mehr als vierzehn Stunden mit Dir."
Spiegeln	„Du fragst Dich, wie wir mehr miteinander unternehmen können."
Hypothese	„Nehmen wir an, ich könnte das kommende Wochenende mit Dir verbringen. Ist es dann in Ordnung?"
Umdefinition	„Wenn Du unter 'zu wenig' verstehst, daß ich sehr viel arbeiten muß, dann stimme ich Dir zu."
Ablehnen	„Weil das jetzt der falsche Zeitpunkt ist, werde ich dazu nichts sagen."

12. Einwand: „Du beteiligst Dich nicht genug an der Hausarbeit."

Ähnliches Verhalten aufzeigen	„Früher hast Du gerne die Hausarbeit alleine gemacht."
Verschieben	„Laß uns da jetzt nicht drüber sprechen."
Beteiligung	„Was soll ich denn machen?"
Einwand gleich Fundament	„Und gerade deswegen kommen wir uns da auch nicht ins Gehege."

Echosignal	„Nicht genug?"
Spiegeln	„Du sagst, daß Du diese Aufgabe nicht mehr alleine erfüllen willst."
Hypothese	„Nehmen wir an, daß ich mich nächsten Samstag um die Kleinen kümmere. Ist es dann in Ordnung?"
Umdefinition	„Wenn Du unter 'Hausarbeit' das Kochen verstehst, dann stimme ich Dir zu."
Ablehnen	„Weil ich jetzt das Fußballspiel sehen möchte, möchte ich im Augenblick nicht darüber sprechen."

13. Einwand: „Dir rinnt das Geld durch die Finger."

Ähnliches Verhalten aufzeigen	„Früher hast Du mir bei der Haushaltsführung auch freie Hand gelassen."
Verschieben	„Über die finanziellen Dinge müssen wir doch nicht beim Essen sprechen. Nachher haben wir dafür Zeit genug."
Beteiligung	„Worauf möchtest Du denn verzichten?"
Einwand gleich Fundament	„Gerade deswegen hast Du jeden Tag ein tolles Essen."

Spiegeln	„Du fragst Dich, wie ich mit dem Haushaltsgeld auskomme."
Hypothese	„Nehmen wir an, ich könnte Dir genau sagen, wofür das Geld verwendet wird. Wirst Du Dich dann nicht mehr in meinen Verantwortungsbereich einmischen?"
Umdefinition	„Wenn Du unter 'rinnen' verstehst, daß unser hoher Lebensstandard finanziert werden muß, dann hast Du recht."
Ablehnen	„Weil das nicht hierhin gehört, spreche ich jetzt nicht mit Dir darüber."

14. Einwand: „Früher war das alles anders."

Verschieben	„Über das Vergangene können wir später sprechen."
Beteiligung	„Welche Veränderungen schlägst Du vor?"
Einwand gleich Fundament	„Gerade deswegen müssen wir uns neuen Entwicklungen anpassen."
Echosignal	„Alles?"
Spiegeln	„Du bist enttäuscht."
Umdefinition	„Wenn Du unter 'alles' verstehst, daß sich vieles bei uns weiterentwickelt hat, dann stimme ich Dir zu."

Ablehnen	„Weil das mal wieder so eine Killerphrase ist, sage ich dazu weiter nichts."

15. Einwand: „Wir sollten mal getrennt Urlaub machen."

Ähnliches Verhalten aufzeigen	„Früher war es Dir sehr wichtig, daß wir gemeinsam unsere Freizeit verbringen."
Verschieben	„Über die Urlaubsplanung können wir nächste Woche sprechen."
Beteiligung	„Wie möchtest Du unsere Konflikte in den Griff bekommen?"
Einwand gleich Fundament	„Gerade deswegen ist es wichtig, ein Urlaubsziel zu finden, das uns beiden gerecht wird."
Echosignal	„Getrennt?"
Spiegeln	„Du fragst nach meinen Urlaubsplänen."
Hypothese	„Nehmen wir an, ich würde ein Ziel wählen, das Dir sehr gut gefällt. Fahren wir dann zusammen in Urlaub?"
Umdefinition	„Wenn Du unter 'getrennt' verstehst, daß jeder auf seine Kosten kommen soll, dann hast Du recht."

Ablehnen	„Weil wir *erst nächste Woche* die Urlaubsplanung in der Firma machen, möchte ich das jetzt nicht besprechen."

16. Einwand: „Laß mich doch mal in Ruhe die Zeitung lesen."

Ähnliches Verhalten aufzeigen	„Früher hast Du Dich viel mehr mit Deiner Familie beschäftigt."
Beteiligung	„Wie stellst Du Dir unsere gemeinsame Freizeitgestaltung vor?"
Einwand gleich Fundament	„Genau das ist der Grund, weshalb es so viele Mißverständnisse zwischen uns gibt."
Echosignal	„Mal?"
Spiegeln	„Du sagst, daß Dir die Nachrichten von gestern wichtiger sind als Deine Familie."
Hypothese	„Nehmen wir an, ich lasse Dich jetzt in Ruhe. Gehen wir dann später noch etwas raus?"

17. Einwand: „Die Sonne scheint, und Du willst ausschlafen."

Ähnliches Verhalten aufzeigen	„Früher bist Du gerne noch etwas liegengeblieben."

Verschieben	„Darüber können wir nachher sprechen."
Beteiligung	„Wie möchtest Du diesen Morgen gestalten?"
Einwand gleich Fundament	„Gerade deswegen wird es ein besonders schöner Tag."
Teilung	„Den ganzen Sonntag haben wir für uns. Und Du regst Dich wegen einer halben Stunde auf."
Spiegeln	„Du sagst, daß Du mich aus dem Bett werfen möchtest."
Hypothese	„Nehmen wir an, ich stehe in einer Viertelstunde auf. Ist das dann in Ordnung?"
Umdefinition	„Wenn Du unter 'Sonne scheint' verstehst, daß gerade mal kein Regen fällt, dann stimme ich Dir zu."
Ablehnen	„Weil ich dies heute morgen nicht diskutieren will, laß mich in Ruhe."

18. Einwand: „Die Mayers haben schon wieder ein neues Auto."

Ähnliches Verhalten aufzeigen	„Früher warst Du nicht so versessen auf Konsum."

Verschieben	„Über die Produkt entscheidungen unserer Nachbarn können wir ein anderes Mal sprechen."
Beteiligung	„Wie gedenkst Du jetzt Deine Selbstachtung zu wahren?"
Teilung	„Ihr letztes Auto haben sie vor fünf Jahren gekauft."
Spiegeln	„Du sagst, daß Du eine ausgezeichnete Beobachtungsgabe hast."
Umdefinition	„Wenn Du unter 'neu' verstehst, daß es noch sehr gut aussieht, dann stimme ich Dir zu."
Ablehnen	„Weil mich Dein Nachbarschaftsklatsch nicht interessiert, möchte ich über was anderes reden."

19. Einwand: „Hier wird nicht geraucht."

Ähnliches Verhalten aufzeigen	„Früher, als Du selber noch geraucht hast, hat es Dich auch nicht gestört."
Verschieben	„Über dieses Thema können wir nachher noch sprechen."
Beteiligung	„Wie wirst Du das unseren Gästen beibringen?"
Einwand gleich Fundament	„Gerade deswegen sollten wir besser im Garten feiern."

Spiegeln	„Du sagst, daß Dich das Rauchen stören könnte."
Hypothese	„Nehmen wir an, ich finde eine Lösung mit dem Rauchen. Können wir es dann so machen, wie ich es vorgeschlagen habe?"
Umdefinition	„Wenn Du unter 'nicht' verstehst, daß wir unsere Gäste bitten können, zeitweise auf das Rauchen zu verzichten, dann stimme ich mit Dir überein."
Ablehnen	„Weil mich Deine intolerante Ansicht nicht interessiert, werde ich Dir darauf nicht antworten."

20. Einwand: „Muß ich mich denn auch noch um die Mathematikaufgaben des Kleinen kümmern?"

Ähnliches Verhalten aufzeigen	„Früher hast Du Dich gerne mit Deinem Sohn beschäftigt."
Beteiligung	„Wie sollen wir denn die anfallenden Arbeiten Deiner Meinung nach verteilen?"
Teilung	„Den ganzen Tag hast Du Dich um Deine eigenen Angelegenheiten gekümmert. Dann kannst Du jetzt mal eine Stunde für Deinen Sohn opfern."

Echosignal	„Auch noch?"
Spiegeln	„Du sagst, daß Du Deinem Sohn nicht helfen willst."
Hypothese	„Nehmen wir an, ich mache die Aufgaben mit unserem Sohn. Räumst Du dann die Küche auf?"

4) Die Abschlußtechniken

Lernen Sie, Abschlußsignale zu erkennen und die Techniken einzusetzen, um den Abschluß zu beschleunigen. Trainieren Sie, Abschlußtechniken dann anzuwenden, wenn es in der Sache für *alle* Beteiligte vorteilhaft ist.

Dieser Abschnitt handelt von verschiedenen Möglichkeiten, den Abschluß des Gesprächs zu forcieren. Abschlußtechniken sind sehr starke Werkzeuge, mit denen Sie Ihren Gesprächspartner bewußt in eine Richtung steuern, die Ihnen nützt. Berücksichtigen Sie beim Einsatz dieser Techniken ausschließlich Ihren eigenen Vorteil, so müssen Sie sich zu Recht als Manipulateur bezeichnen lassen. Manipulation liegt immer dann vor, wenn ausschließlich der Nutzen des Beeinflussers in einer Verhandlungssituation beachtet wird, und der Nutzen des Beeinflußten

- egal ist,
- keine Rolle zu spielen braucht

oder

- verkleinert wird.

Wir fordern Sie dringend auf, die Abschlußtechniken ausschließlich in Situationen zu nutzen, in denen ein echter Nutzen für Ihren Gesprächspartner realisiert wird. Nur auf diesem Weg werden Sie dauerhaft Ihren Nutzen maximieren. Neben anderen wichtigen Faktoren hängt auch von Ihrem Einsatz der Abschlußtechniken ab, ob Sie als Eintagsfliege am Markt den nächsten Sonnenaufgang nicht mehr erleben werden oder ob Sie als dauerhaft verläßlicher Ansprechpartner gemeinsam mit Ihrem Gesprächspartner gewinnen. Wer langfristig erfolgreich überzeugen will, hat nur eine Möglichkeit: Er muß in der Summe den Nutzen des Gesprächspartners steigern.

Der Abschluß ist das Ziel vieler Gespräche. Deshalb ist es wichtig, gerade diese Phase geschickt zu gestalten. Dazu sind Signale Ihres Gesprächspartners wichtige Hinweise. Einige körpersprachliche Abschlußsignale sind folgende:

- **Ihr Gesprächspartner verringert die Distanz zu Ihnen.**
  Das ist ein Hinweis auf eine gute tragfähige Beziehungsebene. Kommt dieses Verhalten plötzlich, so kann das ein Zeichen sein, daß der Partner im Gespräch jetzt alle Fragen geklärt hat und die Besprechung gerne abschließen möchte.

- **Ihr Gegenüber sendet verstärkt Zustimmungssignale.**
  Dazu gehört das Öffnen der Haltung, Kopfnicken, Lächeln und die Verstärkung des Blickkontakts.

- **Ihr Gesprächspartner greift zu Utensilien, die für die Abschlußphase gebraucht werden.**
  Während des Verkaufsgesprächs werden beispielsweise Vertragsformulare, Brille oder Schreibgerät in die Hand genommen.

- **Ihr Gegenüber sendet Signale, die darauf hinweisen, daß das Gespräch nun lange genug gedauert hat.**
  Anzeichen dafür, daß Ihr Gegenüber seinen Platz verlas-

sen möchte, sind zum Beispiel der Blick zur Uhr oder zur Türe. Einpacken der Unterlagen und der Griff zu Mantel, Jacke, Hut oder Schirm zeigen den Wunsch, das Gespräch zu beenden.

Neben den nichtsprachlichen Zeichen gibt es auch sprachliche Signale, die die Abschlußphase kennzeichnen können. Hierhin gehören folgende Hinweise:

- **Ihr Gesprächspartner stimmt Ihnen zu.**
  Er macht Aussagen, wie: „ja, genau, sehe ich genauso."
- **Abwicklungsfragen treten in den Vordergrund.**
  Beispiele sind:
  „Wie lange dauert das?"
  „Wann können Sie liefern?"
  „Welche Vereinbarung können wir für die Zukunft treffen?"
- **Die Folgen der Vereinbarung werden thematisiert.**
  Beispielsweise taucht die Frage auf:
  „Was passiert, wenn ...?"

Dies sind eine Reihe von Signalen, die Sie beobachten können und die den Abschluß anzeigen. Um sicherzugehen, daß Ihr Gesprächspartner den Abschluß jetzt will, verlassen Sie sich nicht nur auf ein Signal, sondern betrachten Sie die gesamte körpersprachliche Wirkung. Spätestens dann, wenn solche Abschlußsignale verstärkt auftauchen, gilt es, den Abschluß zu fördern.

Dazu bieten sich die folgenden Techniken an:

a)	**„Es-entgeht-Ihnen-etwas-Technik"**
b)	**Betonung der Abwicklung**
c)	**Objektivität**
d)	**Wegweiser**
e)	**Ablehnung provozieren**

f)	Beziehungstechnik
g)	Teilkonsens nutzen
h)	„Einwand-Abschluß-Technik"

Wir werden die einzelnen Techniken kurz beschreiben und einige Beispiele dazu geben. Steuern Sie gefühlvoll auf den Abschluß zu, sonst besteht die Gefahr, daß Sie Ihren Gesprächspartner verschrecken.

a) „Es-entgeht-Ihnen-etwas-Technik"
Diese Technik stellt einen Vorteil für den Gesprächspartner in den Vordergrund, den er nur bei sofortigem Abschluß erhalten kann. Sie kennen vielleicht aus eigener Erfahrung solche Angebote. Viele Sonderaktionen, die uns in der Werbung nahegebracht werden, verwenden diese Technik. Um diese „Es-entgeht-Ihnen-etwas-Technik" zu verdeutlichen, geben wir einige Beispiele:

- „Dieser Abschluß fällt gerade noch in die Sonderaktion 1996. Sie sparen 10%."
- „Wenn Du das heute noch erledigst, können wir etwas früher in die Berge fahren."
- „Sie können jetzt noch zur Finanzierung die staatlichen Mittel nutzen. Sie wissen, daß hier nach dem Windhundverfahren zugeteilt wird."
- „Wenn wir das jetzt so vereinbaren, haben wir noch Zeit, gemeinsam Essen zu gehen."
- „In dieser Woche haben wir die großen Mengen besonders günstig."

Alle diese Formulierungsbeispiele stellen Vorteile für das Gegenüber in Aussicht, die nur durch sofortiges Abschließen erreicht werden können. Wenn Sie gegen Ende des Gesprächs diese Technik nutzen, kann gerade dieser zusätzliche Vorteil den Ausschlag geben. Verwenden Sie diese Technik, ohne marktschreierisch zu wirken. Sonst kann Ihr Gesprächspartner sich überredet fühlen.

b) Betonung der Abwicklung

Durch die starke Betonung der Abwicklung gewöhnt sich der Gesprächspartner an die Phase nach dem Abschluß. Sie setzen bei der Anwendung dieser Technik den Abschluß stillschweigend als bereits getätigt voraus. Verwenden Sie diese Technik dosiert, damit sich Ihr Gegenüber nicht bedrängt fühlt. Beispielformulierungen für die Betonung der Abwicklung sind:

- „Nach der Vereinbarung legen Sie DM 15.000,- an und erhalten 7% am Jahresende auf ein Konto Ihrer Wahl gutgeschrieben. Welche Kontonummer soll ich eintragen?"

- „Nach dem Beschluß, dieses neue Verfahren einzuführen, werden wir die Maschinen innerhalb weniger Wochen installieren können. Wer übernimmt dafür die organisatorische Leitung?"

- „Nachdem wir uns darauf geeinigt haben, kannst Du jetzt in Ruhe Deine restliche Arbeit erledigen, während ich schon mal zum Hafen fahre. Wann möchtest Du nachkommen?"

- „Du wirst also Dein Zimmer selbst aufräumen, nachdem wir das Gespräch beendet haben. Du fängst am besten sofort damit an. Was willst Du zuerst in Ordnung bringen?"

- „Nach der Vertragsunterzeichnung werden wir Sie unmittelbar benachrichtigen, wenn Ihr Fahrzeug lieferbereit ist. Unter welcher Telefonnummer kann ich Sie erreichen?"

- „Das wird dann so aussehen, daß wir nach unserer Vereinbarung in dauerndem Kontakt bleiben, damit die reibungslose Abwicklung des Auftrags gewährleistet wird. In welchen Abständen sollen wir den Fortgang der Arbeiten besprechen?"

Sie gehen bei dieser Technik von der stillschweigenden Voraussetzung aus, daß die Vereinbarung schon getroffen sei. Durch die anschließende Frage lenken Sie mit leichtem Druck das Gespräch auf die weitere Abwicklung. Geht Ihr Gesprächspartner auf diese Frage ein, so akzeptiert er diese Voraussetzung, und der Abschluß kann getätigt werden. Schließen Sie deshalb nach erfolgreicher Anwendung dieser Technik zügig ab.

c) Objektivität

Wenn Sie in einem Gespräch nur Vorteile nennen, könnten Sie den Eindruck erwecken, daß Sie durch Verschweigen von Negativem manipulieren wollen. Deshalb ist es für den Überzeugungsprozeß manchmal nützlich, wenn Sie auch negative Eigenschaften nennen. Den Abschluß können Sie durch übertriebene Darstellung eines Nachteils beschleunigen.

Bei der Abschlußtechnik Objektivität formulieren Sie in leicht übertriebener Form einen für den Gesprächspartner unwesentlichen Nachteil, den dieser dann bagatellisiert. Sie erreichen dadurch, daß ihr Gegenüber für Ihren Standpunkt argumentiert. Das schafft ein Klima, in dem der Abschluß dann zügig von Ihnen angegangen werden kann. Nennen wir dazu einige Formulierungsbeispiele:

Beispiel 1:

Lieferant:	„Herr Müller, leider können wir erst nächsten Monat liefern."
Herr Müller:	„Das macht nichts, wir haben noch einen Bestand für fünf Wochen."
Lieferant:	„Das ist in Ordnung. Also ist der Liefertermin der 25. ..."

Beispiel 2:

Ehemann:	„Schatz, leider haben die dieses Auto nicht mit einem elektrischen Schiebedach."
Ehefrau:	„Ich brauche auch keinen derartigen Luxus."
Ehemann:	„Gut, Schatz, dann bestelle ich das Auto ohne das Ding."

Beispiel 3:

Student:	„Herr Müller, leider konnte ich die Rohfassung der Diplomarbeit nicht mehr binden lassen."
Professor:	„Das ist nicht so schlimm. Geben Sie sie trotzdem her, ich werde sie mir mal anschauen."
Student:	„Gut, dann vereinbare ich mit Ihrer Sekretärin für nächste Woche einen Termin, an dem wir dann über die Arbeit sprechen können."

Beispiel 4:

Bankangestellter:	„Leider habe ich es noch nicht geschafft, den Kreditantrag in bezug auf die Sicherungsübereignung des Pkw zu überprüfen."
Vorgesetzter:	„Das macht nichts. Ich werde mir das mal anschauen."
Bankangestellter:	„Also werde ich die Akte auf Ihren Schreibtisch legen."

Diese Technik beinhaltet auch Gefahren. Reagiert der Gesprächspartner nicht in der gewünschten Weise durch Abschwächen des Nachteils, so stellen Sie einen Nachteil selbst stark heraus. Deshalb nennen Sie nur solche Nachteile, von denen Sie sicher wissen, daß sie für Ihr Gegenüber nebensächlich sind. Lassen Sie schlafende Hunde weiterschlafen.

Diese Technik, den Gesprächspartner für sich selbst argumentieren zu lassen, ist ein auch für die Beziehung zum Gegenüber günstiges Verfahren. Sie üben dadurch bei geschicktem Einsatz nur sehr wenig Druck aus.

d) Wegweiser

Die Abschlußtechnik „Wegweiser" ist eine spezielle Anwendung der Einwandtechnik „Hypothese". Gegen Ende der Argumentationsphase des Gesprächs wird von der nächsten Einwandbehandlung der Abschluß abhängig gemacht. Wenn der Einwand dann entkräftet ist, wird zügig in die Abschlußphase übergeleitet. In dem Kapitel zur Einwandbehandlung ist die Einwandtechnik „Hypothese" genau beschrieben. Hier werden wir nur einige Beispiele geben, die die Anwendung zur Beschleunigung des Abschlusses verdeutlichen.

Beispiel 1:

Einwand:	„Und wie sieht das mit der Verzinsung aus?"
Wegweiser:	„Wenn wir das mit der Verzinsung geklärt haben, ist diese Anlage dann die geeignete für Sie?"

Beispiel 2:

Einwand:	„Du arbeitest zu viel."
Wegweiser:	„Wenn wir das mit dem Arbeitseinsatz zufriedenstellend für uns beide lösen, ist es dann in Ordnung, wenn wir zur Entspannung gemeinsam einen Spaziergang machen?"

e) Ablehnung provozieren

Sie überfordern Ihren Gesprächspartner bewußt mit einer großen Lösung. Damit provozieren Sie die Ablehnung und schaffen größere Akzeptanz für eine kleinere Lösung. Hierzu einige Beispiele:

Beispiel 1:

Bankangestellte:	„Wenn Sie beispielsweise 200.000,- DM investieren ..."
Kunde:	„200.000,- DM ist mir viel zu viel."
Bankangestellte:	„Wieviel möchten Sie dann anlegen?"
Kunde:	„70-100 TDM."
Bankangestellte:	„Lassen Sie uns von DM 90.000,- ausgehen. Ist das in Ordnung?"

Beispiel 2:

Ehefrau:	„Mir gefällt diese Ledergarnitur für unser Wohnzimmer sehr gut."
Ehemann:	„Die ist mir viel zu groß. Da haben wir ja keinen Platz mehr, um an den Möbeln vorbeizugehen."
Ehefrau:	„Dann laß uns doch nur das dreisitzige Sofa und zwei Sessel nehmen."
Ehemann:	„Also gut. Dann bestellen wir das."

Beispiel 3:

Anzeigen-werber:	„Wir bieten Ihnen eine zweiseitige Anzeige an, in der Ihre Firma dann ganz groß herauskommt. Die Kosten hierfür betragen DM 7.850,-."
Anzeigen-kunde:	„So viel möchte ich nicht ausgeben."
Anzeigen-werber:	„Was schwebt Ihnen denn vor?"
Anzeigen-kunde:	„Ich schlage vor, daß wir die Wirksamkeit von Anzeigen in Ihrem Blatt zunächst durch eine kleinformatige Anzeige testen. Eine Viertelseite genügt."
Anzeigen-werber:	„Gut, wo möchten Sie Ihre Anzeige plazieren?

Bei allen Beispielen wird vom Beeinflussenden ein über-
zogener Vorschlag gemacht, der dann erwartungsgemäß abgelehnt wird. Daraufhin wird von einem Beteiligten eine
kleinere Lösung formuliert, die noch immer im Erwartungs-
bereich des Beeinflussenden liegt. Diese wird dann akzeptiert. Durch das Ablehnen der großen Lösung vergrößert
sich die Bereitschaft, die kleine Variante zu akzeptieren.
Wenn Sie diese Technik einsetzen, geben Sie ihrem Gegenüber das Gefühl, Sie heruntergehandelt zu haben. Dieses Erfolgsgefühl verschafft Ihnen dann einen leichteren
Abschluß.

f) Beziehungstechnik

Die bisher beschriebenen Techniken stellen die Sachebene
in den Vordergrund, um damit indirekt bestimmte Gefühle
anzusprechen. Bei der Beziehungstechnik wird bewußt die
Beziehung zum Gesprächspartner thematisiert. Sie lenken
die Aufmerksamkeit auf die Beziehung zwischen Ihnen und
Ihrem Gegenüber oder auf die Beziehung zwischen Ihrem
Unternehmen und Ihrem Gesprächspartner. Folgende Beispiele werden das Beschriebene verdeutlichen:

- „Frau Müller, wir legen großen Wert auf eine dauerhafte
  Beziehung zu Ihnen. Welches Finanzierungsmodell
  bevorzugen Sie?"
- „Schatz, Du möchtest doch auch, daß wir beide gut
  zusammenarbeiten. Wie möchtest Du mir bei meiner
  Arbeit helfen?"
- „Herr Müller, wir möchten in unserer Abteilung das gute
  Betriebsklima erhalten. Wie möchten Sie sich an den zu
  leistenden Sonderschichten beteiligen?"
- „Frau Dr. Eisenhut, ich lege großen Wert auf eine gute
  Beziehung zu meiner direkten Vorgesetzten. Welche
  Gehaltserhöhung werden Sie mir gewähren?"
- „Herr Lehrer, Sie möchten doch ein gutes Verhältnis zu

Ihren Schülern haben. Können wir den Test nicht auf nächste Woche verschieben?"

Mit dieser Technik stellen Sie den Abschluß in Ihrem Sinne mit der Beziehung zum Gesprächspartner in einen Zusammenhang. Auch wenn Sie es nicht ausdrücklich formulieren, machen Sie die gute Beziehung zum Gegenüber vom Abschluß abhängig. Jemand, der an einer guten Beziehung zu Ihnen interessiert ist, wird dann eher den Abschluß tätigen. Dieses Verfahren ist sehr druckvoll. Es handelt sich um klassische Doppelbindungen. Viele Menschen erleben diese Verbindung von sachlicher Entscheidung und Beziehung als unfair. Setzen Sie diese Technik deshalb vorsichtig ein, da Sie sonst die Beziehungsebene stark belasten.

g) Teilkonsens nutzen

Am Anfang dieses Abschnittes haben wir die verschiedenen sprachlichen und nichtsprachlichen Signale dargestellt, die die Abschlußphase kennzeichnen können. Immer, wenn Sie in der Argumentation eine teilweise Übereinstimmung erreichen, ist es möglich, in die Abschlußphase einzuleiten. Auch zu dieser Technik geben wir einige Beispiele:

Beispiel 1:

Verkäufer:	„Für Sie ist eine Laufzeit zwischen 36 und 48 Monaten wichtig."
Kunde:	„Genau."
Verkäufer:	„Dann können wir das ja so machen."

Beispiel 2:

Sie:	„Für Dich ist ein gemütliches Zuhause sehr wichtig."
Er:	„Ja, das stimmt."
Sie:	„Dann laß uns das Wohnzimmer durch eine neue Polstergarnitur bereichern."

Beispiel 3:

Chef:	„Sie wollen doch auch, daß unsere Abteilung ihre Arbeit zuverlässig erledigt."
Mitarbeiter:	„Ja."
Chef:	„Dann lassen Sie uns die Aufgabenverteilung überprüfen."

Beispiel 4:

Mutter:	„Du möchtest auch in einer Wohnung leben, in der alles an seinem Platz ist."
Sohn:	„Ja, ich habe keine Lust, immer nach der Fernbedienung suchen zu müssen."
Mutter:	„Deshalb bringe nach dem Gebrauch die Sachen auch wieder dahin, wo Du sie hergeholt hast."

241

Beispiel 5:

Leiter der Sitzung:	„Wir haben an dieser Stelle alle wichtigen Argumente zu diesem Tagesordnungspunkt gehört."
	Allgemeines zustimmendes Gemurmel und Kopfnicken.
Leiter der Sitzung:	„Deswegen werden wir jetzt diesen Punkt der Tagesordnung abschließen."

Bei dieser Technik wird die Übereinstimmung in Teilen genutzt, um den Abschluß zu erreichen. Sie haben gute Chancen, mit der Nutzung des Teilkonsenses weiterzukommen. Ihr Gesprächspartner hat kaum die Möglichkeit, dies nicht mit sich machen zu lassen oder die Technik zu entlarven. Er wird es in der Regel unterlassen, Ihr Vorgehen in Frage zu stellen, da Sie mit dieser Technik stark suggestiv und mit Ihrer Macht in Hierarchieverhältnissen arbeiten.

h) „Einwand-Abschluß-Technik"

Nach jeder gelungenen Einwandbehandlung haben Sie Ihrem Gegenüber Hindernisse aus dem Weg geräumt. Die psychologische Situation nach einer erfolgreichen Einwandbehandlung ist hervorragend, um den Abschluß zu beschleunigen. Es lohnt sich immer, auf eine Einwandbehandlung einen Abschlußversuch folgen zu lassen. Selbst, wenn es vom Gesprächsaufbau her sehr früh ist oder Ihnen vielleicht noch Informationen fehlen, fragen Sie nach dem Abschluß. Sollte der Kunde ablehnen, so haben Sie auf jeden Fall den Vorteil, daß der Kunde weiß, wie ernst Sie die Sache nehmen. Er weiß, Sie wollen den Abschluß.

In diesem Abschnitt haben wir eine Reihe verschiedener Verfahren vorgestellt, die den Abschluß im Dialog herbeiführen können. Dabei wurde gezeigt, wie direkt in die Abschlußphase übergeleitet werden kann. Sehr erfolgreich können Sie diese Techniken einsetzen, wenn Sie deutliche Abschlußsignale von Ihrem Gesprächspartner bekommen. Sie haben auch die Möglichkeit, die verschiedenen Abschlußtechniken zu kombinieren.

Falls Sie durch körpersprachliche oder sprachliche Signale Ihres Gegenübers feststellen, daß Sie zu schnell auf den Abschluß zusteuern, gehen Sie wieder in die Argumentationsphase zurück. So bleibt eine gute Beziehung erhalten, die es Ihnen gestattet, Beeinflussungsarbeit zu beiderseitigem Nutzen zu leisten.

Trainieren können Sie diese Abschlußtechniken dadurch, daß Sie möglichst früh in den Abschluß einleiten. Jede Gesprächssituation kann Ihnen dabei zu Trainingszwecken dienen.

Kapitel II: Die Struktur des Dialogs

In diesem Teil des Buches werden verschiedene Dialog-strukturen diskutiert, die in der beruflichen und privaten Praxis eine wichtige Rolle spielen. In fast allen Dialogen spielt die gegenseitige Beeinflussung eine wesentliche Rolle. Deshalb steht das Gegenüber im Vordergrund. Machen Sie Ihren Gesprächspartner gedanklich zum Mittelpunkt des Überzeugungsprozesses, damit sich Ihre Ziele fast von selbst erreichen.

Die hier beschriebenen Gesprächssituationen sind nach ihren Zielen systematisiert, wobei Mischformen nicht nur manchmal vorkommen, sondern die Regel sind. Sie entstehen dadurch, daß mehrere Ziele gleichzeitig verfolgt werden, oder die beteiligten Menschen differierende Zielsetzungen haben. In diesem Kapitel werden die „reinen Formen" diskutiert. Es werden das Kontakt-, Verkaufs-, Kritik- und Streitgespräch sowie die Diskussion behandelt. Zahlreiche Tips und Ratschläge tragen auch in diesem Teil zu einer sehr praktischen Ausrichtung bei. Schauen wir uns nun die einzelnen Dialoge genauer an.

1) Das Kontaktgespräch

Das Kontaktgespräch dient dem Kennenlernen oder der Pflege bereits bestehender Beziehungen. Viele Gespräche im Freundeskreis, auf Partys oder in Theaterfluren haben einzig und allein den Zweck des Kennenlernens. Auch die flüchtigen Unterhaltungen in öffentlichen Verkehrsmitteln, die Flirts mit dem Nachbarn oder der Nachbarin beim Einkaufen oder bei sportlichen Veranstaltungen gehören hierher.

Immer, wenn wir mit anderen Menschen zusammentreffen, können Kontaktgespräche stattfinden. Viele Menschen lassen gerade diese vermeintlich zufälligen Kontaktmöglichkeiten ungenutzt. Sie haben Angst davor, mit fremden Menschen Kontakt aufzunehmen, weil die Angst, abgelehnt zu werden, fest verankert ist. Sie bleiben lieber alleine und werden vielleicht einsam. Oft ist jedoch auf beiden Seiten ein starkes Verlangen nach Kontakt, Zuneigung und Intimität vorhanden. Der Wunsch nach Kontakt ist da, es fehlt einzig die Strategie, um das Eis zu brechen, um Wärme zu geben und zu erfahren. Deshalb sollten Sie, wenn Sie Menschen zufällig treffen, miteinander sprechen. Manchmal ist es nur ein freundlicher Blick, eine aufmunternde Geste oder ein verbindliches Wort. Sagen Sie einfach zu dem Menschen, der vielleicht gar nicht so zufällig neben Ihnen in der Bahn sitzt: „Es ist sehr angenehm, sich unterhaltend die Bahnfahrt abzukürzen." Geht der Nachbar darauf ein, gehen Sie erfreut wieder auf das ein, was er sagt. Bleibt er stumm, können Sie mit einer Frage einen zweiten Versuch starten. „Nutzen Sie auch eine Monatskarte?" Ihr Nachbar hat durch die Frage erneut die Wahl, mit Ihnen angenehm zu plaudern oder es nicht zu tun. Plaudert er mit, haben Sie Ihr Ziel erreicht, und wenn nicht, sind Sie um eine Erfahrung reicher. Diese vermeintlichen Kleinigkeiten sind wahre Eisbrecher, die selbst das dickste Eis brechen. Ist das Eis gebrochen, taut es zügig, und zwei machen sich vielleicht gemeinsam auf zu neuen Horizonten. Vielleicht gehen sie nur wenige Schritte gemeinsam, vielleicht begleiten sie sich gegenseitig ein Leben lang.

Eine andere Ursache für fehlende Kontaktaufnahme ist, daß sich bereits feste Gruppen gebildet haben. Auch in dieser Situation ist es möglich, in Kontakt zu kommen. Nutzen Sie dazu anfangs nur Ihre körpersprachlichen Möglichkeiten. Übernehmen Sie die Körpersprache der Leitenden, senden Sie Zustimmungssignale, um akzeptiert zu werden. Teilen Sie sich erst nach einer gewissen Zeit verbal mit. Bestätigen Sie zunächst den Gruppenkonsens. Erst, wenn Sie

Ihre Stellung in der Gruppe durch bestätigendes Verhalten gestärkt haben, sollten Sie Kontakt zu einzelnen Gruppenmitgliedern aufnehmen. Halten Sie sich mit kritischen Stellungnahmen zurück, sofern sie Gruppenmitglieder betreffen. Werden Themen oder Personen kritisiert, die außerhalb der Gruppe liegen, beteiligen Sie sich vorsichtig.

Viele Gespräche, die ursprünglich andere Ziele verfolgten, verwandeln sich in Kontaktgespräche, wenn der Gesprächspartner oder die -partnerin interessant erscheint. Beispielsweise kann der Besuch eines Geldinstituts zum Einrichten eines Kontos in ein Kontaktgespräch übergehen. Oder das Verkaufsgespräch im Laden um die Ecke führt zu einem persönlichen Austausch. Durch Kontaktgespräche lernen Menschen Menschen kennen, bauen Beziehungen auf und pflegen gute Verbindungen.

Locker und entspannt ist die Gesprächsatmosphäre. Nehmen Sie sich viel Zeit, und beschäftigen Sie sich mit Ihrem Partner. Es kommt nicht auf verbissene Durchsetzung eigener Vorstellungen, sondern auf ein paar schöne Augenblicke an.

Es gibt bei jedem Menschen Themen, die ihn fuchsteufelswild machen. Diese sollten Sie im Kontaktgespräch natürlich meiden. Lenken Sie statt dessen das Gespräch in Bereiche, die Ihrem Partner oder Ihrer Partnerin gefallen. Dadurch werden Sie zu einem attraktiven Gesprächspartner. Sprechen Sie vom Spaß am Leben. Unbeschwert, heiter und leicht klingt, was über Ihre Lippen kommt. Alle Menschen haben Lieblingsthemen. Hören Sie deshalb aufmerksam und interessiert zu, wenn Gesprächspartner über Hobbys, Familie, Vereinstätigkeiten oder andere Themen leidenschaftlich sprechen. Die Fähigkeit des Zuhörens ist ein erster Eckpfeiler für das Kontaktgespräch. Zeigen Sie Interesse. Halten Sie Blickkontakt, schauen Sie Ihrem Gegenüber tief in die Augen. Nicken Sie häufig, und stellen

Sie interessierte Fragen.

Falls Sie mit fremden Menschen Kontaktgespräche führen, wählen Sie Themen, die unverfänglich und situationsangemessen sind. Sie kennen in der Anfangsphase oft noch nicht die Vorlieben und Tabuthemen Ihres Gegenübers. Unversehens in ein Fettnäpfchen zu treten ist sowohl für Sie als auch für Ihren Gesprächspartner unangenehm. Lassen Sie Ihr Gegenüber gestalten, schenken Sie ihm oder ihr den nötigen Freiraum, bieten Sie Kontakt, ohne aufdringlich zu sein. Machen Sie beispielsweise Ihr momentanes Erleben zum Thema, oder sprechen Sie über Ihr Gegenüber. Weitere Kontaktthemen sind Umgebung, Beruf, Autos, Sport, Kinder, Urlaub, Studium, Persönlichkeiten, Schule, aktuelle Nachrichten, Kunst und gesellschaftliche Themen. Wählen Sie aus diesem breiten Spektrum möglichst originelle Themen aus, oder lassen Sie Themen wählen.

Eine vielschichtige Bildung ist hier nützlich. Sie können dann zu den Lieblingsthemen Ihres Gesprächspartners auch selber kompetent Stellung nehmen. Allerdings gehört die Bühne dem Partner oder der Partnerin. Versuchen Sie nicht, durch eigene geschliffene Beiträge Ihr Gegenüber in den Schatten zu stellen. Viel besser ist es, einen Gang herunter zu schalten. Fehlt Wissen, lassen Sie sich belehren. Nehmen Sie die Rolle des interessierten Zuhörers ein. Eine Rolle, die Sie zu einem sehr gefragten und selten anzutreffenden Gesprächspartner macht. Vielleicht gefällt das Ihrem Gegenüber sehr. Nebenbei haben Sie den Vorteil, daß Sie Ihr Wissen erweitern und einen Freund oder eine Freundin fürs Leben gewinnen können.

Nachdem Sie eine Zeitlang über die Themen Ihres Gesprächspartners gesprochen haben, erzählen Sie auch von sich. Deshalb ist die zweite wichtige Fähigkeit, die Sie in Kontaktgesprächen einsetzen sollten, die Kunst, Geschichten zu erzählen. Wer eigene Erlebnisse interessant erzählen kann, verschafft sich und anderen angenehme phantasievolle Stunden.

Sie können in vielen Gesprächssituationen trainieren, um diese Fähigkeiten weiterzuentwickeln. Besonders geeignet sind hierzu Gespräche im Freundes- oder näheren Bekanntenkreis, in denen Sie auch mal etwas sagen können, was vielleicht nicht genau paßt. Packende Geschichten leben von einem großen aktiven Wortschatz. Beeindrucken Sie mit den richtigen Worten. Beim Erzählen von Geschichten können Sie an Wirkung gewinnen, wenn Sie die verschiedenen Sinneskanäle bewußt ansprechen. Beschreiben Sie Ihren Zuhörern genau, was Sie vor Ihrem geistigen Auge sehen, was Sie hörten oder fühlten, lassen Sie Menschen teilhaben an Ihrer Welt. Ihre Erzählungen werden dadurch viel plastischer, anschaulicher und interessanter.

Ein weiteres wichtiges Element in Kontaktgesprächen ist das geschickte Überleiten zu einem anderen Thema. Das Thema wird gewechselt, wenn es keinen Spaß mehr macht. Das sachliche Erfordernis, einen Punkt auszudiskutieren, ist zweitrangig. Hinweise auf den Wunsch, das Thema zu wechseln, können Sie aus der Körpersprache des Gesprächspartners gewinnen. Manchmal sind auch einsilbige Antworten ein Zeichen dafür, daß dieser Gesichtspunkt nun nicht mehr weiter besprochen werden soll. Reagieren Sie schnell, denn die einzige Motivation zu Kontaktgesprächen ist die Verbesserung der Beziehung. Ihr Gesprächspartner wird schnell die Lust verlieren, wenn Ihre Gesprächsbeiträge uninteressant sind.

Kontaktgespräche lassen sich hervorragend im Freundes- oder Bekanntenkreis trainieren. Erzählen Sie plastisch von Ihren Erlebnissen. Lenken Sie Gespräche von einem Thema zum nächsten. Sie lernen schnell, eine angenehme Gesprächsatmosphäre aufzubauen und in nützliche Bahnen zu lenken. Gelegenheiten dazu bieten sich genug. Überall, wo Menschen zusammen sind, gibt es Gelegenheiten in Hülle und Fülle. Nutzen Sie die zahlreichen Gelegenheiten für Kontaktgespräche, so werden Sie immer gewandter im Einsatz Ihrer sprachlichen und körpersprachlichen Mittel und stellen Kontakte ganz leicht und nahezu selbstverständlich her. Das macht viel Spaß und nützt nicht nur im Kontaktgespräch, sondern in allen Lebensbereichen.

2) Das Verkaufsgespräch

Ein wesentliches Ziel im Verkaufsgespräch ist es, den Gesprächspartner zu überzeugen. Deshalb richtet sich das Interesse stärker als vielleicht in anderen Dialogen an dem Partner aus. Beispiele für Verkaufsgespräche kennen wir alle aus dem täglichen Leben. Da ist die Gehaltsverhandlung mit dem Vorgesetzten oder das Bewerbungsgespräch, dessen Ziel es ist, die eigenen Fähigkeiten und Kenntnisse auf das Anforderungsprofil der gewünschten Stelle möglichst günstig abzustimmen. (Nebenbei bemerkt, hat das Bewerbungsgespräch natürlich auch den Charakter eines Kontaktgesprächs, denn es geht darum, daß der Bewerber oder die Bewerberin feststellt, ob die angebotene Tätigkeit mit den sozialen und organisationalen Rahmenbedingungen des einstellenden Unternehmens zu ihm oder zu ihr paßt. Diese Bedeutung des Bewerbungsgesprächs für die spätere Zusammenarbeit wird häufig unterschätzt.) Viele von uns denken auch an das klassische Verkaufsgespräch, das von Produkten oder Meinungen überzeugen soll.
Das Verkaufsgespräch ist vielleicht der am häufigsten vorkommende Gesprächstyp. Das Überzeugungsziel zu erreichen, gelingt Ihnen nur, wenn Sie hinreichende Informationen über Ihren Partner im Dialog haben. Von diesen Informationen ausgehend, können Sie dann durch Argumentation überzeugen. Außerdem kommt der partnerorientierten Behandlung von Einwänden eine erhebliche Bedeutung zu.

In der folgenden Struktur ist der Ablauf eines Verkaufsgesprächs systematisiert:

- **Vorbereitung**
- **Eröffnung**
- **Bedürfnisanalyse**
- **Argumentation**
- **Angebot**
- **Bestätigung**
- **Abschluß**
- **Nachbereitung**

Vorbereitung

In der Vorbereitung auf ein Verkaufsgespräch kommt es darauf an, in zwei Bereichen über genügend Informationen zu verfügen.

Erstens ist es erforderlich, die fachliche Kompetenz zu besitzen. Sie brauchen viele Informationen über die Eigenschaften des Gegenstandes, von dem Sie überzeugen wollen. Insbesondere bedarf es der genauen Kenntnis der Vor- und Nachteile für den Gesprächspartner. Machen Sie sich also vorher mit der Sache vertraut. Nur Ihnen bekannte Eigenschaften des Verkaufsgegenstandes können Sie argumentativ nutzen. Fehlende Sachkenntnisse können Sie auch durch noch soviel rhetorisches Geschick nur teilweise kompensieren. Deshalb sorgen Sie für fundiertes Fachwissen. Zweitens benötigen Sie Wissen über Ihren Gesprächspartner. Seine Bedürfnisse, Wünsche und Vorlieben sind wichtige Argumentationshilfen. Sie dienen als Anknüpfungsthemen, um ins Gespräch zu kommen. Sammeln Sie deshalb Informationen über Ihren Gesprächspartner. Berücksichtigen Sie ebenfalls familiäre und persönliche Daten . Neben diesen inhaltlichen Vorbereitungen gilt es, auch die organisatorischen Vorbereitungen zu treffen. In Teil I dieses Buches wurde die Vorbereitung für Monologsituationen detailliert beschrieben. Diese läßt sich leicht auf die Dialoge übertragen.

Eröffnung

In der Eröffnungsphase ist eine gute Beziehung zum Gesprächspartner das Ziel. Verhalten Sie sich bei der Eröffnung eines Verkaufsgesprächs wie in einem Kontaktgespräch. Sprechen Sie am Anfang über Hobbys, Ihren letzten Besuch, den zwischenzeitlichen Urlaub Ihres Gesprächspartners, Ihre eigene Anfahrt, oder machen Sie das Büro des Gesprächspartners zum Thema. Halten Sie sich gerade in der Anfangsphase etwas zurück. Geben Sie Ihrem Gegenüber die Möglichkeit zu erzählen, und sich selbst positiv darzustellen. Achten Sie dabei besonders auf Ihre Körpersprache.

Für Menschen, die häufig Verkaufsgespräche führen, hat es sich bewährt, eine Kartei zu führen, in die benötigte Informationen eingetragen oder eingespeichert werden. Ihr umfassendes Wissen über Ihren Gesprächspartner wertet ihn auf. Das ist dann eine gute Ausgangsbasis für Ihren Verkaufserfolg.

In vielen Verkaufsgesprächen ist die Vorbereitungsphase sehr kurz. Oft kennen sich Käufer und Verkäufer kaum. Sie können nur durch die körpersprachliche Wirkung des Käufers auf dessen Bedürfnisstruktur schließen. In vielen Fällen fehlen also die notwendigen Informationen über das Gegenüber. Nehmen Sie sich gerade in solchen Fällen Zeit. Lernen Sie den anderen kennen, bevor es um den Verkauf geht, denn Zeitdruck ist tödlich für die Beziehung.

Richten Sie die Länge der Eröffnungsphase nach den kommunikativen Bedürfnissen Ihres Partners. Wenn Ihr Partner im Verkauf das Gefühl bekommt, daß Sie nicht zur

Sache kommen, wirkt sich eine noch so persönliche Einführungsphase negativ auf den weiteren Gesprächsverlauf aus. Wirken Sie andererseits kurz angebunden, wird die Beziehung auch nicht besser. Achten Sie sensibel auf die Körpersprache, damit Sie die Zeit Ihres Gesprächspartners richtig einteilen. Stellen Sie Ihren Gesprächspartner in den Vordergrund und passen Sie sich seinen Erwartungen an.

Bedürfnisanalyse

Der Bedürfnisanalyse kommt im Verkaufsgespräch eine Schlüsselrolle zu. In der Vorbereitungsphase können Sie zwar Vermutungen darüber anstellen, welche Bedürfnisstruktur bei Ihrem Gegenüber vorhanden sein wird, überprüfen können Sie diese Annahmen erst im Verkaufsgespräch. Gerade erfahrene Verkäufer machen hier oft den Fehler, daß sie sich mehr auf die eigene Erfahrung verlassen als auf die Bedürfnisstruktur des Kunden. Das führt zu oberflächlicher Beratung vorbei an den Bedürfnissen des Kunden. Beratungsfehler und aufwendige Bearbeitung von Reklamationen sind häufig unerwünschte Folgen.
Deshalb ist die ausführliche Bedürfnisanalyse im Verkaufsgespräch immer durchzuführen. Zeit, die Sie hier investieren, zahlt sich doppelt aus. Hier stellen Sie die Weichen für den späteren Verkaufserfolg. Sie erfahren in dieser Phase, welche Erwartungen Ihr Gegenüber an die Kaufsache und an Sie hat.
Welche Techniken können Sie einsetzen, um die gewünschten Daten zu erhalten? Sie können alles anwenden, was den Partner zum Sprechen bringt. Viele der bereits beschriebenen Techniken sollten hier zu Ihrem Standardrepertoire gehören. Neben den Frage- und Einwandtechniken bieten sich auch die Pausentechnik und die Spiegeltechniken an. Der Vorteil der variablen Anwendung dieser Techniken liegt darin, daß der Kunde einen großen Spielraum hat, in dem

er antworten kann. Wenn Sie dagegen nur verstärkt Frage-techniken einsetzen, besteht die Gefahr, daß Ihr Gegenüber sich ausgefragt vorkommt. Es entsteht ein Verhörcharakter, der den Käufer Sie und Ihr Produkt ablehnen läßt.

Während der Bedürfnisanalyse hören Sie aufmerksam zu. Senden Sie körpersprachlich auffordernde Zustimmungs-signale. Auch in dieser Phase kann Ihnen das Kontaktge-spräch als Leitlinie dienen. Je bereitwilliger Ihr Kunde die Informationen gibt, um so besser.

Argumentation

In der Argumentationsphase stellen Sie Bedürfnisbefriedigung durch die Eigenschaften der Kaufsache in Aussicht, ohne sich konkret auf ein Produkt zu beziehen. Hierbei steht der Nut-zen für den Gesprächspartner im Vordergrund. Als sprachli-che Techniken spielen hier zunächst die Argumentations-techniken eine entscheidende Rolle. Dadurch können Sie den Nutzen für den anderen strukturiert und verständlich formu-lieren. Die im Kapitel zur Argumentationstechnik beschrie-benen Regeln und Variationsmöglichkeiten finden hier ihren eigentlichen Anwendungsbereich. Außerdem ist die Behand-lung von Einwänden wichtig. Nehmen Sie sich an dieser Stelle Zeit, die Einwände des Gesprächspartners bedürfnis- und produktorientiert zu entkräften.

In dieser Phase können Sie durch genaue körpersprachliche Beobachtung des Gegenübers wichtige Informationen über die Wirkung Ihrer eigenen Worte gewinnen. Das hilft Ih-nen, an den Erwartungen und Bedürfnissen des Gesprächs-partners zu argumentieren.

Während der Argumentationsphase ist es bereits nützlich für Sie, Übereinstimmungen in einzelnen Punkten festzu-halten. Wenn ein Teilkonsens abgestimmt wird, steht diese Übereinstimmung für alle Beteiligten fest.

Im Verkaufsgespräch gehen Sie während der Argumentationsphase so vor, daß Sie mit Ihrem Gesprächspartner einen sachlichen Aspekt abhandeln und die Ergebnisse feststellen. Das können Sie zum Beispiel durch folgende Einführungsformulierungen erreichen:

- „Wir stellen also fest, daß ..."
- „Dann haben wir uns über den ... geeinigt. Fassen wir noch einmal zusammen. ..."
- „Schön, daß wir diese Sache jetzt klar haben. Lassen Sie uns also festhalten ..."

Mit diesen Formulierungen stellen Sie explizit den Abschluß eines Gesprächsteils fest. Die Gefahr, daß Ihr Gesprächspartner diesen Punkt noch einmal anrührt, wird dadurch verringert.

Es kann passieren, daß Ihr Gegenüber neue Fragen aufwirft, ohne daß bereits ein Konsens erreicht ist. In diesem Fall führen Sie zum ursprünglichen Thema zurück und behandeln den zuerst genannten Punkt. Verkaufsgespräche, in denen diese Regel nicht befolgt wird, zerfasern. Sie zeichnen sich häufig durch großen Zeitaufwand und geringes Fortkommen in der Sache aus. Erst, wenn Sie einen strittigen Punkt behandelt haben und zu einem Ergebnis gekommen sind, gehen Sie zum nächsten Thema des Gesprächs über.

Es kann auch passieren, daß Sie in einzelnen Teilen des Verkaufsgespräches mit Ihrem Gesprächspartner zu unterschiedlichen Bewertungen kommen. Wenn Sie keine Chance mehr sehen, Ihr Gegenüber von Ihrer Sichtweise zu überzeugen, können Sie auch den vorhandenen Dissens festhalten. Das kann dem Verlauf des Gespräches sehr gut tun. Sie wirken damit objektiv, geben Ihrem Gesprächspartner recht und verhindern, daß Sie sich an einer Stelle festbeißen. Stellen Sie dann im weiteren Verlauf die Bereiche, in denen Konsens besteht, für den Partner als wichtig heraus. Eventuell läßt sich der Dissens bagatellisieren. In dem

Moment, wo die Summe der befriedigten Bedürfnisse des Kunden den Preis wert ist, den er zahlen soll, werden Sie überzeugen. Die Summe der befriedigten Bedürfnisse steht im Vordergrund, nicht das einzelne Bedürfnis.

Nachdem die Argumentationsphase zu beiderseitiger Zufriedenheit abgelaufen ist, machen Sie Ihrem Gesprächspartner einen Lösungsvorschlag, der Ihr gewünschtes Überzeugungsziel beinhaltet. Diese Gesprächsphase zeichnet sich durch ein Angebot aus.

Angebot

In der Angebotsphase machen Sie Ihrem Gesprächspartner den Vorschlag, das Produkt zur Befriedigung seiner Bedürfnisse zu nutzen. Geht Ihr Gegenüber auf das Angebot ein, sollen sich seine Wünsche erfüllen. Um das Angebot in diesem Licht erscheinen zu lassen, stellen Sie die wichtigsten Vorteile in den Vordergrund.

Beispiel 1:
Angebotsphase bei einem Verkaufsgespräch über die Anschaffung einer neuen Maschine:

Verkäufer:	„Wir können das folgendermaßen lösen. Wir stellen Ihnen die Maschine RG18 binnen eines Monats in die neue Halle. Sie haben dann ein modernes Produktionsverfahren, mit dem Sie in einer Stunde einen Ausstoß von 4800 Stück erreichen. Ihre Lieferfähigkeit ist bei um 15 % gesunkenen Produktionskosten gewährleistet. Außerdem finanzieren wir die Maschine über 60 Monate, damit Ihre Liquidität erhalten bleibt."

Beispiel 2:
Angebot, die Reparaturen an einem Gartenhaus zu handhaben:

Ehefrau:	„Laß es uns so machen, daß Du in der nächsten Woche die Reparaturen an dem Gartenhaus vornimmst. Dann hast Du diesen Samstag Zeit, mit Deinen Freunden zum Segeln zu gehen."

Beispiel 3:
Angebot zur Regelung von Urlaubsansprüchen:

Abteilungs-leiter:	„Folgender Vorschlag: In diesem Jahr nehmen Sie Ihren Jahresurlaub außerhalb der großen Schulferien. Dann dürfen Sie sich im nächsten Jahr den Urlaub als erster auch für die Sommerferien festlegen. Sie können dann eine größere Reise unternehmen."

Nachdem Sie in der angegebenen Form ein Angebot gemacht haben, akzeptiert Ihr Gesprächspartner den Vorschlag oder nicht. Falls er nicht mit Ihrem Angebot einverstanden ist und an der einen oder anderen Stelle noch Änderungen wünscht, gehen Sie zurück zur Bedürfnisanalyse. Stellen Sie die veränderten Erwartungen fest und argumentieren Sie davon ausgehend erneut. Das ist Routine und verbessert die Beratung. Machen Sie ihm dann ein neues Angebot, oder stellen Sie ihm Ihr Angebot anders dar.
Vermeiden Sie jede Form von Druck. Verkäufer, die mit vorgehaltener Waffe ihren Käufer zum Abschluß nötigen, leisten sich, ihrem Kunden und dem Unternehmen, für das Sie tätig sind, einen schlechten Dienst. Wecken Sie schlummernde Bedürfnisse, und überzeugen Sie mit stichhaltigen

Argumenten - alles ist erlaubt. Wer jedoch Produkteigenschaften unwahr darstellt oder Bedürfnisse vorgaukelt, die nicht schlafen, sondern nicht existieren, bekommt unzufriedene Käufer und eine hohe Stornoquote.

Falls Ihr Gegenüber mit dem Angebot einverstanden ist, gehen Sie zur nächsten Phase des Verkaufsgespräches über.

Bestätigung

Die erreichte Überzeugung des Partners vom Produkt ist häufig ein zartes Pflänzchen, das noch einigen Wachstums bedarf, um standfest und widerstandsfähig zu werden. Deshalb bestätigen Sie in dieser Gesprächsphase noch einmal die Entscheidung Ihres Gegenübers. Sagen Sie ihm, ohne zu übertreiben, daß er eine gute Entscheidung getroffen hat. Fassen Sie sich in dieser Phase des Verkaufsgespräches kurz.

Beispiel 1:

Verkäufer:	„Damit haben wir durch moderne Technik die Wettbewerbsfähigkeit Ihres Unternehmens auf Dauer gesichert."

Beispiel 2:

Ehefrau:	„Dann haben wir jetzt einen Kompromiß gefunden, der uns beiden gerecht wird."

Beispiel 3:

Abteilungsleiter:	„Gut, damit haben Sie für nächstes Jahr freie Hand."

Seien Sie vorsichtig mit starken Bestätigungen. Wenn Sie übertreiben und Ihr Gegenüber die Verstärkungsversuche mißversteht und mißtrauisch wird, gefährdet das den ganzen Erfolg des Gespräches. Deshalb geben Sie nur ehrliche Anerkennung für die Entscheidung Ihres Partners wieder.

Abschluß

In der Abschlußphase werden die gesamten Abschlußtechniken benötigt. Reagiert der Kunde während der Phase 'Bestätigung' mit Zustimmungssignalen, so kann zügig und wie selbstverständlich abgeschlossen werden.
Vermeiden sie dabei Wörter wie 'Vertrag', 'Abschluß', 'festhalten', 'unterschreiben' oder 'binden'. Diese Worte engen den Kunden ein, seine Bewegungsfreiheit wird eingeschränkt. Der Kunde fühlt sich vielleicht durch die Pflichten, die ein Abschluß für ihn bedeutet, Zwängen ausgesetzt. Vermeiden Sie deshalb diese sprachlichen Fesselungen. Viel günstiger ist es da, körpersprachlich in den Abschluß überzuleiten. Bagatellisieren Sie den Abschluß als Formerfordernis. Holen Sie das Formular heraus, und tragen Sie einfach die Daten ein. Verwenden Sie Formulierungen wie:

- „Lassen Sie uns die Sache aufschreiben. Wie alt sind Sie?"
- „Gut, dann noch den Papierkram. Wohnen Sie noch in der Goethestraße?"
- „Also dann nehme ich grad' noch Ihre Personalien auf."
- „Haben Sie zufällig einen Stift da, dann schreibe ich Ihnen das noch mal kurz auf."
- „Ihren Friedrich-Wilhelm noch, dann haben wir's."
- „Ein Autogramm unten links."

Am Ende können Sie das Kontaktthema der Eröffnungsphase noch einmal aufnehmen. Hierzu genügen in der Re gel ein oder zwei Sätze. Dadurch wird der Verkauf dann abgeschlossen. Sie rahmen das Verkaufsgespräch mit einer für Ihren Gesprächspartner angenehmen Thematik ein.

Nachbereitung

Die Nachbereitung umfaßt zunächst die organisatorischen Folgen des Verkaufsgespräches. Dazu gehören das Schreiben von Berichten, die weitere Bearbeitung der Vertragsunterlagen oder die Erledigung der vereinbarten Vorgehensweise. Auch das Ergänzen der Kundenkartei um wichtige Informationen hat hier seinen Platz.
Wichtiger für die eigene Entwicklung ist die Reflexion des Verkaufsgespräches. Analysieren Sie nach jedem Kundenkontakt Ihre Schwächen und Stärken. Falls Sie an der Entwicklung Ihrer Schlagfertigkeit im Rahmen erfolgreicher Einwandbehandlungen interessiert sind, ist hier auch der Platz zur Erweiterung Ihrer Einwandkartei.
Die Nachbereitung dient also der weiteren Abwicklung der Vereinbarungen und der kritischen Auseinandersetzung mit dem eigenen Verhalten.

In der folgenden Übersicht sind die wichtigsten Elemente des Verkaufsgespräches zusammengefaßt.

Vorbereitung	Kenntnisse über Gesprächsgegenstand und Partner
Eröffnung	Kontaktthema, selber zurückhalten, Selbstdarstellungsmöglichkeiten geben
Bedürfnisanalyse	Fragetechniken, Pausentechnik, Spiegeln

Argumentation	Argumentation am Nutzen des Gesprächspartners
Angebot Bestätigung	Produkt nennen, Vorteile betonen Ohne Übertreibung die Entscheidung des Partners loben
Abschluß	Abschlußtechniken, Vertragsabschluß, Wortwahl wichtig, Kontaktthema ansprechen
Nachbereitung	Abwicklung, eigenes Verhalten reflektieren

Im Anhang II ist eine Checkliste zur Vorbereitung von Verkaufsgesprächen abgedruckt. Sie können sie in entsprechenden Situationen gerne einsetzen. Sollten Sie die Checkliste zu diesem Zweck kopieren wollen, sei Ihnen das gestattet. Die Liste mag Ihnen vielleicht zu ausführlich für die Praxis vorkommen. Bedenken Sie, daß sich eine gute Vorbereitung immer auszahlt. Wenn Sie die Checkliste für wichtige Gespräche einsetzen, ist der Überzeugungserfolg schon in der Vorbereitung grundgelegt.

3) Das Kritikgespräch

In Kritikgesprächen geht es immer um die Veränderung von Verhalten. Der Kritikpunkt ist der Verstoß gegen eine Regel seitens des Kritisierten. Wenn Sie kritisieren, wollen Sie, daß der Kritisierte sein Verhalten in bezug auf den Kritikpunkt ändert. Wenn Sie kritisiert werden, will der Kritisierende, daß Sie Ihr Verhalten ändern.

Rahmenbedingungen des Kritikgesprächs

Folgende Rahmenbedingungen sind zu beachten, damit das Kritikgespräch die gewünschte Verhaltensänderung bewirkt.

Das Kritikgespräch ist möglichst unmittelbar nach dem Regelverstoß zu halten. Der Grund hierfür liegt in der stärkeren Wirkung und in der Beseitigung des Lernens durch Gewöhnung seitens des Kritisierten. Es ist eine Vier-Augen-Situation herzustellen, damit die Beteiligten den Rechtfertigungsdruck gering halten. Sonst könnten sich sowohl Kritisierter als auch Kritisierender zu Schaukämpfen genötigt fühlen. Oft werden dann die kommunikativen Mittel schnell unangemessen hart. Kochen Sie Kritikgespräche auf möglichst kleiner Flamme. Nehmen Sie so viel Energie aus dem Prozeß, wie Sie können.

Halten Sie Kritikgespräche bei erstmaligem Regelverstoß möglichst kurz, bauen Sie auf die Einsicht des Kritisierten. Sollte das gewünschte Verhalten nicht praktiziert werden, muß erneut ein Kritikgespräch geführt werden.

Im Anschluß an das Kritikgespräch sollte der Kritisierende seine Kontrollfunktion gegenüber dem Verhalten des Kritisierten ernst nehmen. Wird das gewünschte Verhalten praktiziert, können Kontrollen seltener werden und schließlich unterbleiben. Sollte die gewünschte Verhaltensänderung nicht eintreten, ist darüber erneut ein Kritikgespräch zu führen. Das Verhalten des Kritisierenden ändert sich insofern, daß dem Kritisierten die Konsequenzen des fortgesetzten Regelverstoßes deutlich, aber sachlich vor Augen geführt werden.

Kritikgespräche sind sachorientiert zu führen. Schuldzuweisungen und Rechtfertigungen lösen das Problem nicht, und die Fronten verhärten sich. Die Bereitschaft zur Verhaltensänderung nimmt ab. Kritik kann eingesetzt werden, um Konflikte zu handhaben, als Möglichkeit zur Verbesserung des eigenen Verhaltens und zur Verbesserung des Arbeitsklimas. Jedes erfolgreiche Kritikgespräch baut Konflikte und Konfliktpotential ab. Es erscheint sehr zweckmäßig, daß von allen Beteiligten eine positive Kritikkultur praktiziert wird.

Aufbau eines Kritikgesprächs

Form und Ablauf des Kritikgespräches tragen sehr zum Erfolg der Verhaltensänderung bei. Im folgenden soll deshalb der Aufbau eines Kritikgespräches in sechs Stufen erläutert werden:

1. Stufe: Kontaktphase
Das Vier-Augen-Gespräch soll in sachlicher Gesprächsatmosphäre geführt werden. Stellen Sie nur kurz Kontakt zum Kritisierten her. Die etwas distanzierte Art ist als Abgrenzung zu normalen Gesprächssituationen erforderlich. Damit machen Sie deutlich, daß dieses Gespräch in erster Linie der Verhaltensveränderung und nur in zweiter Linie der Beziehungspflege dient.
Sehr verbreitet ist ein schwerwiegender Fehler beim Aufbau eines Kritikgespräches. Häufig wird der Kritisierte zunächst gelobt oder anerkannt, um dann nachfolgend kritisiert zu werden. So lernt er, daß auf Lob oder Anerkennung bei Ihnen Kritik folgt. Hat sich dies verfestigt, kann er nicht mehr über Anerkennung oder Lob zur Beibehaltung eines Verhaltens motiviert werden, weil er, wenn seine Leistung von Ihnen anerkannt wird, Kritik erwartet und innerlich zusammenzuckt. Außerdem wird durch die nachfolgende Kritik das Lob entwertet. Daraus folgt, daß Lob und Anerkennung aus der Anfangsphase eines Kritikgespäches ersatzlos zu streichen sind. Begrüßen Sie kurz, höflich, aber distanziert, und gehen Sie zur nächsten Stufe über.

2. Stufe: Nennung des Kritikpunktes

Beschreiben Sie den Kritikpunkt genau. Häufig sind hier Kritisierende zu ungenau. Dies hat zur Folge, daß das Kritikgespräch abschweift, und der Kritikpunkt nicht mehr im Zentrum des Gespräches steht. Berufen Sie sich nur auf Ihre eigenen Erfahrungen. Kritikgespräche auf der Basis von „Hörensagen" sind wenig konstruktiv. Kritisieren sollten Sie nur, wenn Sie den Regelverstoß beobachtet haben oder wenn Sie vom Regelverstoß direkt betroffen sind! Alle anderen Verfahrensweisen führen oft zu unaufklärbaren Behauptungen. Die Anzahl der Beteiligten wird zwecks vermeintlich besserer Aufklärbarkeit erhöht, und das Problem ist bald in aller Munde. - Kurz, der Prozeß eskaliert. Beschreiben Sie den Kritikpunkt aufgrund eigener Betroffenheit kurz und präzise. Unterbinden Sie Abschweifungen.

3. Stufe: Stellungnahme des Kritisierten

Nun stellt der Kritisierte den Kritikpunkt aus eigener Sicht dar. Nehmen Sie in der Rolle des Kritisierten Stellung, vermeiden Sie Rechtfertigungen und Entschuldigungen. Die Verhaltensweise des Kritisierten sollte klar und unmißverständlich herausgearbeitet werden. Es kann durchaus vorkommen, daß der Kritikpunkt auf einem Informationsfehler oder auf fehlerhafter Wahrnehmung durch den Kritisierenden beruht. In diesem Falle leiten Sie das Kritikgespräch sofort auf Stufe 6 über, und schließen Sie positiv ab. Sollte sich die Kritik als berechtigt erweisen, gehen Sie zur Stufe 4 über.

4. Stufe: Bewertung des Verhaltens

Jetzt erfolgt die Konfrontation mit der Regel, gegen die das bisherige Verhalten des Kritisierten verstößt. Diese Regel sollte dem Kritisierten bekannt sein. Nennen oder erfragen Sie die Regel, und fordern Sie den Kritisierten auf, sich zu äußern. Es ist an dieser Stelle sehr wichtig, daß die Äußerung durch den Kritisierten erfolgt. Muß er selbst das praktizierte Verhalten mit dem gewünschten vergleichen und die Abweichung thematisieren, so ist die Umsetzung des gewünschten Verhaltens wahrscheinlicher.

5. Stufe: Zukünftiges Verhalten
Der Kritisierte soll nun gemäß der Regel sein zukünftiges Verhalten beschreiben. Somit bleibt das Kritikgespräch nicht bei der negativen Ansprache der Vergangenheit stehen, sondern stellt der Regel gerechtes Verhalten in Aussicht. Auch hier soll die Projektion des gewünschten Verhaltens vom Kritisierten vorgenommen werden. Durch dieses Vorgehen wird der Kritisierte von der Fremdzielsetzung zur Eigenzielsetzung gebracht.

6. Stufe: positiver Abschluß
Ist das Kritikgespräch zu beiderseitiger Zufriedenheit verlaufen, das heißt wurde eine Verhaltensänderung glaubhaft in Aussicht gestellt, können Sie mit einer kleinen Anerkennung das Gespräch positiv beenden. Sensibel für die Situation kann ein positiver Ausklang gefunden werden, damit für den Kritisierten die Phase der Kritik deutlich beendet wird. Das Gespräch sollte mit der Abhandlung des Kritikpunktes beendet werden. Sprechen Sie noch weitere Punkte an, besteht die Gefahr, daß erarbeitete Verhaltensänderungen überlagert werden:

In der folgenden Übersicht sind die wichtigsten Elemente des Kritikgespräches zusammengefaßt:

Kontaktphase	In dieser Phase wird der Gesprächspartner begrüßt. Die Einleitung des Kritikgesprächs ist kurz zu halten. Lob und Anerkennung sollten unterlassen werden.

Kritikpunkt	Der Gesprächsgegenstand wird ohne Wertungen vom Kritisierenden genau beschrieben.
Stellungnahme	Jetzt wird dem Kritisierten das Wort erteilt. Er soll zum Kritikpunkt Stellung nehmen. An dieser Stelle ist eine sachliche Erklärung gefragt.
Bewertung	In dieser Phase des Kritikgesprächs wird das Verhalten vom Kritisierten bewertet.
Zukünftiges Verhalten	Bei der gemeinsamen Zielsetzung ist auf eine genaue Beschreibung des Ziels zu achten.
Positiver Abschluß	In der Abschlußphase kann Anerkennung erfolgen. Der Kritisierte geht mit positiven Gefühlen aus dem Gespräch heraus.

4) Die Diskussion

In Diskussionen ist das hervorstechende Ziel der sachliche Fortschritt. Deshalb legen Sie auf ein partnerschaftliches Klima Wert, in dem ohne Streit und Rechthabereien überzeugt werden kann. Selbstdarstellung und Überredungsversuche sollten dem gemeinsamen inhaltlichen Fortschritt Platz machen.

Diese Forderungen stellen hohe Ansprüche an die kommunikative Kompetenz der Diskussionsteilnehmer, da wir in der Praxis mit störenden Einflüssen auf die Diskussion leben müssen.

Der Verlauf der Diskussion hängt ganz wesentlich vom sozialen Verhalten der einzelnen Menschen ab. Einige Fragen, die in diesem Zusammenhang gestellt werden sollten, sind:

- Wieviel Energie und Zeit braucht es, bis sich die Gruppe strukturiert hat?
- Wie schnell differenzieren sich die Rollen innerhalb der Gruppe aus?
- Können und dürfen Rollen wechseln?
- Inwiefern wird eine hierarchische Struktur außerhalb der Gruppe gespiegelt?
- Ist unterschiedlicher Wissensstand der Teilnehmenden hinderlich oder förderlich?
- Sind die Teilnehmerinnen und Teilnehmer in der Lage, eigenen Geltungsanspruch innerhalb der Gruppe zurückzustellen?
- Wie wird Führung ausgeübt?
- Welche Person oder Personengruppe übt die Führungsfunktion aus?
- Wie ist Führung legitimiert?
- Trifft die Führung auf die Akzeptanz der anderen Teilnehmerinnen und Teilnehmer?
- Wird Führung aus der zweiten Reihe dazu benutzt, gewachsene Ausdifferenzierungen zu torpedieren oder zu verändern?
- Werden Ziele extern vorgegeben oder innerhalb der Diskussion erarbeitet?
- Welche Rolle spielt die Ressource Zeit?
- Inwieweit werden Erfahrungen außerhalb der Gruppe in der Diskussion berücksichtigt?
- Wie wird Macht verteilt?
- Welchen Zielen dient die Ausübung der Macht in der Gruppe?
- Wie wirkt sich der Rhythmus der Treffen auf die Gruppenprozesse aus?

Dieser Fragenkatalog erhebt nicht den Anspruch auf Vollständigkeit. Er versteht sich als Anhaltspunkt, um eigenes Verhalten während Diskussionen zu hinterfragen und zu beobachten.

Mit der Anzahl der Diskussionsteilnehmer verändert sich die Arbeitsweise der Gruppe. In Schulungen wird immer wieder festgestellt, daß in Diskussionen zu große Teilnehmerzahlen häufig mit schlechten Ergebnissen zusammenhängen. Einfache Aufgabenstellungen, die Gruppen von fünf Personen noch innerhalb von zehn Minuten erledigen, entziehen sich in Gruppen von zwanzig Teilnehmenden häufig der Lösung, auch wenn deutlich mehr Zeit zur Verfügung gestellt wird.

Manchmal erreichen auch größere Gruppen schneller Ergebnisse, wenn eine breite Wissensbasis innerhalb der Gruppe eine wichtige Voraussetzung ist, um eine Aufgabenstellung zur lösen. Der Diskussionserfolg hängt also wesentlich von der Diskussionskompetenz der Gruppe ab.

Ein weiterer Erfolgsfaktor für Diskussionen ist die Zielsetzung des einzelnen Gruppenmitgliedes bzw. der Gruppe. Handelt es sich um ein von außen vorgegebenes Ziel, so ist die Akzeptanz des Ziels und damit das Engagement der Teilnehmenden deutlich geringer als bei eigenverantwortlicher Zielsetzung durch den Teilnehmer oder die Gruppe.

Im folgenden werden Sie eine Reihe von verschiedenen Regeln und Verfahren erhalten, die in Diskussionen nützlich sind. Dieser Abschnitt gliedert sich in drei Teile entsprechend des zeitlichen Ablaufs von Diskussionen.

Die Vorbereitung

Diskussionen können sich spontan entwickeln. Dann entfällt die Möglichkeit, die Diskussion durch eine Vorbereitung unter einen guten Stern zu stellen.

Wenn Diskussionen geplant werden können, nutzen Sie die

Vorbereitung, um die Weichen für die Veranstaltung zu stellen. Hier gelten sämtliche Grundsätze guter Vorbereitung, die wir bisher in diesem Buch beschrieben haben.

Gerade im kommunalpolitischen Bereich herrscht oft die Auffassung, daß der Beginn einer Sitzung dazu diene, sich lesend in die Unterlagen einzuarbeiten. Räumen Sie mit dieser zeitverschwendenden Unsitte auf. Werden Informationen zum Inhalt der Sitzung vorher verschickt, so liegt auch die Einarbeitungsphase vor der Sitzung! Gibt es Teilnehmerinnen oder Teilnehmer, die sich an diese elementare Regel nicht halten, gilt es, das Fehlverhalten gemäß der erarbeiteten Grundsätze über das Kritikgespräch anzusprechen.

Wenn Sie auswählen können, sollten Sie Räume nutzen, die eine sachliche Arbeitsatmosphäre erleichtern. Achten Sie bei der Anordnung der Tische und Stühle darauf, daß die Menschen untereinander Blickkontakt aufnehmen können. Hierarchien können Sie durch die Sitzordnung auflösen oder verstärken. Gibt es beispielsweise den reservierten „Chefsessel" vor Kopf, so werden Interaktionen stark an dieser Sitzposition ausgerichtet.

Für Gruppen, die sich selten zu Diskussionen treffen, empfiehlt sich vor der eigentlichen Diskussion eine lockere Einführungsrunde. Beispielsweise schafft vorher eine Tasse Kaffee im Flur eine lockere Unterhaltungsphase. Das kanalisiert die Mitteilungs- und Selbstdarstellungsbedürfnisse der Teilnehmenden *vor* der Veranstaltung. Wird diese Chance nicht genutzt, besteht die Gefahr, daß während der Veranstaltung verstärkt Selbstdarstellungen vorkommen, die den Diskussionsfortschritt behindern.

Während der Diskussion

Zu Beginn der Diskussion ist bei mehr als drei Teilnehmenden ein Diskussionsleiter zu bestimmen. Meistens wird derjenige die Diskussion leiten, der in der Gruppen-hierarchie formal an der Spitze steht. Wenn, wie es zunehmend passiert, dieses Prinzip jedoch durchbrochen wird, ist häufig unklar, wer die Diskussionsleitung übernehmen soll. Verzichten Sie auf umständliche Abstimmungen oder ähnliches. Suchen Sie jemanden, der aufgrund seiner Erfahrungen und kommunikativen Kompetenz geeignet erscheint, und sichern Sie diesen Vorschlag durch die Gruppe ab.

Wer die Leitung übernimmt, ist exponiert und übernimmt große Verantwortung für den Diskussionsprozeß.

Die Diskussionsleitung hat folgende Aufgaben:

- Als Diskussionsleiter stellen Sie Regeln auf. Sichern Sie diese, wenn nötig, durch die Gruppe ab.
- Verhalten Sie sich inhaltlich grundsätzlich neutral.
- Sie sollten eine *kurze* Einleitung geben. Eine kurze Begrüßung von ein oder zwei Sätzen und die Überleitung zum ersten Tagesordnungspunkt reichen völlig aus. Wer am Anfang einen sachlichen und zielgerichteten Stil praktiziert, prägt sachorientiertes Verhalten der anderen Teilnehmenden.
- Der Diskussionsleiter erhebt Einspruch bei Abweichungen von den aufgestellten Regeln. Die anfänglich strenge Beachtung der Tagesordnung kann im Verlauf etwas gelockert werden.
- Der Diskussionsleiter gibt Zusammenfassungen und stellt Teilkonsens fest. Erkennen Sie inhaltliche Übereinstimmungen, und halten Sie sie fest, damit ein vorhandener Konsens nicht wieder zerredet wird. Das Ende der Diskussion über einen Teilaspekt ist bei der Gruppe abzusichern.
- Kürzen Sie Auseinandersetzungen ab, indem Sie konsensfähige Definitionen anbieten. Damit stellen Sie sicher, daß die Teilnehmenden weniger aneinander vorbei-

reden.

- Geben Sie kurze und prägnante Beiträge. Sagen Sie nur das, was Sie vorher überlegt haben. Fordern Sie entsprechendes Verhalten auch von den Teilnehmerinnen und Teilnehmern.
- Geben Sie eventuell die Argumentationsfiguren als einzuhaltende Strukturen von Beiträgen vor. Gerade diese Regel sorgt dafür, daß Beiträge strukturiert und gut durchdacht sind.
- Achten Sie auf die Einhaltung der angekündigten Zeiten.
- Schreiten Sie ein, wenn Einwände, Menschen oder Meinungen unsachlich behandelt werden.
- Setzen Sie Ihre Körpersprache ein, um den Diskussionsverlauf zu steuern.
- Bestärken Sie die stilleren Teilnehmer, mehr zu sprechen, dämpfen Sie die Vielredner leicht.
- Erkennen Sie Gruppenprozesse, und sprechen Sie diese wenn nötig in der Diskussion an, um die Teilnehmenden für das Geschehen in der Gruppe zu sensibilisieren.

Zusammenfassend sollte die Diskussionsleitung ihre Autorität einsetzen, um zielgerichtetes Verhalten der Teilnehmerinnen und Teilnehmer zu bewirken.

Als Teilnehmende sollten Sie folgende Hinweise bezüglich Ihres Verhaltens in Diskussionen beachten:

- Ordnen Sie sich in die Gruppe ein.
- Akzeptieren Sie die Autorität der Diskussionsleitung.
- Sorgen Sie durch körpersprachliche Mittel für eine gute Beziehung zur Diskussionsleitung (Blickkontakt, Nicken, Lächeln).
- Richten Sie Ihr Verhalten auf das Ziel der Diskussion aus. Sollten sich Teilnehmer anders verhalten, fordern Sie Verhaltensänderungen ein, sofern die Leitung diese Aufgabe nicht wahrnimmt.

- Geben Sie kurze Beiträge.
- Fassen Sie zusammen, sofern die Diskussionsleitung dies toleriert.
- Bieten Sie Definitionen an.
- Schreiten Sie ein, wenn Einwände, Menschen oder Meinungen unsachlich behandelt werden.
- Hören Sie aufmerksam zu.

Nachbereitung

Verwenden Sie nach jeder Diskussion etwas Zeit auf die Nachbereitung. In manchen Gruppen können Sie nach der Diskussion mit den Teilnehmerinnen und Teilnehmern über die Diskussion sprechen. Erarbeiten Sie gemeinsam die Pluspunkte, und freuen Sie sich über das, was zum Erfolg der Veranstaltung beigetragen hat. Analysieren Sie gemeinsam die Fehler, die gemacht wurden, und besprechen Sie günstigere Verhaltensweisen.

In die Nachbereitungsphase gehören auch häufig organisatorische Aufgaben. Eventuell müssen Protokolle angefertigt und versandt werden. Weitere Unterlagen und Informationen müssen den anderen Diskussionsteilnehmern zugänglich gemacht werden.

Beziehen Sie die anderen Diskussionsteilnehmer in die Nachbereitung mit ein, wächst dadurch deren Mitverantwortung für das Gelingen der nächsten Veranstaltung. Damit stellt sich der Erfolg leichter ein.

In der folgenden Übersicht sind die wichtigsten Empfehlungen zum Thema Diskussion zusammengefaßt:

Vor der Veranstaltung

- Informieren Sie alle Teilnehmer und Teilnehmerinnen über organisatorische und inhaltliche Details.

- Wählen Sie eine geeignete Umgebung. Achten Sie bei der Sitzordnung darauf, daß die Menschen Blickkontakt miteinander aufnehmen können. Fragen Sie sich, ob Sie die in der Gruppe vorhandenen Hierarchien durch die Sitzordnung betonen möchten.
- Um Selbstdarstellungs- und Mitteilungsbedürfnisse zu kanalisieren, unterhalten Sie sich zwanglos im Vorfeld. Trennen Sie diese lockere Gesprächsrunde auch räumlich von der Diskussion.

Während der Veranstaltung
- Bei mehr als drei Teilnehmenden bestimmen Sie möglichst informal einen Diskussionsleiter.
  Der Diskussionsleiter hat folgende Aufgaben:
- Der Diskussionsleiter gibt eine kurze Einführung ins Thema.
- Der Diskussionsleiter setzt die Einhaltungen der vereinbarten Regeln durch.
- Der Diskussionsleiter gibt Zusammenfassungen und stellt Teilkonsens fest.
- Der Diskussionsleiter achtet auf die Beachtung der organisatorischen Absprachen.
- Der Diskussionsleiter verhält sich inhaltlich neutral.

Als Teilnehmer oder Teilnehmerin achten Sie auf folgende Punkte:
- Nutzen Sie die Möglichkeit zur Begriffsbestimmung durch Definitionen.
- Geben Sie kurze und prägnante Beiträge.
- Setzen Sie Argumentations- und Fragetechniken ein. Verwenden Sie die Möglichkeiten zur Behandlung von Einwänden.
- Sprechen Sie Gruppenprozesse an.

272

Machen Sie eine konsequente Fehleranalyse mit Zielsetzung. Erledigen Sie die anstehenden organisatorischen Aufgaben. Beziehen Sie Teilnehmer mit ein, um deren Verantwortungsbewußtsein zu steigern.

5) Das Streitgespräch

Das Ziel des Streitgesprächs ist der Sieg. Typische Beispiele für Streitgespräche sind viele Talkshows, Podiumsdiskussionen und Debatten. In diesen Situationen ist nicht der Partner im Streitgespräch derjenige, der beeinflußt werden soll, sondern der Zuschauer und die Zuschauerin. Die Kontrahenten wissen vor dem Streitgespräch, daß sie mit derselben Meinung, Ansicht oder Überzeugung aus der Veranstaltung herausgehen werden, mit der sie hineingegangen sind. Entsprechend wird sich in derartigen Situationen auch verhalten.
Streitgespräche sind häufig gekennzeichnet durch starke Emotionen. Es geht meist ziemlich laut zu. Viele Regeln des konstruktiven Dialogs, in dem es um sachliche Fortschritte geht, werden bewußt mißachtet oder mißbraucht. Ihnen sind vielleicht manche emotional geführten Unterhaltungen im Freundes- oder Bekanntenkreis in Erinnerung geblieben, in denen ein Thema endlos diskutiert wurde, ohne daß irgendwelche Fortschritte erzielt wurden. Auch solche Gespräche gehören häufig zum Kommunikationstyp „Streitgespräch".
Sie können die Kommunikationstechniken, die wir in diesem Buch vorgestellt haben, auch einsetzen, um in Gesprächssituationen über andere Teilnehmer zu siegen. Bedenken Sie jedoch, wo gesiegt wird, wird auch verloren. In Streitgesprächen leiden Beziehungen, werden Vor-

urteile geschürt, fühlt man sich unwohl, fügt man sich Wunden zu. Eine häßliche und unfaire Art, mit Sprache umzugehen. Fragen Sie sich, bevor Sie sich auf einen derartigen Schaukampf einlassen, ob Sie die Konsequenzen wollen und ob Sie dazu stehen können. In der Regel überwiegt der Verlust den Gewinn bei weitem. Auch wer streitet, übernimmt für das, was er tut, die Verantwortung. Falls Sie auf die Beziehung zu Ihrem Kontrahenten Wert legen, streiten Sie sich nicht, sondern diskutieren Sie. Das Streitgespräch ist ein Schlagabtausch, in dem der kurzfristigen Effekthascherei der Vorzug gegenüber langfristiger Beziehungspflege oder Überzeugung des Gegenübers gegeben wird.

In Streitgesprächen sind die folgenden Fehler immer wieder zu beobachten:

- Menschen steigern sich emotional in das Thema hinein und können dann keinen kühlen Kopf mehr behalten. Sie verlieren die Kontrolle. Viele sagen dann Dinge, die sie hinterher bereuen. Das können die Gegner im Streitgespräch ausnutzen. So mancher hat sich aufgrund emotionaler Erregtheit schon um Kopf und Kragen geredet.

- Ein weiterer Fehler ist, daß Angriffen durch noch härtere Angriffe begegnet und damit die Stimmung angeheizt wird. In der Regel möchte das Publikum einen kultivierten, humorvollen, harten Streit der Beteiligten verfolgen, in dem auch ein großer Unterhaltungswert steckt. Deshalb verpacken Sie Ihre Thesen in plastischen Bildern mit Unterhaltungswert. Schreihälse und Rechthaber werden von den Zuhörern schnell abgelehnt.

- Manche Menschen entschuldigen oder rechtfertigen sich in Streitgesprächen. Dadurch bieten sie immer mehr Angriffsfläche und zeigen Schwächen.

Wir möchten Ihnen eine universell einsetzbare Abwehrstrategie gegen unfaire Verhaltensweisen vorstellen. Diese

Technik heißt 'Entlarven'. Unter 'Entlarven' versteht man die Ansprache des unfairen Technikeinsatzes des Gegners, um ihn in ein schlechtes Licht zu setzen. Auf die Technik 'Umdefinition' könnten Sie beispielsweise entlarvend reagieren: „Sie wenden jetzt unfair die Umdefinition an, um mich in einigen Punkten bewußt mißverstehen zu können. Das ist schlechte Diskussionskultur." Damit begegnen Sie dem Angreifer und zeigen ihm zusätzlich, daß Sie seinen Technikeinsatz durchschaut haben. Sie zeigen dadurch großen Überblick und stellen gleichzeitig Ihren Gegner bloß.

Im folgenden werden wir eine Reihe in Streitgesprächen eingesetzter Verhaltensweisen beschreiben. Wir geben Abwehrstrategien an, damit Sie in Streitgesprächen unfairen Angriffen leichter begegnen können.

Es wird versucht, durch Einzelfälle allgemeine Aussagen zu beweisen.
Machen Sie deutlich, welche Funktion Beispiele in Argumentationen haben. Durch Beispiele können keine Allaussagen bewiesen, sondern höchstens widerlegt werden.
Dennoch wird häufig aus Unwissenheit oder Berechnung heraus versucht, durch Beispiele Sachverhalte zu beweisen. Sie können dann:
- Gegenbeispiele anführen,
- das Beispiel als untypisch darstellen,
- darauf verweisen, daß das Beispiel hinkt.

Angriff:	„Lassen Sie mich Ihnen das einfach erklären. Unter Reagan wurden die Staatsausgaben drastisch erhöht und damit die Wirtschaft angekurbelt. Das mit der Erhöhung der Staatsausgaben funktioniert also. Wir müssen in Deutschland genauso verfahren, alles andere ist dummes Zeug."

Behandlung:	„Was in der USA Mitte der achtziger Jahre fuktioniert hat, kann Mitte der neunziger in Deutschland fatale Folgen haben. Die Situationen sind nicht vergleichbar. Das Beispiel hinkt doch, und das wissen Sie genau."

Man benutzt eine Sprache, die Sie nicht beherrschen.
Fachausdrücke oder Fremdwörter werden verwendet, die Ihnen nicht geläufig sind. Abwehren können Sie solches Vorgehen folgendermaßen:

- Verlangen Sie die Übersetzung für das Publikum.
- Machen Sie darauf aufmerksam, daß Menschen, die ihre Sache beherrschen, sich auch klar und einfach ausdrücken können.
- Fordern Sie Definitionen ein. Dies ist ein recht hartes Vorgehen, da Sie Ihr Gegenüber in der Regel überfordern.

Angriff:	„Die rechtsstaatliche Integrität darf nicht durch die Eskapaden eines linken Winkeladvokaten gefährdet werden."
Behandlung:	„Was bitte ist für Sie 'rechtsstaatliche Integrität'?"

Es werden Autoritäten zitiert.
Ihre Gegner wollen sich hinter der Autorität des Zitats verstecken.

- Fragen Sie nach Details. In welchem Zusammenhang wurde das Zitat ursprünglich geäußert? Wo kann es nachgelesen werden? Wann wurde das gesagt?
- Zeigen Sie auf, daß durch das Zitieren von Autoritäten keine Beweise erbracht werden können. In dieser Beziehung ähnelt das Zitieren von Autoritäten dem

Anführen von Beispielen.

- Zitieren Sie Ihrerseits Autoritäten. Besonders wirkungsvoll ist es, wenn Sie andere Zitate derselben Autorität
vorbringen können, die im Widerspruch zu den Zitaten
Ihrer Gegner stehen.

**Es werden Behauptungen aufgestellt, ohne daß sie be-
gründet werden.**
- Verlangen Sie Beweise für die genannten Behauptungen.
- Fordern Sie die Voraussetzungen ein.

Seien Sie dabei hartnäckig. Gehen Ihre Gegner darauf nicht
ein, stellen Sie sie als unglaubwürdig oder leichtgläubig
dar.

**Ihre Äußerungen werden mit denjenigen gleichgestellt,
die von den Zuhörern abgelehnt werden.**
- Zeigen Sie deutlich Unterschiede auf.
- Entlarven Sie die Strategien Ihrer Gegner als dumme
Polemik.
- Stellen Sie dar, wie undifferenziert die Ansichten Ihrer
Gegner sind.
- Regen Sie an, daß Ihre Gegner sich doch eingehender
mit ihrer Meinung und der strittigen Thematik befassen
sollen, damit derartige Peinlichkeiten für alle Beteiligten
vermieden werden können.

Es werden Fakten konstruiert.
Besonders bekannt ist das Erfinden von Statistiken.
- Hinterfragen Sie die vermeintlichen Fakten. Stellen Sie
Fragen zu den Details, den Verfassern, der Genauigkeit
oder der Aktualität.
- Stellen Sie die Anwendbarkeit oder das Erhebungs-
verfahren in Frage.
- Zeigen Sie auf, daß die Quelle unglaubwürdig oder in
renommierten Kreisen nicht anerkannt ist.

- Stellen Sie Ihren Kontrahenten als leichtgläubig dar.

Ihnen wird vorgehalten, daß Sie sich früher anders geäußert haben.

- Machen Sie deutlich, daß nur dumme Menschen wider besseren Wissens bei einmal gefaßten Meinungen bleiben.

Es gehört sehr viel Stärke dazu, aufgrund weiterer Erkenntnisse früher vertretene Meinungen in Frage zu stellen oder gar öffentlich zu revidieren. Nehmen Sie diese Stärke für sich in Anspruch. Folgende Äußerungen sind hier geeignet:

- „Selbst Sie können nicht verhindern, daß ich dazulerne."
- „*Ich* habe mich in diesem Punkt im Gegensatz zu Ihnen erheblich weiterentwickelt."
- „Es ist unredlich gegen besseres Wissen seine Meinung nicht zu ändern. Redlichkeit ist für mich sehr wichtig im Umgang mit Menschen. Sie sehen mich darüber überrascht, daß wir uns in diesem Punkt unterscheiden."
- „Wer besser wird, hat auch die Möglichkeit, Fehler zu erkennen, und die Stärke, diese Verbesserung nach außen zu vertreten."

Das Gespräch wird verschleppt.

Unterscheiden Sie hier, ob zielorientiert verschleppt wird oder ob nur die Gesprächsdisziplin mangelhaft ist.

Ist mangelnde Disziplin der Grund, geben Sie verstärkt leitende Impulse. Vielleicht ist die Gesprächsführung zu schwach und braucht Unterstützung. Folgende Verhaltensweisen werden Ihre Gegner zur Disziplin rufen:

- Stellen Sie Fragen, die das Thema wieder in den Mittelpunkt stellen.
- Fassen Sie themenorientiert zusammen.
- Erteilen Sie sachlichen Gesprächsteilnehmern das Wort. Bleiben Sie ruhig.

- Zeigen Sie Interesse am Thema statt Langeweile und Ungeduld.
- Beschweren Sie sich über die Disziplinlosigkeit Ihrer Gegner.

Ist die Verschleppung des Themas bewußtes Verhalten, um Sie zu schädigen, ist eine deutlich andere Gangart anzuraten. Entlarven Sie das Verhalten Ihrer Gegner. Sprechen Sie deren Intention offen an, und stellen Sie eine Vermutung über den Grund in den Raum. Das macht Ihre Gegner mürbe. Sie haben die Möglichkeit, sich zu profilieren. Benutzen Sie starke Worte. Folgende Formulierungen erreichen dieses Ziel:

- „Sie reden bewußt am Thema vorbei, weil Ihnen die Argumente fehlen."
- „Sie sprechen nicht zum Thema, weil Sie Angst haben, daß wir erkennen, wie wenig Kenntnis Sie vom Thema haben."
- „Wenn Sie wissen, worum es hier geht, dann sprechen Sie zum Thema."
- „Sie gehen nicht auf mich ein, weil Sie wissen, daß ich in der Sache recht habe."
- „Sie würden zum Thema sprechen, wenn Sie kompetent wären."

Voraussetzung für dieses Verhalten Ihrerseits ist, daß Sie den Gesprächsverlauf in kurzen Worten zusammenfassen können. Denn es kann passieren, daß Sie die Behauptung: „Das ist ja zum Thema, Sie haben das nur nicht begriffen," über den Beleg der zusammengefaßten Wortmeldungen entkräften müssen.

Sie werden falsch zitiert.
- Stellen Sie sofort richtig. Korrigieren Sie alle Unterstellungen, Verstärkungen und Mißverständnisse, die Ihnen nicht nützen.

- Fordern Sie bessere Vorbereitung von Ihrem Gegenüber ein.
- Unterstellen Sie Ihrem Gegner, daß er intellektuell nicht dazu in der Lage ist, komplexere Zusammenhänge zu erfassen, wenn Sachverhalte aus dem Zusammenhang gerissen worden sind.
- Äußern Sie sich erstaunt über das mangelnde geistige Aufnahmevermögen Ihres Gegners.
- Stellen Sie seine Rolle in Frage: „Sie als Ministerpräsident sollten die Zusammenhänge verstehen können. Derartiges Unverständnis ist mir bei der Verantwortung, die Sie tragen, unerklärlich."

Sie werden persönlich angegriffen.
- Bezweifeln Sie das Interesse Ihrer Gegner an einer sachlichen Auseinandersetzung.
- Entlarven Sie das Verhalten Ihrer Gegner, indem Sie darauf hinweisen, daß die Gegner nur deswegen persönlich werden, weil ihnen die Argumente ausgehen.
- Bei persönlichen Angriffen können Sie alle Register der Einwandbehandlung ziehen.

Ihre fachliche Qualifikation wird bestritten.
An dieser Stelle ist ein Gegenangriff häufig nützlich.
- Sie können Ihr Gegenüber belehren, daß die Bewertung der Fachkompetenz nicht ihm, sondern dem Publikum zusteht.
- Wenn die Möglichkeit dazu gegeben ist, stellen Sie Ihre Qualifikation im Vergleich zu der Ihres Gegners als höherwertig dar.
- Stellen Sie akademische Bildung praktischer Erfahrung gegenüber. Zeigen Sie, daß Ihre Qualifikation hier dienlicher ist als die Ihres Gegenübers.

Ergebnisse werden für Sie ungünstig zusammengefaßt.
- Erheben Sie direkt Einspruch, und stellen Sie die Sache richtig.
- Entlarven Sie den Technikeinsatz Ihrer Gegner.

Es wird versucht, Sie durch Drohungen einzuschüchtern.
- Entlarven Sie den Versuch. Sagen Sie, daß Sie sich nicht durch platte Drohungen einschüchtern lassen.
- Sie können auch die Gegenposition angreifen. Weisen Sie darauf hin, daß Ihre Gegner eine sehr schwache Position haben müssen, wenn sie über Drohungen versuchen, ihrer Ansicht Gewicht zu verleihen.
- Weisen Sie auf Ihre Unabhängigkeit hin. Eine weiße Weste macht gleichgültig gegenüber Drohungen. Wer keine Leichen im Keller hat, den stört auch keine Hausdurchsuchung. Nehmen Sie diese Haltung für sich in Anspruch. Zeigen Sie sich unbeeindruckt.

Lassen Sie sich einschüchtern, hat der Gegner gewonnen. Körpersprachlicher Rückzug wird als erfolgreiche Drohung gewertet. Spielen Sie in dieser Situation Stärke aus.

Sie werden auf Fehler, Ungenauigkeiten oder falsche Schlüsse festgelegt.
- Zeigen Sie die Bedeutungslosigkeit derartiger Kleinigkeiten auf. Bagatellisieren Sie den Kritikpunkt.
- Stellen Sie Ihren Gegner als Prinzipienreiter oder als übertrieben penibel dar.

Zeigen Sie, daß es darum geht, das Wesentliche zu erfassen, und nicht, sich in Kleinigkeiten zu verlieren.

Im Streitgespräch kommt es darauf an, spielen zu können. Ein dickeres Fell und die Kontrolle der eigenen Emotionen sind notwendig, um Vorteile gegenüber seinen Gegnern zu haben. Nur so können Sie mit den Techniken spielen und gewinnen. Wir können das Streitgespräch vergleichen mit einem Fußballspiel. Kenntnis des Gegners, die richtige Taktik, gutes Zusammenspiel, Nutzung der Schwächen des Gegners und hervorragende Technik bestimmen, neben Spielfreude, Konzentration, Einsatz und Spielwitz den Erfolg. Sind alle diese Eigenschaften im richtigen Verhältnis vorhanden, findet eine gefällige Show mit Höhepunkten statt, die unterhaltsam und spannend für die Zuschauer ist und den Akteuren in der Arena trotz aller Anstrengung Freude macht. Setzen dagegen einzelne Spieler auf versteckte und offene Fouls, so ernten sie damit Pfiffe und Buh-Rufe. Nicht selten werden diese Regelbrecher disqualifiziert. Oft gibt es die rote Karte für Unfairneß - glücklicherweise auch zunehmend vom Fernsehzuschauer.

Nachwort

Dieses Buch spiegelt langjährige Seminarerfahrung in Politik und Wirtschaft wider. Trotz Politikverdrossenheit und wirtschaftlicher Schwierigkeiten zeigen die wachsenden Teilnehmerzahlen unserer Seminare, daß es richtig ist, sich im Bereich Kommunikation und Schlagfertigkeit weiterzuentwickeln. Es freut uns, daß unser erstes Buch „Die Magie der Schlagfertigkeit" auf so fruchtbaren Boden gefallen ist. Dort haben wir die Techniken der Schlagfertigkeit einem großen Publikum zugänglich gemacht. Mit dem vorliegenden Buch schlagen wir die Brücke zur Anwendung der Schlagfertigkeit in Rede und Verhandlung.

Dieses Buch hat uns wieder gezeigt, wie ergiebig ein enger Austausch mit Lesern und Seminarteilnehmern ist. Viele Techniken und Ratschläge gehen auf Anregungen aus diesem Kreise hervor. Herzlichen Dank an alle, die die Entstehung dieses Buch in der Seminararbeit als Teilnehmer und Trainer begleitet haben. Praxisnahe Problemlösungen lassen sich nicht im stillen Kämmerlein, sondern nur in der Praxis finden.

Wer den Inhalt dieses Buches in die Praxis umsetzt, kann Reden und Vorträge sicherer halten. Speziell die Situationen, in denen Schlagfertigkeit notwendig ist, werden besser gehandhabt. Sie können mit Blackout umgehen, Störer in ihre Schranken verweisen und Ihre Redeangst abbauen. Rhetorik und ganz besonders Schlagfertigkeit bedarf des Praxistrainings. Deshalb nutzen Sie die Chancen, um in der Praxis zu trainieren. Zum Ausbau Ihres Wortschatzes und zum Techniktraining empfehlen wir Ihnen die Lektüre des „DAHMS-Erfolgsprogramm zur Schlagfertigkeit" in unserem ersten Buch.
Im zweiten Teil des Buches haben wir Techniken und Regeln

vorgestellt, die für Gespräche nützlich sind. Viele Techniken und Verhaltensweisen wurden von uns beschrieben. Sie sorgen nun für die praktische Umsetzung. Vielleicht haben Sie ja bereits damit begonnen. Sie werden bei der Umsetzung in Ihrem beruflichen und privaten Alltag eine deutliche Steigerung Ihrer Kommunikations- und Überzeugungsfähigkeit feststellen. Setzen Sie auf die Einsicht und den Nutzen des Partners.

Dennoch sollten Sie sich bewußt sein, daß diese Techniken mißbraucht werden können. Der Mißbrauch der sprachlichen Möglichkeiten zur Beeinflussung anderer Menschen wird als Manipulation bezeichnet.

Das bedeutet jedoch nicht, daß die Techniken an sich moralisch oder sittlich schlecht sind, sondern sie können es durch ihre Verwendung werden. Die meisten Menschen erleben es als moralisch gut, daß Flugzeuge Hilfsgüter zu notleidenden Menschen bringen und als moralisch verwerflich, wenn dieselben Maschinen Kampfpanzer transportieren. Kaum jemand käme auf die Idee, die Flugzeuge deswegen ganz abzuschaffen. Ähnlich verhält es sich mit den Techniken, die in diesem Buch beschrieben werden. Sie können damit anderen Menschen helfen und Ihr Leben und das Ihrer Umgebung bereichern, oder Sie können mit diesem Wissen Kriege anzetteln. Kriege in Familien und Unternehmen. Langfristig werden Menschen den Frieden bevorzugen und den Krieg und die Kriegstreiber ablehnen. Wenn Sie an guten Beziehungen und Frieden interessiert sind, setzen Sie diese Techniken im Bewußtsein Ihrer Verantwortung für sich und andere ein. All Ihre Schlagfertigkeit und Redegewandtheit nützt Ihnen nichts, wenn niemand mehr mit Ihnen spricht.

Wenn Sie mit diesen Techniken verantwortungsvoll umgehen, werden Sie in der Lage sein, Ihre privaten und beruflichen Lebensumstände positiv und glückbringend zu gestalten. Wir wünschen Ihnen viel Freude dabei!

Anhang I

Checkliste* für die Veranstaltung vom _____
*Sollte der vorgegebene Platz nicht ausreichen, bitte Rückseite verwenden.

Organisation:

Thema: _____

Ort: _____

Anfahrtsskizze beifügen   ____Ja   ____Nein

Wo kann geparkt werden?

_____

_____

Welche Redezeit haben Sie geplant? _____

Bitte fügen Sie die Ankündigung
der Veranstaltung bei.   ____Ja   ____Nein

Sind schriftliche Informationen für das Publikum in ausreichender Zahl vervielfältigt worden? ___Ja ___Nein

Information zum Publikum:
Wieviel Menschen werden erwartet?   _____

Wie sieht das soziale Umfeld aus? (Familie, Bildung)

_____

_____

Welche Vorlieben oder Abneigungen gibt es?

_____

_____

Was sind aktuelle Themen aus der Tagespresse?

_____

_____

_____

Fügen Sie die Lokalteile der letzten Woche der örtlichen
Tageszeitung bei.   ____Ja   ____Nein

Welche politische/konfessionelle Schwerpunkte sind
vorhanden?

_____

_____

Welche Kleiderordnung herrscht? (auch für Redner)

_____

_____

Welche lokalen Persönlichkeiten erwarten Sie?

_____

_____

286

Verlauf:

Wer ist während der Veranstaltung mein Ansprechpartner?

_____

Welchen Platz habe ich auf der Rednerliste?

_____

Wer spricht vor mir?   _____

Thema?   _____

Wer spricht nach mir?   _____

Thema?   _____

Ist ein Empfang geplant?   ____Ja   ____Nein

Wie lange soll er dauern?   bis_____Uhr

Ist eine Diskussion geplant? ____Ja   ____Nein

Wie lange soll sie dauern?   bis_____Uhr

Wer führt in die Veranstaltung ein?

_____

_____

_____

Wo kann ich, wenn nötig, telefonieren?

_____

Unter welcher Nummer bin ich
während der Veranstaltung erreichbar? _____

Wie lange ist meine An-
wesenheit erforderlich?

_____

_____

Angaben zum Raum

Wieviel Sitzplätze sind im Raum? _____

Sind Säulen im Raum, die den
Blickkontakt erschweren?   ____Ja   ____Nein

Wird mit Mikrofon
gearbeitet?   ____Ja   ____Nein

Gibt es ein Podium ?   ____Ja   ____Nein

Gibt es ein Rednerpult ?   ____Ja*   ____Nein
                                *Wenn ja, bitte entfernen.

Welche technischen Hilfsmittel werden benötigt?

_____

_____

_____

288

Sonstiges:

Anhang II

Checkliste Gesprächsvorbereitung vom _____

Termin _____ Wiedervorlage _____

1. Infos zum Gesprächspartner

Name, Vorname _____

Adresse _____

_____

_____

Telefon _____/_____ Fax_____/_____

günstige Kontaktzeit Tag _____ Uhr _____

Familienstand _____

Familienangehörige/Kurzinfo

Ehepartner _____

Kind _____

Kind _____

Kind _____

Hobbies _____

_____

_____

_____

In der Unternehmung seit _____

Name Vorzimmerpersonal

Name _____ Info_____

_____

Name _____ Info_____

_____

2. Informationen zum Unternehmen

Firma _____

Adresse _____

_____

_____

Anzahl Mitarbeiter (insgesamt) _____

Anzahl Mitarbeiter im Verantwortungsbereich des Gesprächspartners _____

aktuelle Presseinfos _____

_____

_____

_____

_____

Wichtige Marktinfos _____

(z.B. evtl. Kunden _____

für meinen Kunden) _____

Andere Anbieter

Anbieter 1

Stärke _____ Schwäche_____

Stärke _____ Schwäche_____

Stärke _____ Schwäche_____

Anbieter 2

Stärke _____ Schwäche_____

Stärke _____ Schwäche_____

Stärke _____ Schwäche_____

Anbieter 3

Stärke _____ Schwäche _____

Stärke _____ Schwäche _____

Stärke _____ Schwäche _____

Sonstiges:

_____

_____

_____

_____

_____

3. Informationen zum Gesprächsgegenstand

Anlaß des Besuchs: _____

_____

_____

Ist-Zustand: _____

_____

_____

Ziel: _____

_____

_____

Teilziel I: _____

_____

_____

Teilziel II: _____

_____

_____

4. Erforderliches Material

Welche Infos   a)_____

braucht der Kunde?   b)_____

                      c)_____

Welche Infos müssen   a)_____

beschafft werden?   b)_____

                      c)_____

5. Bedürfnisse des Kunden/Eigenschaften der Ware

Bedürfnisse   Eigenschaften

a) _____   a) _____

   _____   _____

b) _____   b) _____

   _____   _____

c) _____   c) _____

   _____   _____

6. Vorteile des Kunden

a) _____

   _____

b) _____

   _____

c) _____

   _____

296

7. Einwände/Einwandbehandlung

Einwand I

Einwand   _____

                 _____

                 _____

Behandlung   _____

                 _____

                 _____

Einwand II

Einwand   _____

                 _____

                 _____

Behandlung   _____

                 _____

                 _____

Einwand III

Einwand   _____

_____

_____

Behandlung   _____

_____

_____

8. Mögliche Störungen

a) _____

_____

b) _____

_____

c) _____

_____

9. Nachbereitung

gut war: _____

_____

_____

erreicht wurde: _____

_____

_____

Problem trat
auf bei: _____

_____

_____

Problem-
lösungen: _____

_____

_____

Literaturverzeichnis

Albers, S., Entscheidungshilfen für den persönlichen Verkauf, Duncker & Humboldt, Berlin, 1989

Alt, J., Miteinander diskutieren, Eine Einführung in die Praxis vernünftiger Argumentation, Campus Verlag, Frankfurt/M, 1994

Ammelberg, G., Handbuch der Gesprächsführung, Herder und Herder, Frankfurt/M, 1974

Bandler, R., Grinder, J., Metasprache und Psychotherapie, Die Struktur der Magie I, Junfermann Verlag, Paderborn, 7. Auflage, 1992

Baumhauer, O., Die sophistische Rhetorik, Metzler, Stuttgart, 1986

Berndt, R., Handbuch Marketing-Kommunikation, Gabler, Wiesbaden, 1993

Berndt, W., Stein, F., Die Einführung von teilautonomen Arbeitsgruppen in einer pharmazeutischen Verpackung - ein Erfahrungsbericht, in: Organisationsentwicklung, Jg. 14, (1995)

Blake, R., Mouton, J., Verhaltenspsychologie im Betrieb, Das neue Grid-Management-Konzept, Düsseldorf, 1980

Dahms, Ch., Dahms, M., Die Magie der Schlagfertigkeit, Dahms Privatinstitut für Rhetorik und Managementtraining, Wermelskirchen, 1995

Dilts, R., Bandler, R., Grinder, J., Strukturen subjektiver Erfahrung, Ihre Erforschung und Veränderung durch NLP, Junfermann-Verlag, Paderborn, 4. Auflage, 1991

Fisher, R., Ury, W., Das Harvard-Konzept, 5. Auflage, Campus, Frankfurt, 1986

Foellesdal, D., Rationale Argumentation, de Gruyter, Berlin, 1986

Goetsch, P., Die Rhetorik der amerikanischen Präsidenten seit F. D. Roosevelt, Naar, Tübingen, 1993

Göttert, K.-H., Einführung in die Rhetorik, 2. Auflage, Fink, München, 1994

King, N., Die ersten fünf Minuten, Mcgraw-Hill, Hamburg, 1989

Klammer, M., Nonverbale Kommunikation beim Verkauf, Physica-Verlag, Heidelberg, 1989

Klinge, H., Verhandlung und Konfliktlösung, Reck, München, 1992

Kopperschmidt, J., Argumente - Argumentation, Fink, München, 1985

Kotter, J.P., Überzeugen und Durchsetzen, Macht und Einfluß Organisationen, Campus, Frankfurt/M., 1987

Krüger , W., Grundlagen, Probleme und Instrumente der Konflikthandhabung in der Unternehmung, Duncker & Humbolt, Berlin, 1972

Kurtz, H., Konfliktbewältigung im Unternehmen, Deutscher Institutsverlag, Köln, 1983

Lausberg, Heinrich, Handbuch der literarischen Rhetorik, 3. Auflage, Steiner, Stuttgart, 1990

Lay, R., Dialektik für Manager, 13. Auflage, Langen-Müller/Herbig, München, 1987

Lay, R., Führen durch das Wort, 2. Auflage, Langen-Müller/Herbig, München, 1978

Lehmann, W., Die wichtigsten Minuten Ihres Bewerbungsgesprächs, mvg-Verlag, München, 1989

March, R., Der ehrenwerte Kunde Japan, Marketing und Verkauf im Japan der 90er Jahre, Moderne Industrie, Landsberg, 1994

Marggraf, C., Teamkompetenz - Ein Qualifikationsziel der Berufsausbildung, Berlin, 1992

Oechsler, W., Konfliktmanagement, Theorie und Praxis industrieller Arbeitskonflikte,Gabler Verlag, Wiesbaden, 1979

Pielenz, M., Argumentation und Metapher, Naar, Tübingen, 1993

Regnet, E., Konflikte in Organisationen, Formen, Funktion und Bewältigung, Verlag für angewandte Psychologie, Göttingen, 1992

Riemann, F., Grundformen der Angst, Ernst Reinhardt Verlag, München, 1989

Rückle, H., Körpersprache für Manager, 4. Auflage, Moderne Industrie, Landsberg, 1986

Rüttinger, B., Konflikt und Konfliktlösen, Goldmann Verlag, München, 1977

Schneider, E., Überzeugen durch die Kraft des Wortes, WEKA, Kissing, 1981

Schulz von Thun, F., Miteinander reden, Störungen und Klärungen, Rowohlt Taschenbuchverlag, Hamburg, 1981

Thiele, A., Die Kunst zu überzeugen, Faire und unfaire Dialektik, VDI-Verlag, Düsseldorf 1988

Ueding, G., Steinbrink, B., Grundriß der Rhetorik: Geschichte, Technik, Methode, 3. Auflage, Metzler, Stuttgart, 1994

Walther, G., Sag, was du meinst, und du bekommst, was du willst: mit Power talking zum Erfolg, 9. Auflage, ECON, Düsseldorf 1994

Zittlau, D., Kommunikation und Rhetorik, Theorie und Praxis der erfolgsorientierten Gesprächs- und Menschenführung, 2. Auflage, Zenon, Düsseldorf, 1992

Christoph Dahms, Matthias Dahms

Die Magie der Schlagfertigkeit
spontan mit Sprache spielen
eine Zauberfibel mit Lernprogramm

niemals sprachlos sein
wortgewandt erwidern
sprachlich Zeichen setzen
Angriffe abwehren
mit Einwänden umgehen
Menschen gewinnen
Menschen überzeugen

Technik
Wortschatz

Wirkungsmittel

Dahms Privatinstitut für Rhetorik
und Managementtraining GmbH

mit 116 Übungen
zur Schlagfertigkeit

- mit Angriffen umgehen
- Argumentieren
- Einwandbehandlungen
- Lernprogramm
- 116 Übungen
- 200 Seiten

Christoph und Matthias Dahms   49,90 DM
ISBN 3-9804548-0-0

Weitere Veranstaltungen und Seminare des

DAHMS Privatinstitut für Rhetorik
und Managementtraining GmbH
Talweg 8
D-42929 Wermelskirchen
Telefon   0 21 96 / 9 23 57 Fax   0 21 96 / 9 54 55

- Rhetorik

- Verhandlungsführung

- Verkaufstraining

- Schlagfertigkeitstraining

Fordern Sie Informationsmaterial an.